중악, 팔공산을 말한다

중악, 팔공산을 말한다

초판 발행 | 2016 년 5월 13일

지은이 | (사) 팔공산문화포럼
           부설 팔공산문화연구원

펴낸이 | 신중현
펴낸곳 | 도서출판 학이사

　　출판등록 : 제25100-2005-28호
　　주소 : 대구광역시 달서구 문화회관11안길 22-1(장동)
　　전화 : (053) 554~3431, 3432
　　팩스 : (053) 554~3433
　　홈페이지 : http://www.학이사.kr
　　이메일 : hes3431@naver.com

ⓒ 2016, (사) 팔공산문화포럼
ISBN _ 979 - 11 - 5854 - 028 - 9　03090

중악, 팔공산을 말한다

오늘도 수많은 사람들이 오르고 있는 대구·경북의 명산이요 영산靈山인 팔공산, 일찍이 신라 때 중악中岳이라고 불렸던 팔공산. 신라가 통일 위업을 이룬 후 확장된 영토를 지켜줄 것을 바라며 오악五岳 곧 동쪽에 토함산, 서쪽에 계룡산, 남쪽에 지리산, 북쪽에 태백산, 그리고 한 가운데 팔공산에서 하늘에 제사를 올렸다. 그리하여 중악 팔공산은 오악 중에서도 아버지 산 곧 부악父岳이라 불리기도 했으며, 통일을 이룬 신라는 바로 그 산 아래 금호강이 굽어 흐르며 일군 '드넓은 언덕[大丘]' 위 달구벌達句伐 땅에 새 도읍을 마련하려 들기도 했다.

팔공산은 원효 스님과 김유신 장군이 발자취를 남긴 이후 신라 말 견훤과 왕건의 사활을 건 공산 동수전투, 고려 중엽 몽고군의 침략과 부인사 초조장경의 병화, 고려 말 보조국사 지눌과 충절의 상징 포은(정몽주)·야은(길재) 선생의 발자취, 조선 중엽 임진왜란 때의 공산회맹과 공산성 전투, 현대에 이르러 한국전쟁 중 가산전투 등 굵직한 역사적 사건과 사연들을 품고 있다.

또한 팔공산에는 2개 광역시·도, 6개 기초단체 시·군에 걸쳐 기암영봉과 깊은 계곡이 즐비한 가운데 귀중한 자연생태가 살아 숨 쉬고 있고, 동화사와 은해사 두 곳의 조계종 교구본사 사찰이 있어 수많은 말사와 암자들을 거느리고 있으며, 한밤마을과 옻골마을 등 유서 깊은 전통마을과 서원, 정자, 비석 등 유교유적이 곳곳에 흩어져 있다. 정시한과 이상정 등 수많은 조선시대 유현과 선비들은 팔공산을 올라 유산시와 유산기를 남기기도 하였다.

하지만 솔직히 말해 우리는 팔공산을 너무 몰랐다. 모르고서 사랑한다는 것은 어불성설일 게다. 부지런히 오르기만 했을 뿐 사실상 버려뒀다는 자괴감마저 생긴다. 그냥 버려둔 게 아니라 개발이란 미명 아래 너무도 많이 파헤쳐졌다. 그것은 지금도 진행형이다. 그래서 공산이라 했던가, 주인 없이 버려둔 '무주공산無主公山!'

5년 전 2011년 1월 22일 사단법인 팔공산문화포럼이 결성된 것은 '팔공산 주인 찾기'와 다름없다. 대구·경북 시·도민들이 팔공산에 대한 주인의식을 가져야 비로소 팔공산을 진정 사랑할 수 있을 것이고, 진정 사랑하려면 먼저 제대로 알아야 한다는 생각에 팔공산문화포럼은 여러 차례 기획 학술대회와 학술세미나를 가졌다. 그동안 쌓인 글이 책 두세 권 분량은 족히 되는데, 주제가 맞는 11편의 글을 가려 먼저 『중악, 팔공산을 말한다』를 내놓게 되었다. 오로지 뜻으로 출판을 맡아주신 학이사 관계자 여러분들께 감사의 마음을 전하며, 독자들의 질정과 더불어 팔공산에 대한 많은 관심과 애정을 당부 드린다.

2016년 5월

(사)팔공산문화포럼 부설 팔공산문화연구원
원장 홍원식

제1부_ 팔공산의 경관과 문화

제2부_ 팔공산의 역사와 인물

제1부_ 팔공산의 경관과 문화

팔공산과 비슬산의 천왕봉 유래

조명래
(팔공산연구소 소장)

1. 서론

국립지리정보원 고시 제2014-1437호(2014.08.08.)에 의거 비슬산琵瑟山 최고봉의 명칭이 '대견봉大見峰'에서 '천왕봉天王峰'으로 지명변경이 결정, 고시되었다. 또한 경상북도 지명위원회에서는 팔공산八公山 최고봉의 명칭을 '비로봉毘盧峰'에서 '천왕봉天王峰'으로 지명변경을 심의, 의결하여 국립지리정보원 국가지명위원회에 보고하였다.

팔공산과 비슬산이 비슷한 시기에 최고봉의 명칭이 '천왕봉'으로 변경된 것에 대하여 일부 언론과 방송에서 '여기도 천왕봉, 저기도 천왕봉'이라 하거나 '너도나도 천왕봉'이란 식으로 천왕봉의 역사적 의미와 가치를 폄하하는 기사와 보도를 했다. 이는 관계자들이 천왕봉의 역사적 의의와 가치를 제대로 알지 못해서 빚어진 일로서 전통문화와 역사에 대한 무관심과 무지의 한 단면이라 하지 않을 수 없다.

그러나 팔공산 천왕봉과 비슬산 천왕봉은 역사적 의의와 그 위상에 있어 현격한 차이가 있는 만큼 이에 대한 고찰을 통하여 역사적 가치를 재정립하고자 한다.

2. 팔공산 천왕봉

1) 신라시대

신라시대 최고의 신앙은 산악숭배였다. 산신山神은 최고가는 신으로 천신天神이 산악에 내려와서 산신이 되었다. 천신=산신이다. 이 산신은 조상신祖上神, 동신洞神 등으로 신앙되었다.[1] 신라인은 산악을 경외敬畏하고 숭배하고 신앙했다. 산악에 의하여 국가를 이루고 진호鎭護하며 국태민안을 이루고자 했으며, 개인의 소원성취와 수복壽福을 기원했다. 신라가 통일신라시대에 완성한 삼사三祀 곧 대, 중, 소사小祀의 삼산三山 숭배와 오악五岳 숭배 신앙은 유명하다.[2]

대사大祀는 삼사 중에서도 가장 으뜸가는 제사로 삼산신三山神이라 하는 호국신에 국왕이 제사지내는 신라 최고의 제사다. 삼산三山[3]은 신라 건국시기의 3소국의 시조가 탄강誕降한 곳이라고 여겨진다.[4] 중사中祀는 대사 다음가는 산악제전으로 동서남북과 중앙의 5방에 위치한 명산과 영악靈岳에 지내는 제전이었다. 이것은 중국의 오악 망제望祭[5]

---

1) 『新羅王京五岳研究』, 298쪽.
2) 『新羅王京五岳研究』, 37쪽.
3) 나력산은 삼산 대사 중에서도 首位에 가는 산으로 나림奈林이라고도 했다. 골화산이 있는 체야벌군은 지금의 영천이며, 혈례산이 있는 대성군은 지금의 경주 동북동남과 포항시에 걸친 동해변에 면한 지역이다. 이 삼산의 정확한 위치를 고증할 수 없어 유감이다.
4) 『新羅王京五岳研究』, 39쪽.
5) 옛날에는 왕이나 제후가 멀리서 산천을 바라보면서 산천의 神을 제사지냈다. 『書經』 「舜典」에 "산천에 망제를 지냈다." 라 했고, 해설에는 "9州의 명산·대천·5嶽·4瀆을 일시에 바라보면서 제사하는 것이다."라고 했으며, 『白虎通』 「封禪」에 "산천을 바라보면서 제사한다."라고 했다. 오늘날의 망제는 타향에 있는 사람이 명절, 부모의 忌日을 맞아 고향(조상·부모의 무덤이 있는 곳)을 바라보면서 제사하는 것이다. 『두산백과』 참조

의 영향으로 성립되었다. 삼산은 신라 고유의 제도인데 비하여 오악은 중국의 제도를 도입한 것이다. 그러나 산악숭배 사상만은 신라 고유의 사상으로 의연히 내려왔다.

신라가 삼국통일을 완성하고 난후 오악이 형성되었다. 동악東岳 토함산土含山은 원 신라 강역의 명산이요, 서악西岳 계룡산鷄龍山은 옛 백제 땅의 명산이요, 남악南岳 지리산智異山은 옛 가야伽倻 땅의 명산이요, 북악北岳 태백산太白山은 옛 고구려 땅의 명산이며, 중악中岳은 공산公山으로 역시 신라 명산으로 사악四岳의 중심에 위치해 있다는 것이다.[6]

신라시대 팔공산에서 천제天祭를 올렸던 기록은 『삼국사기三國史記』 권32 잡지雜志 「제일제사중사第一祭祀中祀」에 다음과 같이 실려 있다.

오악은 동쪽에 토함산 대성군大城郡, 남쪽에 지리산 청주菁州, 서쪽에 계룡산鷄龍山 웅천주熊川州, 북쪽에 태백산太伯山 나이군奈已郡, 중앙에 부악父岳 또는 공산公山이라고도 하였는데 압독군押督郡이다.[7]

또 『삼국유사三國遺事』 감통感通 제7 「선도성모수희불사仙桃聖母隨喜佛事」에는 다음과 같이 실려 있다.

신라시대에는 오악을 두었는데 동쪽은 토함산, 남쪽은 지리산, 서쪽은 계룡산, 북쪽은 태백산, 중앙은 부악으로 공산을 말한다.[8]

---

6) 『新羅王京五岳研究』, 42쪽.
7) "五岳東吐含山大城郡, 南地理山菁州, 西鷄龍山熊川州, 北太白山奈已郡, 中父岳一云公山押督郡."
8) "羅時五岳謂東吐含山南智異山西鷄龍北太伯, 中父岳亦云公山也."

『삼국사기』와『삼국유사』의 기록을 볼 때 신라시대에 오악의 하나인 중악 팔공산은 산악숭배의 중심지로서 천왕봉에서 임금이 천제를 지냈음을 알 수 있었다.

2) 고려시대

고려가 왕의 사신을 보내어 산에 제사지내고 영험이 현저한 산에는 가호加號하던 사례를 조선왕조도 그대로 이어받아 실천하였다. 아울러 조선시대에는 서낭신[9] 신앙과 산악신앙이 맺어져서 '산천성황山川城隍'이라는 관념이 형성되기도 하였다. 이것은 민간신앙에서의 서낭신 숭배와 겹쳐지면서 오늘날에 이르기까지 한국인이 가지고 있는 산악숭배의 대종을 이루고 있다.

고려시대 팔공산 천왕봉에서 천제天祭를 지냈던 대표적인 사례는 무신집권 세력이 경주, 영천, 청도, 대구, 청송 등지에서 민란民亂이 일어나자 토벌작전의 평정을 기원하고, 또한 무사히 평정한 것을 사례하며 공산에서 올렸던 3번의 제사로 이규보李奎報[10]가 지은 「공산대왕에 올

---

9) 서낭신 : 가정과 마을의 안녕을 수호하는 신. 서낭신은 마을 어귀의 老巨樹, 고갯마루의 돌무더기, 제당 등 마을에 따라 좌정한 곳이 다르다. 뱃일을 하는 사람들은 안전과 풍어를 바라는 마음으로 자신의 배에 서낭신을 모시기도 한다. 이에 따라 서낭은 마을 간의 경계신, 풍요신의 기능도 지니고 있다. 마을에서는 해마다 날을 잡거나 특정일에 서낭신이 좌정한 곳에서 서낭제를 올리는 것이 보통이다. 가정에서는 특정한 날은 물론 무시로 지내는 경우가 많다. 서낭의 기원에 대해서는 정확히 알려져 있지 않다. 학자들은 음운변화 현상에 주목하여 산신인 '산왕(山王)'에서 유래한다는 설, 중국에서 들어온 '城隍'에서 유래한다는 설 등을 내세우고 있다.『한국민속신앙사전』「가정신앙편」, 2011, 국립민속박물관.

10) 이규보(李奎報 · 1168~1241) : 고려의 문장가. 초명은 인저(仁氐), 자(字)는 춘경(春卿), 호(號)는 백운산인(白雲山人) · 백운거사, 시호는 문순(文順). 본관은 황려현(黃驪縣 : 여흥(驪興)). 호부낭중(戶部郎中) 이윤수(李允綏)의 아들. 9세 때부터 경사(經史) · 백가(百家) · 노불(老佛)의 문헌들을 모두 섭렵하여 한 번만 읽으면 기억하는 기발한 재사다. 시 · 거문고 · 술을 좋아하

리는 제문(祭公山大王文)」과 「공산대왕에게 말을 바치는 제문(獻馬公山大王文)」, 그리고 「공산대왕에게 사례하는 제문(公山大王謝祭文)」을 통해 잘 알 수 있었다.

들으니 우리 공산은 사방의 모앙慕仰하는 바로서 나라의 혈식血食[11]을 누린 지 그 유래가 오래라고 합니다.[12]

신은 빼어난 신령이 뭉쳐서 되었으므로 여러 산을 호위로 삼고 구름을 타고 기운을 부리시니, 생각건대 상제가 계시는 곳에도 조진朝眞하리라 여겨집니다.[13]

이것은 바로 공산대왕이 국가를 위하여 황천상제皇天上帝에게 변고辨告하였으므로, 관군에게 손을 빌려 주시어 이렇게 된 것입니다.[14]

여 삼혹호선생(三酷好先生)이라 불렸으며 한때는 권신의 압객(狎客)이란 말도 들었으나 기개가 있고 성격이 강직해서 조정에서는 인중룡(人中龍)이란 평이 있었다. 1191년(명종 20) 진사에 합격, 1199년(신종 2) 동경(東京 · 경주)에 반란(反亂)이 일어나자 자원 종군하여 병마녹사(兵馬錄事) 겸 수제(修製)가 되었다. 1207년(희종 3) 최충헌(崔忠獻)의 명으로 '모정기(茅亭記)'를 쓰고 권보직한림(權補直翰林), 1213년(강종 2) 40여운(韻)의 시 '공작(孔雀)'을 쓰고 사재승(司宰丞), 1218년(고종 5) 좌사간(左司諫)등의 벼슬을 역임, 1230년(고종 17) 잠시 위도(猬島)에 귀양 갔다가 다시 기용되어 집현전대학사(集賢殿大學士) · 정당문학(政堂文學) · 태자소부(太子少傅) · 참지정사(參知政事)를 거쳐 1237년(고종 24) 문하시랑평장사(門下侍郎平章事)로 관계에서 사퇴했다. 이렇듯 그의 생애 전반기에는 관운이 그리 신통치 않았으나 일단 관계에 들어선 후부터는 벼슬이 누진, 비교적 순탄한 생애를 보냈다. 1 · 2차의 좌천과 귀양도 있었지만 짧은 기간이었고 글 한 수에 벼슬 하나를 얻는 문재로써 관운이 있었던 사람이다. 『네이버 지식백과 인명사전』, (2002.1.10, 민중서관)

11) 혈식(血食) : 국전(國典)으로 제사를 지냄.
12) 『동국이상국집』. 「공산대왕公山大王에게 올리는 제문」
13) 『동국이상국집』. 「공산대왕公山大王에게 말을 바치는 제문」
14) 『동국이상국집』. 「공산대왕公山大王에게 사례하는 제문」

3) 조선시대

조선시대 팔공산 천왕봉에서 천제天祭를 올렸던 기록은 『조선왕조
실록朝鮮王朝實錄』 「세종실록지리지世宗實錄地理志」 '경상도 경주부慶州府
대구군大丘郡'에 다음과 같이 실려 있다.

공산. 해안현解顏縣 북쪽 11리 거리에 있다. 신라 때에 부악父嶽이라
일컫고, 중악中嶽에 비겨 중사中祀를 지냈는데, 지금은 수령守令으로 하
여금 제사를 지내게 한다.

그리고, 『신증동국여지승람新增東國輿地勝覽』 제26권 '경상도 대구도
호부大丘都護府'에는 다음과 같이 실려 있다.

공산·팔공산八公山이라고도 일컫는데, 해안현에서 북으로 17리에
있다. 신라 때에 부악이라고 일컫고, 중악中岳(중국 숭산嵩山의 별칭)에
비겨 중사를 지냈다. 팔공산을 둘러싸고 있는 것은 대구도호부 및 하
양, 신녕, 부계缶溪, 인동, 팔거八莒 등의 읍이다.

또 『여지도서輿地圖書』[15] '대구大丘 산천山川'에는 다음과 같이 실려 있다.

---

15) 여지도서(輿地圖書) : 조선 후기에 각 읍에서 편찬한 읍지(邑誌)를 모아 책으로 엮은 전국 읍지.
1757년(영조 33)부터 1765년(영조 41)까지 펴낸 것을 합한 것으로 295개의 읍지와 17개의 영지
(營誌), 1개의 진지(鎭誌)가 포함되어 있다. 이 책은 간행된 지 270여 년이나 된 『신증동국여지승
람(新增東國輿地勝覽)』을 다시 고치고 그동안 달라진 내용을 싣기 위해서 편찬되었으며, 1757년
홍양한(洪良漢)의 건의로 왕명에 따라 홍문관에서 각읍의 읍지를 수집하여 간행하였다. 『동국여
지승람』을 토대로 하여 조세수취와 연관된 진공·전세·대동 등이 독립적인 조항으로 정해졌으

팔공산은 해안현解顔縣 북쪽 17리에 있는데 신라 때 부악父岳 또는 중악中岳이라 했으며 중사中祀를 지냈다. 팔공산을 둘러싸고 있는 것은 부부府와 하양河陽, 신녕新寧, 의흥義興, 인동仁同, 칠곡漆谷 등 읍이다. 기우제를 지내는 제단이 있고, 고려 태조의 고적이 있으며, 신녕 화산으로부터 이어왔다.

또 『영지요선嶺誌要選』 '대구大邱 산천山川'에는 다음과 같이 실려 있다.

팔공산은 북쪽 50리에 있으며 신라 때 부악이라 칭했다.

또 『교남지嶠南誌』[16] 제2권 '대구부급달성군大邱府及達城郡 산천山川'에는 다음과 같이 실려 있다.

팔공산은 군 북쪽 50리에 있으며 화산花山으로부터 이어진다. 일명 동수산桐藪山이라 하며, 신라 때에 부악이라고 일컫고 중악에 비겨 중사中祀를 지냈다. 팔공산을 둘러싸고 있는 것은 본군 및 하양, 신녕, 부계, 인동, 팔거八莒 등의 읍이다.

며, 방리 · 제언 · 도로 · 전결(田結) · 부세(賦稅) · 군병 등의 항목이 더해져 사회 · 경제적인 내용이 크게 늘어났다. 또한 각 읍지의 첫머리에 채색지도가 실려 있고 거리와 방위 등이 정확한 대축척지도가 덧붙여져 18세기 중엽 지방사회의 실제 모습을 아는 데 귀중한 자료가 된다. 『문화콘텐츠닷컴 (문화원형백과 조선후기 시장)』, 2003, 한국콘텐츠진흥원

16) 교남지(嶠南誌) : 교남(嶠南)은 영남(嶺南)을 말하며, 정원호(鄭源鎬)가 경상도를 군별로 별권 편집한 76권 15책으로 1937년에 대구 경문당에서 인쇄본으로 발행했다. 저자는 각 군의 지지(地誌)가 유실될까 걱정한 나머지 김세호(金世鎬) 상서(尙書)가 편찬한 옛 원고에 증보하여 교남지(嶠南誌)를 편찬했다고 했다.

위에서 볼 수 있다시피 '신라 때 중사를 지냈다'는 것과 '지금은 수령으로 하여금 제사를 지내게 한다'고 하여 팔공산 천왕봉에서 천제天祭를 지냈던 사실이 고려를 거쳐 조선시대에도 이어지고 있었음을 알 수 있었다.

조선 후기에 노주蘆洲 김태일金兌一(1637~1702)[17]은 숙종 12년 갑인년甲寅年(1686)에 달성군수로 재임하면서 「팔공산기우제문八公山祈雨祭文」을 지어 팔공산에서 기우제를 지냈고, 보만재保晩齋 서명응徐命膺[18](1716~1787)은 영조 27년 신미년辛未年(1751)과 이듬해 임신년壬申年(1752)에 의흥현감으로 재임하면서 「의흥공산기우제문義興公山祈雨祭文」을 지어 팔공산에서 기우제를 지냈다.

열암悅庵 하시찬夏時贊(1750~1828)[19]이 지은 「용두기우제문龍頭祈雨祭文」에 "방백方伯이 공산에서 기원하였으나 겨우 가랑비만 적셨네"라는 내용으로 보아 팔공산과 인접한 고을에서 현감으로부터 관찰사에 이

---

17) 김태일(金兌一 · 1637~1702) : 조선 후기의 문신. 본관 예안. 자(字) 추백(秋伯). 호(號) 노주(蘆洲). 1660년(현종 1) 식년문과에 병과로 급제, 장령(掌令) · 헌납(獻納) · 문학(文學) · 보덕(輔德)을 지냈다. 1694년(숙종 20) 사간(司諫)으로서, 폐비 민씨의 복위를 도모한 서인 한중혁(韓重爀) 등을 탄핵하였다가 뒤에 삭출(削黜)되었다. 문집에 노주집(蘆洲集)이 있다. 『두산백과사전』

18) 서명응(徐命膺 · 1716~1787) : 조선조(朝鮮朝) 22대 정조(正祖) 때의 문신(文臣) · 학자(學者). 자(字)는 군수(君受), 호(號)는 보만재(保晩齋) · 담옹(澹翁). 본관은 달성. 벼슬은 대제학(大提學)에 이름. 역학(易學)에 조예(造詣)가 깊고 실학 연구(硏究)에 전념하였으며, 21대 영조(英祖) 35년에 왕명(王命)을 받들어 대악전보(大樂前譜)와 대악후보(大樂後譜) 등의 악보를 집대성한 공이 큼. 저서(著書) 보만재집(保晩齋集). 시호(諡號)는 문정(文靖). 『네이버 한자사전』

19) 하시찬(夏時贊 · 1750~1828) : 본관은 달성(達成). 호(號)는 열암(悅菴). 대도독(大都督) 하흠(夏欽)의 후손이다. 송환기(宋煥箕) · 이의조(李宜朝)의 문인이 되어 이기설(理氣說)과 명덕학(明德學)을 배웠고 역학(易學)의 탐색에도 힘썼으나 벼슬은 하지 않았다. 열암(悅菴)은 독무암루(獨茂岩樓)란 작은 재실(齋室)을 지어 김경호(金鏡湖) · 송성담(宋性潭)의 문하에서 학문을 익히고 당대의 석학과 교유하면서 후학양성에 힘썼다. 저서로 『팔예절요(八禮節要) 2권』과, 종손 하정익(夏正益) · 하정창(夏正昌)에 의해 간행된 '열암문집(悅菴文集)'이 있다. 후학과 유림들이 그를 추모하기 위해 독무재(獨茂齋)를 건립하였고 경내에 장판각(藏板閣)과 경덕사(景德祠)를 지어 춘향(春享)을 올리고 있다. 『한국역대인물종합정보시스템』

르기까지 가뭄이 심하면 기우제문을 지어 팔공산에서 기우제를 지냈음을 알 수 있었다.

태재泰齋 유방선柳方善(1388~1443)의 『태재집泰齋集』에서 「등천왕봉登天王峰-영천공산봉명永川公山峰名」이란 제하題下의 시와 낙애洛涯 정광천鄭光天(1553~1594)[20]의 『낙애집洛涯集』에서 「유팔공산십수遊八公山十首」 제하의 '천왕봉상백운심天王峰上白雲深'이란 시구, 동계東溪 조형도趙亨道(1567~1637)[21]의 『동계집東溪集』에서 '천왕봉天王峰'과 '동화사桐華寺' 제하의 '천왕봉하동화동天王峰下桐華洞'의 시구, 겸재謙齋 정익동鄭翊東(1735~1795)[22]의 『겸재집謙齋集』「유팔공산백칠십이운遊八公山百七十二

---

20) 정광천(鄭光天 · 1553년~1594년) : 본관은 동래(東萊). 자(字)는 자회(子晦), 호(號)는 낙애(洛涯)· 송파(松坡). 부친은 임하(林下) 정사철(鄭師哲)이다. 한강(寒岡) 정구(鄭逑)의 문하에서 배웠고, '소학(小學)'을 자신을 다스리는 요체로 삼았다. 양친을 봉양하고 상을 당했을 때 여막에서 삼년상을 치렀다. 1582년(선조 15)에 금암초당(琴巖草堂)을 중건하였다. 1764년(영조 40)에 창건된 대구 금암서원(琴巖書院)에 아버지와 함께 제향 되었다. 저술로 '낙애선생문집(洛涯先生文集)'이 있다. 『한국역대인물종합정보시스템』

21) 조형도(趙亨道 · 1567~1637) : 본관은 함안(咸安), 자(字)는 대이(大而) · 경달(景達), 호(號)는 동계(東溪)이다. 자칭 청계도사(淸溪道士)라 칭하였다. 생육신 여(旅)의 5대손이며, 동지중추부사 지(址)의 아들로, 큰아버지 우(堣)에게 입양되었다. 부윤 오운(吳澐)의 딸과 혼인하였다. 1583년(선조 16) 첨지 민추(閔樞)에게 수학하고 1587년 정구(鄭逑)를 사사한 뒤 3년간 향시에 연이어 장원하였다. 1592년 임진왜란이 일어나자 의병을 일으켜 화왕산성(火旺山城)에서 많은 전공을 세웠다. 임진왜란을 계기로 무과를 지원, 1594년 합격하여 선전관겸비국랑(宣傳官兼備局郞)에 임명되었다. 광해군 때 혼란한 정치를 싫어하여 관직을 버리고 낙향하기도 하였으나 보성군수 등 중요 직책을 맡으며 공적을 쌓아 계속 승진하여 통정대부에 올랐다. 병자호란 때는 70세의 고령에도 분연히 종군하였다가 영남지방의 군대가 패전함에 울분으로 등창이 나서 운명하였다. 정조 때 편찬된 '충렬록(忠烈錄)'에 기록되었고, 순조 때 만들어진 '존주록(尊周錄)'에도 기록되었다. 청송의 '덕봉사(德峰祠)'에 배향되었으며, 경상북도 청송군 안덕면 덕성리 510번지에 지인들과 함께 머물던 '동계정(東溪亭)'이 있다. 저서로 '동계집(東溪集)' 3책이 있다. 『한국민족문화대백과』

22) 정익동(鄭翊東 · 1735~1795) : 조선 후기의 유학자. 자(字)는 맹양(孟陽), 호(號)는 겸재(謙齋)이다. 본관은 동래(東萊)이다. 고조부는 정희상(鄭姬相)이고, 증조부는 정시걸(鄭時杰)이며, 조부는 정은필(鄭殷弼)이고, 부친은 정유점(鄭惟漸)이다. 육경사자(六經四子)에 정통하고 특히 책문(策文)에 능하여 네 차례나 향시에 합격하였다. 백불암(百弗庵) 최흥원(崔興遠 · 1705~1786)의 문하에서 수학하였다. 당대의 명사와 두루 교유하며 학문을 독실히 행하고 후진을 양성하며 효제충신과 예의염치 등을 권장하였다. 시문집 '겸재집(謙齋集)'은 1914년에 손자 정숭진(鄭嵩鎭)이 간행하였으며, 목활자본이다. 『한국역대인물종합정보시스템』

韻」 제하의 '천왕최수이天王最秀異'이란 시구, 백화재白華齋 황익재黃翼再 (1682~1747)[23]의 『화재집華齋集』 「동대東臺」 제하의 '천왕봉상단운연天 王峯上但雲烟' 등에서 천왕봉과 관련된 문헌자료가 남아 지금까지 전하 고 있다.

4) 소결론

삼국통일 이전부터 신라 왕경王京에는 오악이 있었다. 북악 금강산, 중악 낭산, 서악 선도산, 동악 명활산과 토함산, 남악 금오산이 있어 왕 경을 수호했다. 삼국통일 이후의 오악은 동악 토함산, 북악 태백산, 서 악 계룡산, 남악 지리산, 중악 공산으로 성립되었다. 『삼국사기』 「김유 신전金庾信傳」은 김부식金富軾이 밝힌[24]바와 같이 김유신의 현손玄孫 김

---

23) 황익재(黃翼再 · 1682~1747) : 본관은 장수(長水). 자(字)는 재수(再叟), 호(號)는 백화재(白華 齋). 희(喜)의 10대손이며, 집(緝)의 증손으로, 할아버지는 재윤(載胤)이고, 아버지는 증 좌승지 진하(鎭夏)이며, 어머니는 상산김씨(商山金氏)로 진익(震鈜)의 딸이다. 1701년(숙종 27) 식년문 과에 병과로 급제하여 권지부정자(權知副正字)가 되었고, 박사 · 병조좌랑을 거쳐 평안도사를 지 냈다. 1705년 성균관전적 · 예조좌랑이 되고, 이듬해 병조좌랑을 거쳐, 1707년 충청도도사가 되 었다. 1709년 전라도사에 재직할 때에는 조세의 조운과정(漕運過程)에서 발생하는 폐단을 엄격 히 단속하였고, 1711년 무안현감으로 있을 때에는 거듭된 흉년으로 피폐해진 농민들의 구휼에 힘썼다. 어사 홍석보(洪錫輔)가 그의 치적을 조정에 주달하여 포상이 내려지고, 나주조군의 통솔 권을 받았다. 그 뒤 사헌부장령 · 영광군수를 거쳐 1728년(영조 4) 통정대부(通政大夫)에 올라 종 성부사가 되었다. 이 때 도순무사 오명항(吳命恒)과 영남안무사 박사수(朴師洙)와 함께 청주에 이르러 이인좌(李麟佐)의 반란을 평정하는 데 공을 세웠다. 그러나 도리어 적도들에 연루되었다 는 모함을 받아 구성에 유배되었다. 7년 뒤인 1736년에 사면되어 복직의 명을 받았으나 사양하 고 낙향하였다. 향리에서 성리학 연구와 후진양성에 전념하였다. 상주의 봉산사(鳳山祠)에 제향 되었으며, 저서로는 백화재집 · 서행일록(西行日錄)이 있다. 『한국민족문화대백과』, 한국학중앙 연구원

24) 『삼국사기』 제43권 열전 제3 : 유신의 현손(玄孫)으로서 신라의 집사랑(執事郞)인 장청(長淸) 이 행록(行錄) 10권을 지어 세상에 전해지고 있다. 여기에는 만들어서 넣은 말이 상당히 많기 때 문에, 일부 삭제해 버리고 기록할 만한 것들을 취하여 전(傳)을 만들었다.〈庾信玄孫新羅執事 郞長淸作行錄十卷行於世頗多釀辭故刪落之取其可書者爲之傳〉『원문과 함께 읽는 삼국사기』, 2012.8.20. 한국인문고전연구소

장청金長淸이 지은 행록行錄 10권을 참고하여 만든 것이다.「김유신전」의 '중악석굴中岳石崛'에 관한 기록으로 볼 때, 오악이 성립된 시기는 삼국통일을 완성하는 문무왕文武王 16년(676) 이후에서 구주오소경九州五小京을 설치하고 통일왕조의 제반제도가 완비되는 신문왕神文王(?~692)대로 추정된다.[25] 신문왕은 달구벌達句伐 천도遷都를 추진했으나 경주에 근거지를 두고 있던 진골 귀족들의 반발에 부딪혀 중단하고 말았다. 오악은 신문왕의 달구벌 천도계획의 일환으로 성립된 것으로 추정되며, 중악은 나라의 중심지이자 천도할 도읍지의 진산鎭山이라는 의미가 담겨있다고 할 수 있다.

신라시대에는 오악에서 임금이 친제하여 중사中祀를 지냈으며, 고려시대에는 신라의 전통을 이어 오악에서 천제天祭를 올렸다. 조선시대에도 오악에서 천제를 지냈으니『신증동국여지승람』에 동악 토함산은 석탈해사昔脫解祠, 북악 태백산은 태백산사太白山祠, 서악 계룡산은 계룡산사鷄龍山祠, 남악 지리산은 성모사聖母祠에서 지냈다 하였고, 그리고 중악 공산은『세종실록지리지』에 "수령으로 하여금 제사를 지내게 한다"고 하였다.

오악의 다른 지역은 천제를 지냈던 사당祠堂의 흔적이 지금까지 남아있으나 유독 중악 팔공산은 임진왜란 이후 천제를 지내는 전통이 끊어지면서 점차 관민官民의 관심에서 멀어졌고 한말과 일제강점기를 거치면서 천왕봉天王峰이란 봉명 또한 망실했다.

다행히 태재 유방선의『태재집』, 낙애 정광천의『낙애집』, 동계 조형

---

25)『신라왕경오악연구』, 283쪽.

도의『동계집』, 겸재 정익동의『겸재집』, 백화재 황익재의『화재집』등 옛 선현들의 문집에서 천왕봉에 관한 기록을 찾아 이를 근거로 경상북도 영천시에 '천왕봉'으로 지명변경을 청원한 결과, 영천시 지명위원회와 경상북도 지명위원회에서 심의, 의결하고 국가지명위원회에 보고하여 오는 12월에 최종 심의를 앞두고 있다.[26]

팔공산 최고봉인 천왕봉이 옛날부터 불렸던 본래 명칭을 되찾은 것을 계기로 신라시대부터 이어온 산악을 숭상하는 전통문화를 계승 발전시켜 천왕봉에 담겨있는 역사적 의의와 가치를 재정립해야 한다.

---

26) 2014.12.11.에 열린 국가지명위원회 제6차 회의에서 팔공산 천왕봉 지명제정 건은 대구시에서 반대의견을 제시함에 따라 대구시지명위원회의 의견을 확인한 뒤에 심의가 보류되었다.

3. 비슬산 천왕봉

1) 문헌자료

비슬산琵瑟山 천왕봉天王峰은 『삼국유사三國遺事』에 포산苞山의 산신령을 '정성천왕靜聖天王'이라 기록하였고, 조선 전기에 편찬된 『신증동국여지승람新增東國輿地勝覽』에는 '정성대왕靜聖大王'으로 기록하였으며, 조선 후기에 편찬된 『여지도서輿地圖書』와 김정호가 편찬한 『대동지지大東地誌』, 『영지요선嶺誌要選』, 『교남지嶠南誌』 등의 문헌에 기록되어 있다.

『삼국유사』 제5권 '피은避隱 제8 포산이성苞山二聖'에 다음과 같이 실려 있다.

송宋 태평흥국太平興國 7년 임오壬午(982년, 고려 성종成宗 원년)에 중 성범成梵이 처음으로 이 절에 와서 살았다. 그는 만일미타도량萬日彌陀道場을 열어 부지런히 50여 년을 전념했는데 특별히 상서로운 일이 여러 번 있었다. 이때 현풍玄風의 신도 20여 명이 결사結社를 만들고 해마다 향나무를 절에 바쳤다. 매번 산에 가서 향나무를 채취하다가 쪼개고 씻어서 발 위에 펼쳐두었는데, 그 향나무가 밤이 되면 촛불처럼 빛을 발하였다. 이런 이유로 고을 사람들은 그 향을 바친 무리들에게 보시하고 빛을 얻는 해라며 축하하였다. 이것은 두 성사의 영감이거나 혹은 산신령의 도움일 것이다. 산신령의 이름은 '정성천왕靜聖天王'이다. 일찍이 가섭불 시대에 부처님의 부탁을 받고 발원 맹세를 하였는

데 다음과 같다. '산중에서 1천 명의 출가를 기다려 남은 업보를 받겠습니다'[27]

『신증동국여지승람』 제27권 '현풍현玄風縣 사묘祠廟'에는 다음과 같이 실려 있다.

성황사. 비슬산에 있다. 세간에 전하기를, '정성대왕靜聖大王의 신이 장마나 가뭄, 역질이 있을 때에 기도하면 응답이 있으므로 제사지내려는 자가 몰려들었다. 여기에 모인 종이와 베는 활인서活人署에 보내게 했다'고 한다.

『신증동국여지승람』의 정성대왕靜聖大王은 『삼국유사』의 정성천왕靜聖天王과 같이 동일하게 비슬산 산신령을 지칭한 것이다. 삼국유사의 기록으로 볼 때 비슬산 천왕봉의 연원은 고려 초기부터 시작되었음을 알 수 있다.

『여지도서』 '현풍玄風 산천山川'에는 다음과 같이 실려 있다.

비슬산은 일명 포산苞山이라 하며 현 동쪽 15리에 있다. (중략) 조화봉은 비슬산 남쪽에 솟아있다. 전해오기를, 당대의 승려 일행이 봉우리를 가리켰는데 그 빛이 중국에 까지 전해졌다 하여 조화봉이라 한다. 대견

---

27) 원문과 함께 읽는 삼국유사. 2012.8.20, 한국인문고전연구소.

봉은 비슬산의 최고정이며 천왕봉은 대견봉과 거의 높이가 같다.

『대동지지』[28] '현풍현읍지玄風縣邑誌 산수山水'에는 다음과 같이 실려 있다.

비슬산은 일명 포산이라 하며 동쪽 15리에 걸쳐 대구, 창녕, 현풍의 경계를 이루고 있으며, 산세가 매우 높고 거듭 포개져 있어 대견봉과 천왕봉이라는 두 봉우리가 있다. 산의 남쪽에는 신라 헌덕왕 때 창건한 대견사와 3개의 사찰이 있다.

『영지요선嶺誌要選』[29] '현풍 사찰寺刹'에는 유가사는 천왕봉에 있다고 하였고, 『교남지嶠南誌』 권3 '현풍군 산천'에서는 다음과 같이 말하였다.

대견봉은 비슬산 최고정이다. 조화봉은 비슬산 남쪽에 있으며, 전해 오는 말에 따르면, 당승唐僧 일행一行이 이 봉우리를 가리켰는데 그 빛

---

28) 대동지지(大同地誌) : 조선 후기 김정호(金正浩)가 편찬한 지리서. 32권 15책. 필사본. 책의 기록 하한은 1863년(철종 14)으로 되어 있다. 내용 구성은 총괄·팔도지지(八道地志)·산수고(山水考)·변방고(邊坊考)·정리고(程里考)·역대지(歷代志) 등의 여섯 부분으로 되어 있다. 『한국민족문화대백과』, 한국학중앙연구원

29) 영지요선(嶺誌要選) : 조선시대에 영남읍지(嶺南邑誌)를 발췌하여 엮은 책. 필사본. 2권 2책. 영남열군지(嶺南列郡誌)이라고도 한다. 1876년(고종 13) 최석봉(崔錫鳳)이 편저하였다. 대령(大嶺) 71주(州)의 군읍지(郡邑誌)에서 대요만을 뽑아 영남지방의 산천(山川)·호구(戶口)·인물·풍토 등을 뽑아 엮었다. 연혁·산천·관사(官舍)·방리(坊里)·역로(驛路)·장시(場市)·고적·토산(土産)·정각(亭閣)·원우(院宇)·인물·사찰·효열(孝烈)·제영(題詠) 등의 순으로 구성되어 있다. 상권에 경주(慶州)·안동(安東)·대구(大邱) 등 41읍, 하권에 상주(尙州)·진주(晋州)·성주(星州) 등 30읍, 도합 71주가 수록되어 있다. 책머리에 이근필(李根弼)·이계로(李啓魯) 등의 서문과 총목(總目) 등이 있다.『두산백과』

이 중화中華까지 비췄다 하여 조화봉照華峰이라 하였다. 석검봉石劍峰, 천왕봉天王峰, 수도봉修道峰은 모두 비슬산 북쪽에 있으며, 월선봉月先峰은 비슬산 남쪽에 있고, 필봉筆峰은 비슬산 서쪽에 있다.

열암悅菴 하시찬夏時贊은 1836년에 「용연사기우제문龍淵寺祈雨祭文」을 지어 용연사龍淵寺에서 기우제를 지냈고, 암서巖棲 조긍섭曺兢燮(1873~1933)은 1914년 비슬산 정산鼎山에 은거하면서 「비슬산기우제문琵瑟山祈雨文」을 지어 비슬산에서 기우제를 지낸 것을 볼 때, 가뭄이 있을 때 기도하면 응답이 있었다는 믿음이 조선후기를 거쳐 한말韓末에도 이어지고 있었다.

2) 고지도

조선후기에 제작된 해동지도海東地圖, 여지도輿地圖, 조선지도朝鮮地圖, 동여도東輿圖, 청구도靑邱圖, 청구요람靑邱要覽 등의 고지도古地圖에 '비슬산 천왕봉天王峰'이 표기되어 있다. 비슬산은 팔공산과 달리 천왕봉에 관한 선비들의 문헌기록을 찾아보기 힘든 반면에 조선후기에 제작된 해동지도, 여지도, 조선지도, 동여도, 청구도, 청구요람 등의 고지도에 천왕봉이 표기되어 있는 것이 팔공산과 크게 다른 점이다.

이는 비슬산은 현풍의 진산鎭山으로 관민이 조선후기에 지속적으로 관심을 가져왔던 반면에,『세종실록지리지』와『신증동국여지승람』, 『여지도서』에 기록되어 있는 바와 같이 '연귀산連龜山30)'이 대구의 진산鎭山'이었다는 것과 금호강으로 인해 대구부大邱府와 팔공산은 자연스럽게 격리되어 관민의 관심 밖에 있었던 것이 주된 요인이었다.

---

30) 연귀산(連龜山) : 대구광역시의 중구 봉산동 제일중학교가 있는 곳에 위치한 산이다. 산이라기 보다는 야트막한 언덕에 해당한다. 일대에 봉산문화거리가 조성되어 있다. 순종 때 대구부민(大邱府民)에게 정오를 알리기 위해 이곳에서 포(砲)를 쏘았다고 하여 '오포산(午砲山)'이라고도 하였다. 제일중학교 본관 건물 앞에는 연귀산의 지명유래가 되는 거북바위가 놓여 있다. 연귀산은 조선시대 대유학자인 서거정(徐居正, 1420~1488)의 '대구십영(大丘十詠)' 중, 제3영에 해당하는 '귀수춘운(龜岫春雲)'에서도 언급되고 있다.『한국지명유래집 경상편 지명』, 2011.12, 국토지리정보원

구분	해제解題	봉명峰名	고지도古地圖
해동지도 海東地圖	· 보물 제1591호 · 1750년대 초반에 제작된 관찬지도	천왕봉天王峰 대견봉大見峰 조화봉照華峰	
여지도 輿地圖	· 보물 제1592호 · 18세기 말에 편찬	천왕봉天王峰 대견봉大見峰 조화봉照華峰	
조선지도 朝鮮地圖	· 보물 제1587호 · 편자편년 미상 · 비변사 도장이 찍 혀 있고, 전통지도 중 가장 정확	천왕봉天王峰 대견봉大見峰 조화봉照火峰	
동여도 東輿圖	· 보물 제1358-2호 · 19세기 중엽에 김 정호가 제작한 필사 본 전도로 대동여지 도보다 세밀함	천왕봉天王峰 대견봉大見峰 조화봉照花峰	
청구도 青邱圖	· 1834년 김정호가 만든 지도	천왕봉天王峰 조화봉造化峰	
청구요람 青邱要覽	· 1834년 김정호가 만든 청구도의 이본	천왕봉天王峰 조화봉造化峰	

또한『신증동국여지승람』에 "팔공산을 둘러싸고 있는 것은 대구부 및 하양, 신녕, 부계, 인동, 팔거 등의 읍이다" 라고 하였고,『여지도서』에 "팔공산을 둘러싸고 있는 것은 부府와 하양, 신녕, 의흥, 인동, 칠곡 등의 읍이다" 라고 하였고,『교남지』에 "팔공산을 둘러싸고 있는 것은 본군 및 하양, 신녕, 부계, 인동, 팔거 등의 읍이다" 라고 한 것과 같이 현재도 팔공산은 대구, 칠곡, 군위, 영천, 경산 등에 둘러싸여 있다. 조선시대에 들어 팔공산이 영남의 명산임에도 주도적으로 관리할 주체가 명확치 않았던 점이 관찬자료에서 팔공산에 관한 기록을 찾아보기 힘든 요인이었다.

3) 산악숭배 신앙의 확산

나말여초羅末麗初에 산악숭배 신앙이 널리 확산됨에 따라 비슬산도 고려 초기에 산신령 '정성천왕靜聖天王'이 상주하는 산악으로 불려졌다.

○ 산신은 시조신始祖神

『삼국유사』에는 "신라시조新羅始祖 혁거세왕赫居世王이 양산촌楊山村 기슭의 나정蘿井에서 하늘로부터 내려온 흰말이 가져 온 큰 알에서 태어났다"고 하였고, 육부족六部族의 시조인 "육촌장六村長은 표암봉瓢岩峰, 형산兄山, 이산伊山, 화산花山, 명활산明活山, 금강산金剛山 등 경주평야 부근의 산악에서 탄강誕降했다"고 하였고,『삼국유사』「가락국기駕洛國記」에 "6가야의 시조는 하늘에서 구지봉으로 내려 온 붉은 보자기에 싸여있는 금상자에서 나온 황금알 6개에서 태어났다"고 하였다. 이에 따라 산악은 시조가 탄강한 성지가 되었고, 산신은 시조신으로 숭배되었다.

○ 산신과 영웅과의 결합

산신은 또한 영웅과 결합하여 한 나라를 개국할 군왕을 낳은 모후母后가 되거나 개국을 돕는 왕비王妃가 되기도 하였다.

『삼국유사』에 선도산仙桃山의 산신령 서술신모西述神母는 "신라시조 혁거세赫居世를 낳았다" 하였고, 운제산雲梯山의 산신 운제신모雲梯神母

는 "남해南解[31] 거서간居西干의 왕비가 되었다" 하였고, 울주 치술령鵄述嶺의 산신 치술신모鵄述神母는 "충신 박제상朴堤上의 아내가 되었다"고 하였다. 탈해왕脫解王은 "동악 토함산신吐含山神이 되었다" 하였고, 남악 지리산 산신 성모천왕聖母天王은 불교와 결합하여 석가모니의 모후인 '마야부인摩耶夫人'이라 칭하였으며, 또 삼한三韓을 통일한 고려 태조 왕건을 낳은 '위숙왕후威肅王后'라는 설화를 만들었다.

각 지방의 산악 산신은 이에 영향을 받아 그 지역의 영웅과 결합하여 토호족土豪族의 시조신으로 받들어지면서 산악숭배 신앙이 더욱 널리 확산되었다. 『신증동국여지승람』에 기록된 밀양의 추화산신推火山神은 손씨족의 시조인 손긍훈孫兢訓과 결합한 것과, 의성 북산신北山神은 왕건을 도와 삼한통일 전쟁에 참전했다가 전사한 이 지방 토호 김홍술金洪術과 결합한 것이 그 예이다.

고려시대에 들어 지방의 산악 산신은 불교와 결합하면서 다양한 형태로 변화하였는데 비슬산의 '포산이성苞山二聖'도 그 가운데 하나이다.

ㅇ산신은 여신

원래 산신의 성은 여신女神이었다. 이는 지모숭배사상地母崇拜思想[32]

---

31) 남해(南解) : 신라시조 혁거세거서간의 맏아들이며, 어머니는 알영부인(閼英夫人)이고, 비는 운제부인(雲帝夫人) 또는 아루부인(阿婁夫人)이다. 누이동생으로 아로(阿老)가 있다. 차차웅이라는 칭호를 사용한 왕은 남해왕뿐이며『삼국유사』에는 거서간(居西干)과 동격의 의미라고 말하고 있다. 한편,『삼국사기』에는 차차웅을 자충(慈充)이라고도 하는데, 이는 무(巫)를 의미하는 신라 방언이라고 기록되어 있다. 따라서 남해왕 때는 정치장적 성격보다는 제사장적 기능이 농후하였음을 말해주고 있다. 서기 6년에 시조묘(始祖廟)를 세우고, 8년 탈해가 어질다 하여 맏딸로 아내를 삼게 하였으며, 또 대보(大輔)의 벼슬을 주어 나라의 일을 맡겼다. 14년 왜(倭)와 낙랑(樂浪)의 침입을 막았으며, 재위 21년에 죽으니 사릉원(蛇陵園)에 장사지냈다.『한국민족문화대백과』, 한국학중앙연구원
32) 지모신(地母神) : 대지의 풍요성, 생명력이 신격화된 것. 부신적 성격을 가진 상천신(上天神, 천

29

을 근간으로 하며, 풍요와 다산의 생산력을 기원하는 의미를 지닌 여성신女性神에 대한 신앙을 바탕으로 형성되었다.[33]

신라의 호국신인 삼산신三山神은 여신이었으며, 앞에서 살펴보았던 서술신모西述神母와 운제신모雲梯神母, 성모천왕聖母天王 등은 모두 여신이었다. 이러한 여신들이 불교의 영향으로 관음보살觀音菩薩로 변화하기도 하고, 후대에 이르러 유교와 도교의 영향으로 남신화男神化, 신선화神仙化해 갔다.

○산신에 대한 봉작

신라와 고려시대에는 산신은 국가적으로 매우 숭배하였다. 이에 산신에게 봉작封爵하여 신격神格을 높이고 지성을 다해 존숭하였다.

『삼국유사』에는 탈해왕의 유골을 탈해 신령의 바람에 따라 토함산에 안장하고 나라에서 제사를 지냈는데 "이분이 동악신東岳神이다"고 하였다. 『동국이상국집東國李相國集』에는 동악 산신을 '대왕大王'이라 하였고, 중악 공산 산신을 '공산대왕公山大王'이라 하였고, 남악 지리산 산신을 '지리산대왕智異山大王'이라 한 것을 볼 때 오악에 봉작을 했던 분명한 증거이며, 그 결과 다른 지역의 산악에도 영향을 미쳤으니 『신증동국여지승람』에 비슬산 산신령을 '정성대왕'이라 한 것이 그 실례이다.

부)에 대립한다. 그리스 신화의 대지 여신 가이아는 태초에 카오스 다음으로 탄생하고, 자신이 낳은 천공신 우라노스와 결혼해서 신들의 조상이 되었다. 그리스인은 최고의 인류도 대지에서 태어났다고 믿었다. 이처럼 대지를 만물을 낳아서 키우는 위대한 모신으로서 숭상하는 신앙은 세계의 농경문화에서 공통적으로 발견된다. 그리스 신화에서는 그 외에도 이름 그 자체가 문자 대로 〈지모(地母)〉를 의미했을 가능성이 강한 데메테르를 비롯해서 헤라, 아프로디테, 아르테미스 등 유력한 여신의 대부분에 〈지모신〉의 성격이 인정된다. 『종교학대사전』. 1998.8.20, 한국사전연구사

33) 신모신화 (한국민속문학사전(설화 편), 국립민속박물관).

4) 소결론

비슬산 천왕봉은 『삼국유사』의 기록으로 볼 때 나말여초에 산악숭배 신앙이 널리 확산됨에 따라 고려 초기에 불리기 시작했으며, 조선시대에는 서낭신 신앙과 산악신앙이 맺어져서 산천성황山川城隍이라는 관념이 형성되면서 『신증동국여지승람』의 기록과 같이 성황사城隍祠, 산천성황山川城隍과 결합되어 전해왔다.

그 결과 비슬산 천왕봉은 민간신앙에서 서낭신 숭배와 함께 하여 현풍의 진산鎭山으로 관민의 지속적인 관심과 애호가 있었기에 조선 후기 『여지도서輿地圖書』, 『대동지지大同地誌』, 『현풍현읍지』, 『영지요선嶺誌要選』 등의 지리지와 해동지도海東地圖, 여지도輿地圖, 조선지도朝鮮地圖, 동여도東輿圖, 청구도靑邱圖, 청구요람靑邱要覽 등의 고지도에 천왕봉에 관한 기록을 남겼던 것이다.

비슬산 최고봉이 대견봉大見峰이란 주장은 『여지도서』 '현풍 산천'에 "대견봉은 비슬산의 최고정이며 천왕봉은 대견봉과 높이가 거의 같다"는 기록과 『교남지嶠南誌』 3권 '현풍군 산천'에, "대견봉은 비슬산의 최고정에 있다"란 기록에서 비롯되었다고 여겨진다.

그러나 『여지도서』와 『교남지』의 '대견봉이 비슬산의 최고정'이란 기록은 조선 후기에 제작된 여러 고지도에 표기된 천왕봉과 대견봉의 위치를 고려했을 때 비슬산의 최고봉은 대견봉이 아니라 천왕봉임이 분명하였다. 조선 후기에 제작된 해동지도, 여지도, 조선지도, 동여도, 청구도, 청구요람 등의 고지도를 살펴보면, 북쪽에 천왕봉이 있고 남쪽에 조화봉과 대견봉이 인접해 있는데, 이는 비슬산의 최고봉이 천왕봉이며 대견봉은 조화봉 근처에 있는 대견사지(대견사)와 인접해 있다는 것을 뜻한다.

4. 결론

천왕天王이 하강하고 상승하는 봉우리 이름이 천왕봉天王峰이다. 역사적으로 볼 때 천왕봉에도 그 품격品格이 있었다. 신라시대 대사大祀는 삼사三祀 중에서도 가장 으뜸가는 제사로 삼산신三山神이라 하는 호국신護國神에 국왕이 제사지내는 신라 최고의 제사였다. 중사中祀는 오악五岳에 지내는 제사로 국왕이 친사親祀하는 제전祭典이며, 소사小祀는 전국의 명산 24개소의 산악에 지내는 제사로 삼사三祀 중에 가장 격이 낮았다.

삼사의 전통으로 보건데 대사 다음으로 중사를 지냈던 오악, 즉 동악東岳 토함산吐含山[34), 북악北岳 태백산太白山, 서악西岳 계룡산鷄龍山, 남악南岳 지리산智異山, 중악中岳 공산公山은 가장 품격이 높은 천왕봉이었다. 그 다음은 소사를 지냈던 전국의 명산 24개소 산악의 천왕봉으로, 그 가운데 월나악月柰岳(월출산)과 무진악武珍岳(무등산) 등은 지금까지 천왕봉으로 불리고 있다.

신라의 산악숭배 신앙으로 볼 때 중사와 소사를 지냈던 오악과 전국의 24개소 명산을 제외한 여타지역의 산악에서도 천제天祭를 지냈던

---

34)『대동여지도 경주(慶州)』에 '동악봉(東岳峰)'이 표기되어 있고 조선시대 봉수대(烽燧臺)가 있었다 한다.

것으로 보인다. 특히 나말여초에 산악숭배 신앙이 널리 확산되었는데 『삼국유사』에 실려 있는 비슬산 산신령을 '정성천왕靜聖天王'이라 한 것이 그 좋은 예이다.

따라서 나말여초에 산악숭배 신앙이 널리 확산됨에 따라 고려 초기에 불리기 시작한 비슬산 천왕봉은 그 역사적 의의와 위상에 있어 중사오악中祀五岳의 하나인 팔공산 천왕봉과는 비교의 대상이 되지 못한다.

팔공산 제2봉의 봉명

조명래
(팔공산연구소 소장)

1. 서론

팔공산에서 어떤 봉우리가 가장 높은 봉우리이며, 그 봉명의 명칭이 무엇인가에 대한 논란이 지금까지 끊이지 않고 있다. 팔공산의 최고봉은 천왕봉天王峰으로 높이가 1192.34m[1]이다. 그러나 북쪽에 있는 공산성의 주봉이 1213m로 표기된 지형도로 인해 어떤 봉우리가 팔공산에서 가장 높은지에 대한 논란이 오랫동안 지속되어 왔다.

문헌에 따르면, 역사적으로 오랫동안 공산성의 주봉은 비로봉毘盧峰으로 불렸으나 1960년대에 군부대가 주둔하면서 일반인들의 출입이 통제되었고, 또한 팔공산의 최고봉 천왕봉이 한말과 일제강점기에 산명을 망실하고 비로봉으로 불리게 되면서 그 이름을 빼앗겼다.

2014년 8월, 경상북도 지명위원회에서 '팔공산 최고봉의 봉명을 천왕봉'으로 심의 의결함에 따라 신라시대부터 조선시대에 이르기까지 불렸던 옛 이름, '천왕봉'을 되찾았으나 공산성의 주봉은 역사적으로 오랫동안 불렸던 '비로봉'이 아닌 단지『팔공산 2005년의 기록 팔공산

---

1) 국토지리정보원 전국 산 높이 자료 참조.

하』취재팀이 설명의 편의를 위해 임시로 설정했던 '산성봉山城峰'으로 지명이 변경되는 참변이 일어났다. 이에 따라 팔공산 제2봉인 공산성 주봉의 정확한 높이에 대한 검토와 봉명에 대한 문헌적 고찰을 통해 규명해 보고자 한다.

2. 팔공산 정상에 '1213m 봉우리'가 실재하는가?

2013년 9년 28일 팔공산문화포럼 회원들과 함께 팔공산 정상부를 답사한 결과 공산성의 주봉은 육안으로도 천왕봉보다 낮다는 것을 확인할 수 있었다.

팔공산연구소에서 '팔공산 정상에 1213m 봉우리가 실재하는가'에 대하여 국립지리정

공산성 주봉을 1213m로 잘못 표기한 지형도(2008년)

보원에 질의(2014. 03. 19)[2]한 결과, 국립지리정보원에서 답변(2014. 03. 24.)하기를, "과거 우리 원에서 발행한 지형도에 1213m 높이로 표시된 지역은 보안지역으로 위장처리 되어 있어 실제 지형과 지도에 표현된 지형이 다르다. 따라서 위 지역이 팔공산에서 가장 높은 봉우리는 아니며, 팔공산의 가장 높은 봉우리는 첨부된 지형도에 팔공산八公山으로 표기된 봉우리로서 그 높이는 1192.9m이다"라고 하였다.

2) 부록 : 팔공산 정상에 '1213m 봉우리'가 실재하는지에 대한 질의와 국립지리정보원의 답변

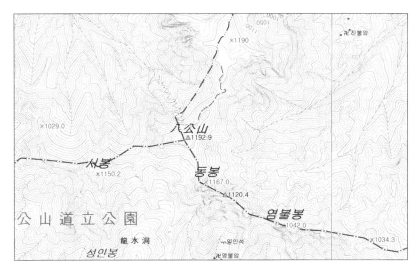

공산성 주봉의 높이가 1190m로 수정 표기된 지형도
(국립지리정보원 회신)

지형도에 표기된 등고선은 1180m로 1200m 등고선과의 차이 20m
의 1/2를 감한 1190m로 추정하고 있으나『팔공산 2005년의 기록 팔공
산하』를 취재하면서 취재팀이 공간정보기술전문회사 'Geo C&I'에 의
뢰해 2005년 11월 30일 실지 측량한 결과, 현재의 산성봉 최고점 높이
는 1175m로 판단됐다.[3] 또한 2013년 6월 14일 팔공산도립공원사무소
에서 대한지적공사 대구·경북지역본부에 의뢰하여 측정한 공산성 주
봉의 높이는 1176m이다. 공산성 주봉의 1213m 표기는 국립지리정보
원의 답변처럼 지도제작 과정에서 일어난 업무착오이며, 실제 높이는
1175m 내외로 팔공산에서 2번째 높은 봉우리임이 확인되었다.

---

3)『팔공산 2005년의 팔공산하』45쪽

3. 팔공산 제2봉의 봉명

2014년 8월, 경상북도지명위원회에서 팔공산 제2봉인 공산성 주봉의 봉명에 대해 '산성봉山城峰'과 '비로봉毘盧峰'을 두고 심의한 결과 '산성봉'으로 결정되었다. 국립지리정보원의 지리정보에는 팔공산 제2봉에 대한 봉명이 등록되어 있지 않았다고 하지만 역사적으로 오랫동안 비로봉으로 불렸던 사실을 도외시한 결정이라 하지 않을 수 없다.

1) 산성봉에 대한 고찰

'산성봉'이란 명칭은 성재性齋 허전許傳(1797~1886)[4]의 『성재집性齋集』에 실려 있는 「증동몽교관정효자비명贈童蒙敎官鄭孝子碑銘」 가운데 '묘재대구팔공산성봉지하墓在大邱八公山城峯之下'의 구절이 유일하다. 효자 정동구鄭東龜(1775~1822)는 경산 사람으로 현재 경산시 대정동에 삼괴재蔘槐齋 및 정동구 정려각鄭東龜旌閭閣이 있는 것을 고려할 때 '팔공

---

4) 허전(許傳 · 1797~1886) : 본관은 양천(陽川). 자(字)는 이로(以老), 호(號)는 성재(性齋). 포천 출생. 병(秉)의 증손으로, 할아버지는 윤이고, 아버지는 형(珩)이며, 어머니는 이중필(李重泌)의 딸이다. 1835년(헌종 1) 39세의 나이로 별시문과에 병과로 급제하였다. 1840년 기린도찰방(麒麟道察訪), 1844년 전적(典籍) · 지평(持平)을 거쳐 1847년 함평현감이 되었다. 1850년(철종 1) 교리 · 경연시독관(經筵侍讀官) · 춘추관기사관 등을 역임하면서 경연에 참가해 국왕에게 유교경전을 해설하였다. 1855년 당상관에 오르면서 벼슬이 우부승지와 병조참의에 이르렀다. 1862년 진주민란을 비롯해 전국 각지에서 민란이 들끓자, 그 해소책을 제시하기도 하였다. 1864년(고종 1) 김해부사로 부임해 향음주례를 행하고 향약을 강론하는 한편, 선비들을 모아 학문을 가르쳤다. 그 뒤 가선대부(嘉善大夫)를 거쳐, 1876년 정헌대부(正憲大夫), 1886년 숭록대부(崇祿大夫)가 되었다. 이익(李瀷) · 안정복(安鼎福) · 황덕길을 이은 기호(畿湖)의 남인학자로서 당대 유림의 종장(宗匠)이 되어, 영남 퇴계학파를 계승한 유치명(柳致明)과 쌍벽을 이루었다. 그는 경의(經義)와 관련해 항상 실심(實心) · 실정(實政)을 강조했을 뿐만 아니라, 현실에 바탕한 구체적인 개혁안도 제시하였다. 저서로는 『성재집』 · 『종요록(宗堯錄)』 · 『철명편(哲命編)』을 비롯해, 선비의 생활의식을 집대성한 『사의(士儀)』 등이 있다. 『한국민족문화대백과, 한국학중앙연구원』

산경도 1 정상부 및 동서사면

산성봉八公山城峯'이란 성재 허전이 비명碑銘을 찬撰하면서 팔공산을 특별하게 호칭한 것이지 공산성의 주봉을 지칭했던 것은 아니라고 보인다.

『팔공산 2005년의 기록 팔공산하』에는 다음과 같이 적고 있다.

이렇게 삼면이 절벽으로 막혀있고 고원을 가진데다 물이 난다면, 그건 산성 세우기에 어디보다 적합한 지형일터. 늦어도 고려 중기 이전에 이미 공산성이 건설됐던 것으로 기록돼 있다. 팔공산권 최악의 가슴 아픈 역사를 지닌 유적. 그러니 이 책에서도 이곳 봉우리를 일단 산성봉이라 지칭해 두기로 하자.[5]

그리고 같은 책 '산경도 1'의 그림에는 '공산성 봉우리(1175m)'로 표기하고 있다. 위의 기록을 볼 때 팔공산에는 '산성봉'이란 봉명이 원래부터 없었음을 알 수 있다. 『팔공산하』를 취재하면서 설명의 편의를 위해 팔공산 제2봉을 '일단 산성봉이라 지칭해 두기로 하자'면서 임시로 설정한 것이다. 그렇기 때문에 '산경도 1'의 그림에 '공산성 봉우리(1175m)'로 표기한 것이다.

5)『팔공산 2005년의 기록 팔공산하』, 45쪽

예전부터 산성봉이라 불렸다면 군이 '일단 산성봉이라 지칭해 두기로 하자'는 말을 할 필요가 없으며, 산경도 1에 '공산성 봉우리(1175m)'로 표기할 이유 또한 없었을 것이다. 산경도 1에서 팔공산 최고봉을 '방송탑봉우리(1193m)'라 표기한 것 역시 제왕봉, 장군봉, 상봉 등으로 불렸다는 명칭에 대한 논란 때문이었다.

이런 문제는 고문헌 고증을 통해 옛 이름을 되찾자는 본래의 취지보다는 국립지리정보원의 지리정보(지형도)에는 팔공산 제2봉에 대한 봉명이 등록되어 있지 않다는 것을 빌미로 지명을 새로 제정하는 쪽으로 방향을 잡으면서 일어난 오류이다. 지명을 제정하는 것과 옛 이름을 되찾는 것은 근본적으로 차이가 있음을 분명하게 인식하고 역사 바로 세우기 차원에서 바로 잡아야 한다.

2) 비로봉의 위치

가. 문헌 속의 비로봉

신라 때 의상대사가 당나라에서 화엄종을 연구하고 돌아와 화엄사상을 널리 펼치기 위해 전국의 10여 곳에 사찰을 세웠다 하여 화엄십찰華嚴十刹[6]이라 한다. 이러한 화엄사상華嚴思想의 영향으로 명산에는

---

6) 화엄십찰(華嚴十刹) : 최치원(崔致遠)이 쓴 '법장화상전(法藏和尙傳)'과 일연(一然)의 '삼국유사(三國遺史)'에 절 이름이 나온다. '법장화상전'에 의하면 태백산 부석사(浮石寺) · 원주 비마라사(毘摩羅寺) · 가야산 해인사(海印寺) · 비슬산 옥천사(玉泉寺) · 금정산 범어사(梵魚寺) · 지리산 화엄사(華嚴寺) · 팔공산 미리사(美理寺) · 계룡산 갑사(甲寺) · 웅주 가야협 보원사(普願寺) · 삼각산 청담사(靑潭寺) 10개 사찰을 말한다. 그러나 일부 학자들은 원주 비마라사 대신 전주 모악산 국신사(國信寺 · 현재의 귀신사)를 십찰(十刹)의 하나로 여기기도 한다. '삼국유사'에는 이 중 부석사와 비마라사 · 해인사 · 옥천사 · 범어사 · 화엄사 6개 사찰만이 기록되어 있다. 이들 사찰은 의상이 전파한 화엄사상을 널리 펴는데 중요한 역할을 하였다. 『두산백과』

비로자나불毘盧遮那佛이 상주한다고 여겨 제일 높은 산봉우리에 비로자나불을 약칭하여 '비로봉毘盧峰'이라 불렀는데 오대산五臺山, 소백산小伯山 등이 그 대표적인 예이다.

진불암 안내판

　화엄십찰에는 북악 태백산 부석사浮石寺, 남악 지리산 화엄사華嚴寺, 서악 계룡산 갑사甲寺, 중악 팔공산 미리사美理寺가 포함되어 있다. 비록 화엄십찰에 포함되지 않았지만 최치원崔致遠이 지은 「대화엄종불국사아미타불상찬大華嚴宗佛國寺阿彌陀佛像讚」[7]으로 볼 때 동악 토함산 불국사佛國寺의 원래 이름은 '화엄불국사華嚴佛國寺'였으며, 이를 통해 당시 오악이 화엄사상의 영향권에 있었음을 알 수 있다.

　그렇다면 팔공산 정상부에 있는 봉우리 가운데 옛날에는 어떤 봉우리를 일러 비로봉이라 불렀던 것일까?

　어떤 어르신은 비로봉이란 명칭이 방송탑봉이 아니라 산성봉山城峰[8]에 붙여져 통하던 이름이었다고 기억했다. 신녕면에서 성장한 그

7)『고운집(孤雲集)』제3권「대화엄종불국사아미타불상찬(大華嚴宗佛國寺阿彌陀佛像讚)」.
8) 산성봉(山城峰)은『팔공산 2005년의 기록 팔공산하』에서 공산성(公山城) 안에 있다 하여 편의상 붙인 이름이다.

천왕봉에서 바라본 비로봉

　는 '고향 어른들이 옛날부터 산성봉을 비로봉으로 부르고 있었고, 내가 1965년 무렵 그 인근에서 활동할 때도 그렇게 부르는 것을 들었다'고 했다. 산성봉 동사면에 있는 '진불암'에서도 절 바로 뒤의 그 봉우리가 비로봉이라는 안내간판을 세워놓고 있었다.[9]

　　그렇다면 비로봉이란 명칭은 언제 어떻게 해서 어느 봉우리에 붙여졌던 것일까? 현재까지 확인된 바로는 그 명칭의 유래가 증언된 기록은 아무 곳에도 없다. 오직 하나 산성봉을 '법왕봉法王峰'이라 불렀던 듯한 옛 기록만 발견돼 있다. 취재팀이 뒤늦게 구한 『자산일고』라는 문집이 그것이다. '자산慈山'은 신녕현에 살던 권익구(1662~1722)의 호

9) 『팔공산 2005년의 기록 팔공산하』, 48쪽.

로, 『자산일고』에는 그가 37살 되던 1699년 치산계곡을 유람하며 친지 10여명과 화답해 가며 쓴 팔공산 10경시가 실려 있다. 합친 이름이 「공산잡영」[10]이다.

비로봉이란 명칭은 극재克齋 신익황申益愰(1672~1722)의 문집『국역 극재집克齋集』에 실려 있는 것이 가장 오래된 기록이다. 신익황은『국역 극재집』에 '팔공산 진불암을 제목으로 부치다. 암자의 주지 의눌義訥이 나에게 기문記文을 지어달라고 청했으나 허락하지 않고 다만 시를 써서 부치다.(寄題八公山眞佛庵庵主義訥求記余不許只書此寄題五音)' 이란 제하의 시를 남겼다.

> 見說毘盧下　들은 바로는 비로봉(毘盧峰) 아래에
> 精廬擇勝開　정결한 집이 좋은 터 가려서 열었다네.
> 基因羅代築　터는 신라 시대에 쌓은 것이고,
> 人繼抱虛來　사람은 계속 공허(空虛)를 안고 왔다네.
> 動石何奇也　돌이 움직였음은 어찌 기이할 뿐이겠으며,
> 飛流亦壯哉　빠르게 흐르는 폭포는 역시 웅장하네.
> 名山吾不到　팔공산에 나는 가지를 못하고
> 悵望大江隈　큰 강 모퉁이에서 한스럽게 바라보네.[11]
>
> －『국역 극재집克齋集』

1720년경 전후에 지어진 것으로 추정되는 이 시를 통해 당시 진불암 주지 의눌義訥이 신익황에게 중수기문을 청했다는 것과 '비로봉 아래 진불암이 있었다'는 사실을 알 수 있었다.

---

10)『팔공산 2005년의 기록 팔공산하』, 48쪽.
11)『국역극재집』

위의 기록으로 볼 때 공산성의 주봉을 『자산일고』에 실려 있는 '법왕
봉法王峰', '백운봉白雲峰' 등으로 불려오다가 비로봉으로 굳어진 것으로
추정된다.

1832년에 간행된 『징월대사시집澄月大師詩集』[12]에 실려 있는 「진불암
중수기眞佛庵重修記」에는 다음과 같이 적혀 있다.

화산현의 서쪽 수십 리 팔공산 비로봉 아래에 있는 진불암은 영남
의 좌도左道 상승선원上乘禪院으로 고려국사 환암조사幻菴祖師께서 창건
하였다. 세월이 오래되어 여러 번 병화가 지나가 황초구허荒草丘墟[13]됨
을 면할 수 없었다. 숭덕崇德 2년(仁祖 15년) 정축년(1637)에 서도인西
都人(평안도) 이응추李應秋가 그의 처 상옥祥玉과 함께 다시 건립하였다.
(중략) 계유년癸酉年(1813) 중춘仲春에 시작하여 아! 중추仲秋(8월) 16일
에 공사를 마쳤다. 시작하고 마칠 때까지 7~8달이 걸렸다.[14]

그리고 1911년 조선총독부에서 간행한 『조선사찰사료朝鮮寺刹史料』
에 실려 있는 「진불암중수기」에는 다음과 같이 적혀 있다.

---

12) 징월대사시집(澄月大師詩集) : 조선 후기의 승려 정훈(正訓)의 시문집. 저자는 1751년(영조 27)
   경상북도 의성에서 출생하였으며, 속성은 김씨(金氏), 자(字)는 경호(敬昊), 호(號)는 징월(澄月)
   이다. 가선총공(嘉善聰公)에게 득도하였고 관월(冠月)에게 구족계를 받았다. 31세 때 개당(開堂)
   하였으며, 1823년(순조 23) 운부사(雲浮寺)에서 세수 72세로 입적하였다. 특히 시(詩)로 이름이
   알려져 당시 높은 벼슬아치나 명사들이 추종하지 않는 이가 없어 영남지방의 명승(名僧)으로 추
   앙되었다. 1832년 팔공산(八公山) 수도암(修道菴)에서 개간(開刊)하였다. 첫머리에 1829년 5월
   희곡산인(希谷散人)이 쓴 서문이 있고, 끝에 1832년 이태승(李台升)과 김이덕(金履德)이 각각 쓴
   발문이 있다. 『한국민족문화대백과』
13) 잡초가 우거진 풀밭.
14) 『팔공산 치산의 폭포 명칭 고찰』에 실려 있는 〈자료2〉 징월대사시집(澄月大師詩集)의 진불암
   중수기 번역본은 대구향교 장의(掌議), 능성(綾城) 구본욱(具本旭)이 번역한 것을 참고했다.

팔공산 비로봉 아래에 있는 진불암은 영남좌도의 상승선원上乘禪院
으로 고려국사 환암조사幻菴祖師가 창건하여 오래도록 법등을 이어왔
으나 병선兵燹으로 인하여 폐허가 되었다. 숭덕崇德[15] 2년 인조 15년
정축년(1637)에 송인松人 이응추李應秋와 처 상옥祥玉이 재창再創하였
다. (중략) 가경嘉慶 18년, 순조 13년 계유년癸酉年(1813) 중춘仲春(2월)
에 공사를 시작해서 중추仲秋(8월) 16일에 낙성하였다.

『징월대사시집』과『조선사찰사료』의 '진불암중수기'를 통해 '비로
봉 아래 진불암이 있었다는 것과 인조 15년 정축년(1637년)에 재창
하였고 이어 순조 13년 계유년(1813년)에 중수하였다는 사실을 알
수 있었다.

낭산郎山 이후李垕(1870~1934)[16]는『낭산집朗山集』에 '진불암眞佛菴'
제하의 시詩를 남겼다.

峰腰一路入雲根　산허리에 난 외길은 구름 속에 묻히고
雙石浮圖認寺門　부도탑 한 쌍 보이니 절간 문임을 알겠네.

---

15) 숭덕(崇德) : 중국(中國) 청(淸)나라 태종(太宗) 때(1636~1643년), 조선(朝鮮) 인조(仁祖) 14~
21년)의 연호(年號).
16) 이후(李垕 · 1870~1934) : 학자. 초명은 존후(存厚), 돈학(遯學), 자(字)는 선재(善載), 호(號)는
낭산(朗山) · 구시헌(求是軒). 본관은 전주(全州). 창우(昌禹)의 아들. 영천(永川) 출생. 13세 때
군시(郡試)에 장원했으나 벼슬을 단념, 산사(山寺)에 들어가서 학업을 닦아 성리학(性理學)을 비
롯하여 천문(天文) · 지리(地理) · 병서(兵書) · 역서(曆書) · 산수(算數) · 선불제가(仙佛諸家)에
이르기까지 박통했고, 한편 시문(詩文)에 뛰어났다. 후에 거유(巨儒) 곽종석(郭鍾錫)의 문하에서
이황(李滉)의 학통을 계승했고, 시국이 혼란해지자 팔공산(八公山)에 옮겨 은신했다. 1910년(융
희 4) 국권침탈이 되자 통분하는 시 20편을 짓고 일생동안 일본의 연호를 쓰지 않고 단기만을 사
용했으며, 인근의 청년을 모아 학문을 강론하여 많은 제자를 길렀다. 저서에는 도자만세무폐론
(道者萬世無弊論) · 무하무답(無何無答) · 율력지해(律曆志解) · 음양승강도(陰陽升降圖) · 이동
기이도(理同氣異圖) · 낭산문집(朗山文集) · 낭산속집(朗山續集) 등이 있다.『네이버 지식백과』.
(인명사전, 2002.1.10, 민중서관)

欲向毗盧高處去　비로봉 높은 곳을 향해 올라가고 싶어도
却愁山日易黃昏　산속 해가 쉽게 저무는 것이 걱정스럽네.[17]

'욕향비로고처거欲向毗盧高處去'라는 구절로 보아 비로봉은 진불암에서 바로 올라갈 만큼 지근거리에 있다는 것을 알 수 있다. 또 '수도도중修道途中' 시의 주석에는 '비로봉은 수도폭포 위에 있으니 즉, 진불암 후산이다'라고 기록하고 있다.

면와偄窩 권상현權象鉉(尙鉉)(1851~1929)은 『면와집偄窩集』에 「숙진불암宿眞佛庵」·「진불암眞佛庵」 시와 「공산폭포기公山瀑布記」를 남겼다.

숙진불암宿眞佛庵 - 진불암에서 묵다.[18]

毘盧峰氣直通天　비로봉의 기운이 바로 하늘과 통하였는데
眞佛孤庵枉杳然　진불의 외로운 암자 굽은 길을 돌아 아득한 곳에 있네.
繞砌白雲當晝捲　섬돌에 둘린 흰 구름 낮에는 걷히는데
近簾香霧透衣連　발 가까이 긴 안개는 옷 속에 스며드네.
巖邊絶澗流終日　바위 곁 절벽 물가에는 종일 물이 흐르고
林下浮屠閱幾年　숲 아래 부도는 얼마나 많은 세월 지냈는가?
竟夕徘徊塵慮散　저녁이 되어 배회하니 속세의 생각 사라지고
磬聲清越一燈懸　경쇠소리 맑고 큰데 한 등불 아래 달려 있네.[19]

진불암眞佛庵[20]

脚立毘盧最上峰　발을 딛고 비로봉 최상봉에 서니
眞緣竟日躡先蹤　참 인연 온종일 선인의 발자취 따라가네.

---

17) 이 시는 전일주 동방금석문연구회장이 번역하였다.
18) 이 시는 대구향교 장의(掌議) 능성(綾城) 구본욱(具本旭)이 번역하였다.
19) 법당의 등불 아래서 치는 종소리.
20) 이 시는 대구향교 장의(掌議) 능성(綾城) 구본욱(具本旭)이 번역하였다.

踏來雪爆疑無路	올라오니 흰 눈과 같은 폭포수에 길이 없을까 의심스러운데
轉到雲林始聞鍾	구름 속 숲을 돌아 이르니 종소리가 들리네.
古佛形容巖畔石	옛 부처님의 모습이 암석에 보이는데
老龍鱗甲澗邊松	늙은 용의 비늘이 물가 소나무 사이에 어리네.
此山若與天台近	이 산이 천태산[21]과 가까이 있는 것 같은데
桂子移香每往從	계수나무 향기를 품을 때 매양 왕래하네.

면와俛窩 권상현權象鉉이 「숙진불암宿眞佛庵」과 「진불암眞佛庵」 시詩에 남긴 '비로봉기직통천毘盧峰氣直通天'이란 시구와 '각립비로최상봉脚立 毘盧最上峰'이란 시구에도 앞서 살펴보았던 신익황申益榥과 이후李垕, 징월대사시집, 조선사찰사료에서 공통적으로 나왔던 진불암과 비로봉이 동일하게 짝을 이루고 있다.

또 권상현權象鉉이 「중유진불암重遊眞佛庵」, 「여구연호상진불암與具然顥上眞佛庵」, 「진불암차노두옥대운眞佛庵次老杜玉臺韻」 등 진불암에 관한 많은 시를 남긴 것을 볼 때 진불암을 얼마나 사랑했는지를 알 수 있다.

공산폭포기公山瀑布記

팔공산 줄기는 화산에서 비롯하는데 갑령을 거쳐 구불구불 십리를 이어 와서 자지곡紫芝谷을 지나 십여 리에 걸쳐 점점 솟아올라 벼랑이 하늘에 우뚝한 곳이 시루봉(甑峰)이며, 그 남쪽 위에는 속칭 구산성舊山城(公山城)이 있다. 조선 선조 때 임진왜란이 일어나자 각 읍의 의병장들이 이곳에 진陣을 치고 대오隊伍을 정비하여 단壇과 성첩城堞을 쌓고 머물렀다. 여기서 아래를 내려다보면 바위가 가팔라서 그 높이를 잴 수

---

21) 중국에 있는 천태종의 발상지인 천태산.

가 없었다.

산성의 동쪽을 연해 있는 비로봉은 사방 수백 리 산중에서도 높고 가팔라서 시야가 넓고 평평한데 멀리 늘어서 있는 산들이 흐릿하여 아른거린다. 관람자가 여기에 올라서 아래 위를 굽어보면, 산이 아득하고 멀리 줄지어 서있어 자신이 이곳에 있음을 알지 못한다. 또 여기서는 해와 달이 빛나는 것과 구름이 일어나는 것을 바로 볼 수 있다.

진불암은 비로봉 아래에 있고, 남쪽으로 가면 삼성암과 오도암, 그리고 염불암이 있다. 염불암 동쪽으로 가면 생불이 있다는데 남쪽 아래에 있는 내원암에 머물고 있다 한다. 바위 위 틈새로 난 길은 새도 넘기 힘들지만, 남쪽으로 달성을 내려다보면 연기가 가득하고 수풀이 우거져 아득하기만 하다. 동쪽에는 동화사가 있는데 즉 고려태조와 견훤이 싸웠던 곳이다.

1925년에 권상현權象鉉이 지은 「공산폭포기公山瀑布記」는 팔공산에서 비로봉毘盧峰의 위치에 대한 논란을 종식시킬 결정적인 자료이다. 팔공산 제1봉(1192m)을 비로봉이라고 주장하는 사람들은 진불암眞佛庵 입구에 설치된 '진불암 안내 간판'에 나오는 '팔공산 제일봉인 비로봉 아래'라는 문구를 '팔공산 제일봉'이 1192m(제1봉)이라고 강변해 왔었다.

「공산폭포기公山瀑布記」에는 다음과 같이 실려 있다.

① 시루봉(甑峰)이 화산에서 갑령을 거쳐 자주고개(紫芝谷)을 우뚝하게 솟아오른 봉우리라고 하여, 팔공산이 화산에서 이어지고 있음을 밝

했다.

② 시루봉의 남쪽에는 속칭 구산성舊山城이 있다 하였다. 시루봉 남쪽에 있는 산성은 곧 공산성을 말한다. 몽고蒙古가 침략하자 공산성은 인근 백성들의 피난처가 되었으며, 임진왜란이 일어나자 공산성은 의병들의 근거지가 되었다.

③ '산성의 동쪽을 연해 있는 비로봉은 사방 수백 리 산중에서도 높고 가파르다(山城東迤爲毘盧峰高峻四方數百里)'고 한 것에서 공산성의 주봉, 즉 팔공산 제2봉(1176m)이 비로봉이라는 사실이 명확하게 밝혀졌다.

④ '진불암은 비로봉 아래에 있다(眞佛庵在其下峰)'고 기록하고 있어 앞에서 누차 언급되었던 '비로봉하진불암毘盧峰下眞佛庵'이 사실로 확인되었다.

⑤ 남쪽으로 가면 삼성암과 오도암, 그리고 염불암이 있다고 하여 비로봉이 오도암 뒤쪽에 있는 팔공산 제2봉(공산성 주봉)을 분명하게 설명하고 있다. 팔공산 제1봉(1192m)에서 볼 때 오도암은 서쪽에 있고, 그 보다 남쪽을 연하는 선상에 삼성암과 염불암이 있다.

나. 공산성의 주봉이 비로봉

팔공산 남사면에서는 비로봉과 관련한 문헌이나 증언이 전무한 반면에, 북사면의 치산계곡에서는 앞에서 살펴본 바와 같이 비로봉과 관련한 문헌과 증언이 모두 진불암과 연관되어 있다는 점에 주목하지 않을 수 없다.

극재克齋 신익황申益愰(1672~1722)의 「팔공산진불암八公山眞佛庵」 제하題下의 시詩와 『징월대사시집澄月大師詩集』과 『조선사찰사료朝鮮寺刹史料』의 「진불암중수기眞佛庵重修記」, 그리고 낭산郞山 이후李屋(1870~1934)의 「진불암」 제하의 시詩와 「수도도중修道途中」 시의 주석, 면와俛窩 권상현權象鉉(尙鉉)(1851~1929)의 『만와집晩窩集』속 「숙진불암宿眞佛庵」과 「진불암眞佛庵」, 특히 「공산폭포기公山瀑布記」 속에 '산성의 동쪽을 연해 있는 비로봉은 사방 수백 리 산중에서도 높고 가파르다'고 한 것과 '진불암은 비로봉 아래에 있다'고 한 기록으로 볼 때 1700년경부터 1925년 이후에도 비로봉으로 불렸을 뿐 아니라 예로부터 진불암에 전해오는 구전口傳, 지역주민들의 증언 등을 고찰해 볼 때 비로봉은 팔공산 제2봉인 공산성의 주봉이라는 사실이 분명하였다.

4. 결론

한때 비로봉으로 불렸던 팔공산의 최고봉은 천왕봉이란 본래 이름을 되찾아 신라시대 중사오악中祀五岳 가운데 중악中岳의 역사적 가치와 정체성을 되살리는 계기가 되었다.

이런 와중에 역사적 근거가 전혀 없는 산성봉이 수백 년 동안 비로봉으로 불려왔던 팔공산 제2봉의 봉명으로 제정되는 어처구니없는 일이 일어났다.

대구매일신문사에서 기획 취재한 『팔공산 2005년의 기록 팔공산하』에 기록된 바와 같이 단지 설명의 편의를 위해 임시로 설정했던

산성봉이란 봉명이 불과 10년도 채 되지 않아 역사적으로 수백 년 동안 불려왔던 '비로봉'의 자리를 차지한 전대미문의 일이 일어난 것이다.

이번 경상북도지명위원회에서 비로봉이 아닌 산성봉으로 심의 의결한 것은 팔공산문화포럼, 팔공산연구소, 영천향토사연구회에서 영천시에 '팔공산 최정상의 제천단祭天壇의 명칭을 현재 비로봉에서 천왕봉으로, 공산성 최정상의 봉명을 예로부터 불렸던 비로봉으로 지명을 변경하여 줄 것'을 청원한 것과, 영천시에서 팔공산 관련단체의 청원을 받아들여 '비로봉에서 천왕봉으로, 공산성 최정상의 봉명을 예로부터 불렸던 비로봉으로 지명 변경'을 심의 의결한 것에 반하는 결과인 만큼 '역사 바로 세우기' 차원에서 바로 잡아야 한다.

『팔공산하』에는 "지명혼란 문제를 해결하는 가장 기본 된 노력은 '본래의 이름'을 찾아내 전승되게 하는 것이리라 싶었다. 오랜 세월 현지인들 사이에서 유통돼 온 전래 명칭이 무엇보다도 의미 있는 이름이기 때문이다"[22]라고 기술한 것과 반하는 결정이어서 더욱 안타깝다.

---

22) 『팔공산 2005년의 기록 팔공산하』 19쪽.

■ 팔공산 정상에 '1213m 봉우리'가 실재하는지에 대한 질의와
　국립지리정보원의 답변

〈질 의〉

○ 질의자 : 조명래(myong58@hanmail.net)
○ 신청일 : 2014.03.19.

국립지리정보원에 질의합니다.

팔공산의 가장 높은 봉우리는 1193미터로 알려져 있는데, 경북 영천시 신녕면 치산리 산141-6번지 소재의 봉우리가

1. 국립지리정보원에서 간행한 지형도에는 1213미터(군부대주둔)로 되어 있고,

2. 1918년 조선총독부에서 간행된 지도에는 약 1190미터로 추정되며,

3. 2013년 6월 경상북도 팔공산도립공원에서 측정한 높이는 1176미터로 되어 있어 혼란을 초래하고 있습니다.

저는 팔공산에 관한 고문헌자료에서 천왕봉과 비로봉에 관한 자료를 찾아 현재 1193미터 비로봉을 천왕봉으로, 군부대가 주둔하고 있는 1176미터 봉우리를 비로봉으로 지명변경을 청원하여 지난 2월 7일 영

천시 지명위원회에서 심의 · 의결되어 경상북도 지명위원회에 보고되었습니다.

일부에서 천왕봉은 그 지역에서 가장 높은 봉우리가 되어야 한다며 이의를 제기하고 있어, 경북 영천시 신녕면 치산리 산141-6번지 소재의 봉우리 높이에 대해

1. 1213미터(군부대주둔) 높이의 봉우리가 실재하며, 가장 높은 봉우리인지…

2. 아니면, 경상북도 팔공산도립공원사무소에서 측정한 1176미터인지…

3. 아니면, 팔공산에서 가장 높은 1193미터보다 높지 않은 것인지를 확인하여 주시기 바랍니다.

【1213m로 잘못 표기된 팔공산 지형도(2008년 인쇄)】

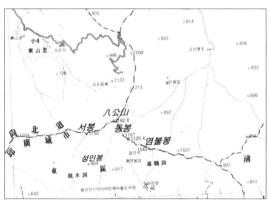

비로봉을 1213m로 잘못 표기한 지형도(2008년)

【1918년 조선총독부 간행 팔공산 지형도】

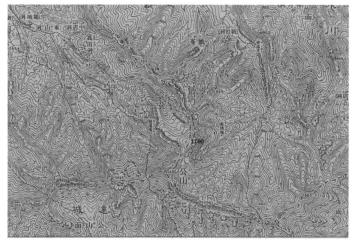

비로봉의 높이가 약 1190m로 추정되는 지형도(1918년)

〈처리결과(답변내용)〉

○ 처리기관 : 국토교통부 국토지리정보원 지리정보과

  (☎ 031-210-2723)

○ 민원인 신청번호 : 1AA-1403-097429

○ 접수일 : 2014.03.20.

○ 처리기관 접수번호 : 2AA-1403-220011

○ 답변일 : 2014.03.24.

국토교통행정에 관심을 가져주셔서 감사드리며, 문의하신 사항에 대해 아래와 같이 답변 드립니다.

1-2. 과거 우리원에서 발행한 지형도에 1213m 높이로 표시된 지역

은 보안지역으로 위장처리 되어 있어 실제 지형과 지도에 표현된 지형이 다릅니다. 따라서 위 지역이 팔공산에서 가장 높은 봉우리는 아닙니다.

3. 팔공산의 가장 높은 봉우리는 첨부된 지형도에 '八公山'으로 표기된 봉우리이며, 그 높이는 1192.9m입니다.

추가 문의가 있으실 경우에는 우리 원 지리정보과(☎ 031-210-2722)로 문의하여 주시면 친절하게 답변해 드리겠습니다.

오늘도 즐거운 하루되시기를 바랍니다. 감사합니다.

○ 1/25,000 지형도(368154) 고시번호(고시일자) : 제2013-2141호(2013.12.20)

비로봉의 높이가 1190m로 수정 표기된 지형도

참 고 문 헌

『신라왕경오악연구』, 2004, 경주시 · 경북대학교인문학연구소

『산악숭배』, 한국민족문화대백과사전. 한국학중앙연구원

『삼국사기三國史記. 원문과 함께 읽는 삼국사기』, 2012, 한국인문고전연구소

『삼국유사三國遺事. 원문과 함께 읽는 삼국유사』, 2012, 한국인문고전연구소

이규보李奎報, 『동국이상국집東國李相國集』

『조선왕조실록朝鮮王朝實錄 세종실록지리지世宗實錄地理志』

『신증동국여지승람新增東國輿地勝覽』

김태일金兌一, 『노주집蘆洲集』

서명응徐命膺, 『보만재집保晩齋集』

하시찬夏時賛, 『열암집悅菴集』

『대동지지大東地誌』, 현풍읍지玄風邑誌

조긍섭曺兢燮, 『심재집深齋集』

서울대학교 규장각 한국학연구원(e-kyujanggak.snu.ac.kr) 고지도

『교남지嶠南誌 현풍현읍지玄風縣邑誌』, 대구부급달성군大邱府及達城郡

「비슬산 봉우리 명칭에 대하여 - 비슬산 정상은 '大見峯'이 아닌 '天王峯'이다」 100인
　　　포럼NEWS 2007년 12월호.

중앙일보 2014. 8. 12. 기사

TBC NEWS 2014. 8. 12. 보도

국립지리정보원 고시 제2014-1437호(2014. 8. 8) 지명결정 고시

국립지리정보원 전국 산 높이 자료

팔공산 정상에 1213m 봉우리가 실재하는지에 대한 질의와 국립지리정보원의 답변

『팔공산 2005년의 기록 팔공산하』

최치원崔致遠, 『고운집孤雲集』

신익황申益愰, 『국역 극재집克齋集』

정훈正訓, 『징월대사시집澄月大師詩集』

『조선사찰사료』, 1911, 조선총독부

유방선柳方善, 『태재집泰齋集』

정광천鄭光天, 『낙애집洛涯集』

조형도趙亨道, 『동계집東溪集』

정익동鄭翊東, 『겸재집謙齋集』

황익재黃翼再, 『화재집華齋集』

허전許傳, 『성재집性齋集』

권상현權象鉉(尚鉉), 『만와집晩窩集』

이후李垕, 『낭산집朗山集』

권익구, 『자산일고慈山逸稿』, 정재진 번역, 자산일고편찬위원회, 2004, 한국문화사

『신모신화』, 한국민속문학사전(설화 편). 국립민속박물관

『한국민속신앙사전』 가정신앙편, 2011, 국립민속박물관

『종교학대사전』, 1998, 한국사전연구사

『여지도서輿地圖書』, 한국역사정보통합시스템(http://www.koreanhistory.or.kr)

『영지요선嶺誌要選』, 경상대학교 문천각 남명학고문헌시스템(nmh.gsnu.ac.kr)

『문화콘텐츠닷컴 (문화원형백과 조선후기 시장)』, 2003, 한국콘텐츠진흥원

팔공산 치산계곡 폭포 명칭

구본욱
(대구가톨릭대학교)

1. 서론

팔공산은 영남의 중심에 있는 산으로 대구를 비롯하여 경산의 하양과 와촌, 영천의 청통과 신녕, 군위의 부계, 칠곡의 가산과 동명 등지에 넓게 분포되어 있는 산이다. 치산雉山은 신녕지역에 있는 산인데 팔공산의 지맥이 북동쪽으로 뻗어나가 형성된 산이다. 이 산에는 팔공산에서 가장 큰 폭포가 있다. 그래서 많은 사람들이 찾는 산이기도 하다. 그러나 근래에 이르러 이 폭포의 명칭이 여러 가지로 불리면서 이곳을 찾는 사람들에게 큰 혼란을 주고 있는 것 같다.

논자는 지난 2011년에 팔공산 문화포럼에 참여하면서 팔공산에 대하여 더 큰 관심을 가지게 되었다. 2012년 3월에 홍종흠 회장님을 비롯한 회원들과 팔공산 북쪽에 있는 신녕을 찾아 치산의 폭포를 볼 기회가 있었다. 이 폭포는 10여 년 전에 내가 한 차례 방문한 적이 있다. 그 당시에는 폭포를 안내하는 안내로가 설치되어 있지 아니하였으며,

신을 벗어들고 이 폭포의 꼭대기까지 걸어 올라갈 수 있었다. 그러나 이번에 방문을 하였을 때에는 안내로가 설치되어 있었으며, 이 폭포의 아래에서 그 위용을 관람할 따름이었다.

본고에서는 이 산에 있는 폭포가 역사적으로 어떻게 불리어졌는지 선인先人들이 남긴 문헌을 통하여 이 폭포의 올바른 명칭이 무엇인가를 고찰하고자 한다. 이 연구를 위하여 본고에서는 치산의 폭포에 관하여 지어진 시詩와 현지縣誌와 군지郡誌 등을 중심으로 고찰할 것이다.

2. 치산과 치산의 폭포

치산雉山은 경북 영천시 신녕면 치산리에 있는 산이다. 그러나 『화산지花山誌』와 『영천전지永川全誌』, 『교남지嶠南誌』 등에는 화산花山이라는 산명은 보이나 치산이라는 산명은 보이지 아니한다. 다만 「방리坊里」에 치산리라는 동명이 보일뿐이다. 『화산지』 「산천山川」조에는 "화산은 현縣의 북쪽 5리에 있는데 현의 주룡主龍이다. 봉우리의 형상이 규화葵花와 같다"[1]라고 하였고, 『교남지』에는 "화산은 군에서 북쪽으로 5리 되는 곳에 있는데 경림산瓊林山으로부터 와서 신녕의 진산鎭山이 되었다. 산봉우리가 규화같은 모양을 하여 화산이라고 하였다"[2]라고 하였다.

치산은 그 산명이 말해 주듯이 이 산에 꿩이 많이 서식하고 있는 것으로 인하여 붙여진 명칭인 것 같다. 이것은 『화산지』의 「진공進貢」

---

1) 權寧國 編, 『花山誌』, 권1 山川(永川: 2권 1책, 목활자, 華樓亭, 1935), 36면, "花山 在縣北五里, 爲縣主龍. 峯形如葵花"
2) 鄭源鎬 편, 『嶠南誌』, 권22 新寧郡・山川(大邱 : 鉛活字本, 1940), "花山 在郡北五里, 自瓊林山, 來爲鎭山. 峰如葵花故名."

조에 생꿩生雉이 왕실의 진공품(진상품)에 포함되어 있는 것을 보면 알 수 있다. 그러나 이 산은 팔공산의 비로봉이 동쪽으로 뻗어 내린 측면으로 독립적인 큰 봉우리가 없어 정식으로 산으로 인정되지는 못한 듯하다.

치산의 자락에는 고려의 사찰(암자)인 수도사修道寺(庵)와 그 상봉에 진불암眞佛庵이 있어[3] 더욱 역사적인 의미가 깊은 곳이기도 하다. 그리고 이 산에는 폭포가 있는데 이 폭포로 인하여 이 산의 의미가 더욱 값지게 되었으며 주요한 명승지로 부각되었다. 이 폭포는 팔공산에서 가장 큰 폭포로『화산지』를 비롯한 여러 읍지류邑誌類에 수록되어 있다.

3. 치산의 폭포에 관한 시

치산의 폭포에 관한 시는 황보규태의『팔공산영고八公山榮枯』에 7인의 시가 번역되어 수록되어 있다. 그러나 이 책에 수록된 시는 원문이 수록되어 있지 아니하여, 어느 시가 원운原韻이며 어느 시가 차운次韻인지, 또 절구絶句인지 율시律詩인지 알 수가 없다. 논자가『팔공산 영고』에 수록된 시의 번역 대본을 찾아보니 신녕현新寧縣의 현지縣誌인『화산지花山誌』에 수록된 시를 번역한 것이었다.

---

3) 수도사와 진불암은 여러 자료에 신라시대에 창건된 사찰(암자)로 표기되어 있으나, 징월대사가 지은 '修道庵 移建記'와 '眞佛庵 重修記'에 의하면 고려 공민왕 때 國師 '幻菴 混修大師'가 창건하였다고 하였다. 이 기문에는 환암대사를 고려 문종 때의 인물이라 하였으나 환암대사는 普雨의 제자로 공민왕 때의 追尊國師이다.(『澄月大師詩集』, 권3, 3권 1책, 1832년(순조 32) 刊 [藏于八公山 修道庵])

본고에서는 치산 폭포에 관하여 선유들이 지은 시를 원운과 차운시 그리고 원·차운과는 관련이 없이 자유로운 운자로 지어진 시로 구분하여 살펴보고자 한다.

1) 선주암폭포의 원운과 차운시

가. 금계 황준량의 시

치산의 폭포를 유람하고 시를 남긴 사람으로는 조선 중기에 신녕현감으로 부임한 황준량이 처음이다. 물론 그 이전에 이 폭포를 찾아 시를 지은 분이 있을 수도 있을 것이나 문헌으로 전하는 시는 없다. 황준량黃俊良(1517~1563 ; 중종 12~명종 18)의 자는 중거仲擧이고 호는 금계錦溪로 관향은 평해이다. 경북 풍기 사람으로 퇴계선생의 문인이다. 그는 1551년(명종 6, 신해) 35세 10월경에 신녕현감으로 부임하여 1556년(동왕 11, 병진) 40세 겨울에 병으로 사직하고 고향으로 돌아갈 때까지 만 5년간 신녕현감으로 재임하였다.[4]

황준량은 신녕현감으로 부임한 지 2년째 되는 해인 1553년에 치산의 폭포를 방문하였다. 그는 이 폭포를 선주암폭포仙舟巖瀑布라고 명명하고 5언과 7언의 절구絶句 2수를 지었다. 그가 이 폭포를 선주암폭포라고 칭한 것은 『정선청구풍아精選靑丘風雅』에 있는 말에서 취한 것이라

---

4) 황준량, 『錦溪集』, 권9 부록, 〈行狀(李滉 撰)〉. 이 행장에 의하면 황준량은 1537년(중종 32) 생원, 1540년 식년문과 을과에 급제. 1551년(명종 6) 신녕현감, 1557년 단양군수, 1560년(명종 15) 성주목사로 4년간 재임 중에 1563년 봄에 병으로 사직하고 고향으로 돌아가던 중 예천에서 타계하였다.(향년 47세)

고 하였다.[5] 그리고 그는 이 폭포의 곁에 있는 바위를 선주암이라고 명명하였다. '선주仙舟'란 '신선들이 타고 다닌다는 전설적인 배'이다. 『정선청구풍아』는 조선 초기에 김종직이 역대의 시를 수집하여 편찬한 시집이다.

황준량이 지은 시는 다음과 같다.[6]

青山界破徐凝句　서응의 시구와 같이 청산이 둘로 나누어지고,
銀漢飛流太白詞　이태백의 글귀 같은 은하수가 날아 내리는 듯하구나.[7]
千載廬山曾說盡　천 년 전의 여산폭포 시에 이미 다 말하였는데,
何言更賦八公奇　어떤 말로써 다시 팔공산의 절경을 읊을까?

揮盡千峯筆　일천 봉우리 같은 붓을 다 휘둘러,
吟成萬瀑雷　일만 골짜기에서 흘러나온 폭포소리를 읊었네.
千張白石紙　백석이 천장의 백지를 펼쳐놓은 것 같은데,
深鎖黑雲堆　언덕에는 거무스름한 안개가 짙게 깔리어 있네.

황준량의 문집에는 위 시의 제목을 「선주암폭포에서 김응순의 시에 차운하니 2절이다」라고 하였다. 이 제목에 의하면 황준량의 시는 김응순金應順(1534~1602, 名는 命元, 居京)의 시에 차운한 것을 알 수 있

---

5) 황준량, 『금계집』, 권1 外集 詩, 〈次玉峻上人詩卷〉, "華(花)山坐嘯娥生顏, 五載空添兩鬢斑. 猶詫披榛尋勝境, 仙舟巖瀑併廬山.(本註: 始得仙舟巖瀑, 名精青丘故云) 病裏逢師已破顏, 香材又贈鷗鵃斑. 重回碧眼知何日, 已決焚魚返故山." '精青丘'는 『精選青丘風雅』이다.

6) 황준량, 『금계집』, 권2 外集 詩, 「仙舟巖瀑, 次金應順二絶」. 『화산지』에는 황준량의 문집에 수록되어 있는 시와 3구의 5글자가 다르게 표기되어 있다. 다르게 표기되어 있는 구절은 다음과 같다. '揮盡千峯筆'은 '誰把千峯筆'으로, '千張白石紙'는 '閑張白石紙'로, '深鎖黑雲堆'은 '灑作黑雲堆'로되어 있다.

7) 徐凝(？~？)과 李白(字는 太白, 701~762)은 중국 당나라 때의 시인. 위 시구는 語句上으로는 "청산이 둘로 나누어지니 서응의 시구와 같고, 은하수가 날아 내리는 듯하니 이태백의 글귀와 같네."라고 해석이 되나 여기에서는 두 시가 없이 첫 구에 나오는 점을 감안하여 위와 같이 번역을 하였음.

다. 김응순은 황준량과 동문으로 퇴계의 문인이다. 그런데 위 선주암 시의 원운을 지은 김응순은 이 당시에 20세였다. 차운시는 원운을 지은 사람과 함께 자리하여 짓는 것이 원칙이지만 그러하지 않는 경우도 많이 있다. 그러나 위의 경우에는 김응순이 황준량의 임지인 신녕을 방문하여 이 폭포에 함께 와서 지은 것을 알 수 있다. 그러나 김응순이 지은 원운은 전하지 아니한다. 그래서 이후에는 황준량의 시가 원운의 역할을 하게 된다.

황준량의 문집에는 이 선주암폭포와 관련된 시로는 「오인원吳仁遠 (1494~1566, 名은 彦毅)과 더불어 선주암에서 놀다」라는 시 2수[8]와 「선주암에 놀면서 오인원의 시에 차운하다[9]」라는 시 120구 60운이 있다. 오인원은 퇴계의 숙부인 송재松齋 이우李堣의 사위로 황준량 보다 23세나 많다. 이것으로 보아 당시에 황준량의 우인들이 그의 임지인 신녕을 방문하여 이 선주암폭포에서 함께 노닐었던 것을 알 수 있다. 『화산지』에는 황준량의 시 2절絶 중 5언 절구 1수만이 수록되어 있다.

나. 퇴계 이황의 차운시

황준량은 이 선주암폭포에서 지은 시를 퇴계선생께 보내었는데 퇴계선생은 그가 보낸 시에 대하여 서문을 붙여 화답시(차운시)를 지어 신녕에 있는 황준량에게 다시 보내었다. 퇴계의 서문과 시는 다

---

8) 이 시의 2수는 다음과 같다. "携手詩豪踏紫煙, 玉虹晴影挂飛川. 披榛又覓仙遊地, 添却壺中一片天.(本註: 是日得揖仙臺奇絶處) 仙舟巖瀑似廬山, 始破天慳播世間. 泓下老龍眞蹴踏, 半峯飛雨迫人還. ; 翠鳳羽毛翻緣竹, 玉龍鱗甲飲奔流. 何嫌地窄長沙舞, 七十風煙讓一頭.(本註 : 敝邑有竹與瀑奇絶) 方外仙區隔世塵, 桃花流出武陵春. 年來未學囊中法, 試問雲間採藥人.(『금계집』, 권3 외집 시, 〈與吳仁遠, 遊仙舟巖〉)

9) 황준량,『금계집』, 권4 외집 시, 〈遊仙舟巖, 次吳韻〉.

음과 같다.[10]

중거가 일찍이 나의 글씨를 요구하였는데 내가 회암晦菴(朱子)이 여산에서 읊은 여러 시를 써서 보내었다. 중거가 이때에 팔공산에서 선주암폭포를 발견하고, 마침 여산시첩을 얻었으므로 기뻐서 절구 2수를 지어 보내왔으므로 차운하여 답시를 보낸다.(仲擧, 曾求拙跡, 僕, 書晦菴廬山諸詩, 寄去. 仲擧, 時得公山仙舟巖瀑布, 適得廬山詩帖, 以爲喜幸, 二絶見寄, 次韻奉答.)

新發雲泉勝　새로 발견한[11] 안개 속의 물줄기 빼어나니,
千尋想怒雷　생각건대 천 길의 물줄기 성난 우레와 같으리라.
遨牀來玩處　태수가 방문하여 완상하는 곳에,[12]
嵐翠幾重堆　푸르스름한 남기가 폭포의 언덕에 몇 겹이나 둘렀으리라.

夢想廬山河落水　꿈속에서나 볼 수 있는 여산폭포의 은하수 물줄기
　　　　　　　　떨어지는 것을 상상하며,
風塵三復紫陽詞　티끌세상에서 紫陽(朱子)의 시를 여러 번 반복하여 읽어보노라.
聞君訪得仙巖瀑　들건데 그대가 방문하여 선주암폭포를 발견하였다 하니,
相逐何時攬絶奇　어느 날에 그대의 손을 잡고 이 절경을 구경할까?

위의 시의 제목은 「황중거의 시에 차운함. 아울러 서문을 붙임」이다. 이 시에서 '자양의 시를 여러 번 반복하여 읽어보노라'라고 한 것

---

10) 李滉, 『退溪集』, 권2 시, 〈次韻黃仲擧 幷序〉. 『퇴계집』에는 황중거의 시와는 달리 5언절구가 7언절구보다 먼저 수록되어 있다.
11) 『八公山 榮枯』에는 '新發'을 '새로 솟은'으로 번역하였으나, 여기에서는 황준량이 신녕현감으로 부임하여 선주암폭포를 처음으로 발견하였다는 것으로 '새로 발견한'이라는 의미임.
12) 遨牀은 柳道源의 『退溪先生文集攷證』에 '(成都記) 太守出遊'라 하였다.

은 주자가 지은 여산에 관한 시를 말한다. 퇴계는 황준량과 같이 이 선주암폭포를 중국의 여산폭포廬山瀑布에 비유하고 있다. 이 시는 1553년 퇴계의 나이 53세에 지은 시이다.

다. 북계 조용석의 차운시

황준량이 신녕현감을 역임하고 떠난 후 영조조에 조용석曺龍錫 (1705~1774 ; 숙종 31~영조 50)이 벗들과 함께 치산의 폭포를 방문하여 황준량의 시에 차운을 하였다. 조용석의 자는 천응天應이고, 호는 북계北溪로 본관은 창녕이다. 정만양鄭萬陽 · 규양葵陽의 문인으로 하양에서 살았다. 그의 시는 다음과 같다.[13]

仙舟何日泊　신선이 타는 배(仙舟)가 어느 날에 정박할꼬.
却怕聽驚雷　오히려 우레와 같은 물소리를 듣고 놀랄까 두렵구나.
嵌谺自相濺　움푹 파인 돌 위에 뿌린 듯 떨어지니,
紛紛雪作堆　언덕 위에서 흰 눈이 흩날리는 것 같구나.

石老苔斑歲月古　돌 위에 오래된 이끼가 끼었으니 세월이 오래 되었고,
奔流巖下動淸詞　바위 아래로 분주히 달려 맑은 물이 흘러가네.
珍重昔賢幽賞意　옛 현인의 진중하고 그윽이 감상한 의미가,
豈徒飛瀑擅名奇　어찌 다만 떨어지는 폭포의 명승으로 다 드러낼 수 있으랴?

위의 시는 조용석의 문집에 수록되어 있는데 이 시의 제목은 「금계황공이 신녕의 현감으로 있을 때 선주암폭포를 발견하고 시 2수를 지어서 도산선생께 보내었다. 선생께서 한번 화답시를 지어 보내니 유람

---

13) 조용석, 『北溪集』, 권1 시, 〈錦溪 黃公, 莅新寧時, 得仙舟巖瀑布, 作詩二絶, 呈陶山先生, 和之一番, 遊觀之意, 日於諷詠之間. 日携同志, 共尋遺躅, 不勝俛仰之懷, 因敬次五七言二絶.〉(3권 1책, 목판), 4면 前後.

(遊觀)의 뜻이 읊은(諷詠) 시 사이에 가득하였다. 어느 날 동지들의 손을 이끌고 남긴 발자취를 찾았는데 면앙俛仰의 회포를 이길 수 없어, 인하여 5언과 7언의 절구 2수를 공경히 차운하였다」라고 하였다. 『화산지』와 『교남지』에는 위의 시 중 5언 절구 1수만이 수록되어 있는데 제목이 없이 '수도폭포' 아래에 수록하고 있다.

라. 부암 김경기의 차운시

김경기金慶基(1712~1793 ; 숙종 38~정조 17)의 자는 선유善裕이고 호는 부암傅岩이다. 본관은 영양英陽으로 신녕의 홍리동에 살았다. 퇴계의 문인 김몽구金夢龜(1545~1612)의 후손이다. 김경기의 시는 다음과 같다.[14]

何處廬山掛玉瀑　옥 같은 물이 떨어지는 여산의 폭포 어느 곳에 있는가?
祇憑傳說謫仙詞　다만 전설에 말하는 謫仙의 글에 의지하네.
公山復見銀河落　팔공산에서 은하수가 떨어지는 것을 다시 보니,
中有仙舟最絶奇　선주암폭포가 최고의 절경이로구나.

여기에 말하는 '적선謫仙'은 이백李白의 별칭으로 '적선의 글에 의지하네'라는 말은 이백이 지은 '망여산폭포望廬山瀑布'의 시에 의거한다는 의미이다. 이백의 「여산의 폭포를 바라보며」라는 시는 다음과 같다.[15]

日照香爐生紫煙　해가 비추니 향로봉에는 자줏빛 물안개가 피어나고,
遙看瀑布快長川　멀리서 폭포를 바라보니 마치 긴 냇물이
　　　　　　　　　시원스레 떨어지는 것 같구나.

---

14) 김경기, 『傅岩詩稿』(2권 2책, 목활자, 1804) ; 金贊鉉 편, 『英陽金氏 述先錄』(菊棲亭, 1935)
15) 李白, 『李太白集』, 권20, 〈望廬山瀑布〉.

飛流直下三千尺　　수직으로 날아 떨어지니 삼천 尺이나 되는 것 같고,
疑是銀河落九天　　의심컨대 은하수가 九天(하늘)에서 떨어지는 것 같구나.

김경기의 위 시는 『화산지』의 수도폭포 제하에 수록되어 있다. 이상 퇴계와 조용석, 김경기의 시는 모두 황준량의 시를 차운한 것이다.

2) 수도폭포에 대한 시

가. 낙재 서사원의 시

치산의 폭포를 수도폭포라는 명칭으로 처음 시를 남긴 사람은 서사원徐思遠(1550~1615 ; 명종 5~광해군 7)이다. 서사원의 자는 행보行甫이고 호는 낙재樂齋로 본관은 달성이다. 그는 대대로 대구에 거주하였으며 대구지역 유림의 종장宗長으로 임진왜란 때 팔공산 의병대장이다. 선공감 감역과 청안현감을 역임하였다. 서사원은 수도폭포에 관하여 7언절구 2수를 남겼는데 그의 시는 다음과 같다.[16]

半生長詠謫仙篇　　반평생 謫仙(이백)의 시를 오랫동안 읊었는데,
寤寐香爐落九天　　자나 깨나 九天(하늘)에서 떨어지는 향로봉의 폭포를 보고 싶었네.
此日隔岑違快覩　　오늘 산봉우리에 막혀 흔쾌히 보지 못하니,
他年留約可乘便　　다른 해에 다시 올라 폭포 볼 것을 기약하네.

위 시의 제목은 「제군諸君들이 산성의 동쪽 수도사 아래에 있는 폭포를 보았는데 그 길이가 거의 4, 5필이 되더라' 라는 말을 듣고, 여산 폭

---

16) 徐思遠, 『樂齋集』, 권1 시, 〈聞諸君, 觀瀑, 山城之東, 修道寺之下, 其長幾至四五匹之永, 廬山壯觀, 遠不可致, 而咫尺阻卧, 慨嘆如何. 因有絶句.〉.

포의 장관은 멀어서 볼 수 없으나 지척에 있는 폭포를 병으로 인하여 보지 못하니 얼마나 개탄스러운가? 그래서 절구시를 짓는다」이다.

위의 시와 제목에서 서사원은 그의 문인들과 함께 팔공산을 유람한 것을 알 수 있다. 그러나 그는 그의 문인들과는 달리 높은 산을 넘지 못하여 폭포를 구경하지 못하였다. 그래서 그는 그 안타까운 심정을 시로서 나타내고 있다.

위의 시에서 말하는 산성은 공산성公山城이다. 서사원은 임진왜란 중에 이 산성에 오른 적이 있다.[17] 따라서 위의 시는 임진왜란 이후에 지어진 시이다.[18] 그는 이 폭포를 유람함으로써 주자의 시에 언급된 중국의 여산폭포의 장관을 간접적으로 체험하고자 한 것으로 보인다.

서사원이 수도폭포에 대하여 지은 또 다른 시는 다음과 같다.[19]

澁雲餘韻動禪心　어지럽게 낀 구름의 여운은 禪心을 움직이고,
流水高山深復深　물은 흐르고 산은 높은데 깊고도 깊구나.
消瀉一生查滓鬱　일평생 답답하던 찌꺼기 씻어버리니,
龍湫無復洗余襟　龍湫(용추: 沼)에서 다시 나의 흉금을 씻을 것이 없구나.

위 시의 제목은「공산의 동화사에 유遊하며 수도폭포에 가려고 하였

---

17) 서사원,『樂齋日記』. 임진(1592) 6월 14일, 계명대학교 도서관 소장.
18) 郭再謙의『槐軒集』「연보」58세(1604년, 선조 37)조에 의하면 "9월에 낙재 서사원과 함께 팔공산 선주폭포[仙洲瀑: 仙舟의 誤記로 보임]를 유람하였다."라고 한 것으로 보아 서사원이 수도폭포를 찾은 것은 이 해로 여겨진다. 또 이「연보」에는 "『낙재일기』에 의하면 9월 19일 식사 후에 폭포를 내려와 돌아올 때 술잔을 주고받으며 완상하고 있노라니 세 겹 무지개가 서렸다. 비록 삼천발의 여산폭포에는 미치지 못하지만 그 內延 武屹 등 여러 작은 폭포와 함께 장관 중의 하나였다. 郭益甫[익보는 곽재겸의 字임]가 어제부터 와 머물러서 함께 遊하였다. 20일에 익보와 함께 산을 내려오다가 비단 같은 바위가 병풍처럼 둘러쳐진 것을 보고 열 걸음에 아홉 번을 뒤돌아보면서 왔다."라고 하였다.
19) 서사원,『樂齋集』, 권1 시, 〈遊公山桐華寺, 將向修道瀑布, 日暮, 止宿古修道庵. 月夜, 聽彈琴, 作一絶, 示同行諸君.〉.

는데 날이 저물어 옛 수도암에서 묵었다. 달밤에 거문고 소리를 듣고 절구 1수를 지어 함께 온 제군들에게 보인다」이다.

위의 시는 앞에서 언급한 시의 뒤에 지어진 것으로 보인다. 그는 팔공산에 올라 수도폭포에 가려고 동화사에서 산을 넘어 수도사까지는 갔으나 날이 저물어 더 이상 폭포까지는 가지 못하였다. 아마 다음날 서사원은 수도폭포를 보았을 것이다. 위의 시에서 '달밤에 거문고 소리를 듣고 절구 1수를 짓는다'고 하였는데 여기서 말한 거문고 소리는 수도폭포에서 떨어지는 물소리이다.

이것으로 보아 당시에 수도사는 폭포에서 위로 그리 멀지 않은 위치에 있었던 것으로 여겨진다. 징월대사澄月大師가 지은 「수도암 이건기」를 살펴보면 위의 시에서 말한 서사원이 묵은 수도사는 이건 이전에 폭포 위에 있었던 수도사이다.[20] 그러나 위 시에는 옛 수도암이라고 하였는데 이것은 문집을 편찬한 후인이 당시의 실정에 맞게 '옛 수도암'이라고 고쳤던 것으로 보인다. 징월대사 「행장」에 의하면 "수도사는 이건 후에 수도암이라고 칭하였다."[21]고 하였다.

나. 아헌 권치경의 시

권치경權致經(1794~1868 ; 정조 18~고종 5)의 호는 아헌啞軒이다. 권치경의 시는 다음과 같다.

石崖削立玉流馳　돌 언덕이 깎은 듯 서 있고 옥류는 달리듯 흐르는데,

---

20) 징월, 『澄月大師詩集』, 권3 記, 〈수도암 이건기〉.
21) 징월, 『징월대사시집』, 권3 부록, 〈행장〉.

慳秘名區儘絶奇　　명승의 절경을 숨겨 놓았네.
織女機絲看彷彿　　직녀가 베틀에서 실을 뽑는 것을 보는 것과 흡사하고,
鬪龍鱗甲亂參差　　용이 어지러이 다투는 것 같네.
破時猶帶徐凝陋　　부서질 때 오히려 띠같이 서서히 엉키는데,
落處空生李白疑　　허공에 떨어지는 곳에서는 이백이 의심한 것을 생각하네.
吾道源頭應活水　　우리 道의 源頭處가 活水에 상응하는 것 같아,
臨瀾三復退翁詩　　물결에 임하여 퇴옹의 시 여러 번 읊어보네.

위의 시 중에 '허공에 떨어지는 곳에서는 이백이 의심한 것을 생각하네'라고 말한 것은 이백이 '의심컨대 하늘에서 은하수가 떨어지는 것이 아닌가?(疑是銀河落九天)'라고 한 말에서 취한 것이다. 그리고 '퇴옹의 시를 여러 번 읊어보네'라고 한 것은 앞에서 언급한 퇴계의 시를 말한다. 위의 시는 『화산지』에 수록되어 있다.

다. 연호 김진성의 시

김진성金璡聲(1822~1892 ; 순조 22~고종 29)의 자는 문옥文玉이고 호는 연호蓮湖이다. 본관은 영양英陽으로 신녕에 살았다. 퇴계선생의 문인 김몽구金夢龜의 후손이다. 김진성의 시는 다음과 같다.[22]

碧落銀河一派通　　푸른 은하수 한 줄기가 내려오는 듯,
直垂平地下無窮　　평지 아래로 바로 떨어지는 것이 끝이 없구나.
雨過四時喧霹靂　　사시로 비가 내리듯 큰 소리를 내고,
山寒六月動秋風　　산속에는 6월인데도 서늘한 가을바람이 일어나네.
蒼崖削立掀千丈　　깎아지른 듯한 푸른 언덕 천 길에,
白練長飛掛半空　　흰 비단이 공중에 걸려있는 것 같구나.
登臨却憶嘉陵畵　　폭포에 오르니 도리어 가릉의 그림이 생각나는데,

---

22) 김진성, 『蓮湖遺稿』, 권1 시, 〈修道瀑布〉(영천: 華樓亭, 2권 1책, 1934), 16면 前後.

永夜波聲小壁中　긴 밤 물결소리 조그마한 벽속에서 나는 것 같구나.

위의 시는 김진성의 문집과 『화산지』에 수록되어 있다.

라. 소계 정태하의 시

정태하丁泰夏(1850~1915 ; 철종 1~1915)의 자는 성등聖登이고 호는
소계小溪로 본관은 남양南陽이다. 신녕의 괴정리槐亭里(三槐里)에 살았
다.[23] 정태하의 시는 다음과 같다.

崎嶇巖路轉分明　기이한 바위 길을 돌아가니 폭포가 선명한데,
今古遊人幾送迎　고금의 遊하는 사람들을 얼마나 맞이하고 보내었던가.
源在深山來活水　원류가 깊은 산속에서 오니 활수가 일어나고,
勢逢絶壑放高聲　물살이 꺾어지는 골짜기에는 고성이 울리네.
紛飛白雪林非暗　백설이 어지러이 흩날리나 숲속은 어둡지 아니하니,
遙落銀河玉宇晴　멀리 은하수가 맑은 하늘[玉宇]에서 내려오네.
勿負他年第結約　다른 해에 다시 만날 약속을 저버리지 말 것이니,
餘波一渡名塵情　餘波를 건너니 塵世의 정이라.

위의 시는 정태하의 문집에는 수록이 되어 있지 않고 『화산지』에 수
록되어 있다.

마. 낭산 이후의 시

이후李垕(1870~1934 ; 고종 7~1934)의 자는 선재善載이고 호는 낭
산朗山으로 본관은 전주全州이다. 그는 대대로 영천에서 살았다. 이후
의 시는 다음과 같다.[24]

---

23) 정태하, 『小溪遺稿』, 권4 부록, 〈행장(鄭換國 撰)〉 (4권 2책, 1965).
24) 李垕, 『朗山集』, 권2 시, 〈修道瀑沛〉.

萬斛明珠風外撤　만곡의 고운 구슬 바람이 부니 거두어지고,
千尋素練日邊垂　천 길의 흰 천이 해가 비치니 드리워지네.
秪應愁殺滄溟淺　다만 가을의 쇄한 기운에 응하여 엷게 푸르스름한데,
挽得銀河晝夜馳　은하수가 주야로 달려가는 것을 끌어당기는 것 같구나.

위 시의 제목은 「수도폭포修道瀑沛」이다. 이후는 이외에 「수도사 가
는 길에서修道道中」라는 시도 남겼는데 이 시의 주석에 비로봉 아래 수
도폭포가 있다고 하였다.[25]

4. 치산의 폭포 명칭에 대한 검토

앞에서 고찰한 바와 같이 치산의 폭포에 관한 명칭은 두 종류로 나
누어 볼 수 있다. 하나는 선주암폭포이고, 다른 하나는 수도폭포이다.
이것은 두 명칭과 관련하여 지어진 시로서도 구분할 수 있다. 선주암
폭포에 관한 시는 황준량의 원운과 3인의 차운시가 있고, 수도폭포에
관한 시는 서사원을 비롯한 5인의 시가 있다. 그러나 두 명칭의 시 중
에서 어느 제목으로 지은 시가 더 많은가 라는 것은 이 폭포의 올바른
명칭을 선정하는데 중요한 요소가 되지는 않는다. 오히려 두 종류의
시가 가지고 있는 성격이 어떠하냐가 더 중요하다.

황준량이 치산의 폭포를 선주암폭포라고 명명하고 지은 시는 그가
지방의 수령으로서 임지에서 자신의 학문적 취향과 관련하여 지어진

---

25) 이후, 『낭산집』, 권3 시. 〈修道道中〉. "行訪毗盧路若干, 落雲飛瀑鏡中寒. 陰崖自響無風檜, 絶壁
能生不土蘭. 高鳥向人如有語, 名山要我再來看. 冷冷洗却身心累, 怳憶殷湯沐浴盤.(本註: 毗盧峯
在修道瀑沛, 上卽眞佛後山)"

것이라면, 서사원이 지은 시는 황준량이 지은 시보다 연대는 뒤지나 그가 지은 시에 나타나 있는 수도폭포는 당시에 이 지역의 사람들에게 오랫동안 전승되어 온 명칭을 사용하였다고 여겨진다.

그리고 이 지역의 사적을 기록한 현지, 군지 등에 이 폭포가 어떻게 기록되어 있는가도 검토해 볼 필요가 있다. 신녕의 옛 명칭을 사용한『화산지』에서는 이 폭포를 수도폭포라고 하고, "현의 서쪽 25리 팔공산에 있는데 3층의 절벽으로 백척百尺을 날아 흐른다."[26]라고 하였다. 또 "이 폭포의 곁에 선주암이 있다"[27]고도 하였다. 그리고 이 현지縣誌에서는 위에서 살펴본 두 형태의 시를 구분하지 않고 모두 수도폭포 제하에 수록하고 있다. 그리고 이『화산지』에 기록된 내용은 신녕이 영천으로 통합된 이후에 발행된『영천전지永川全誌』[28]와 『조선환여승람朝鮮寰輿勝覽』[29] 그리고『교남지嶠南誌』에서도 동일하게 수도폭포로 기록되어 있다.

5. 결 론

지금까지 팔공산 치산에 있는 폭포의 명칭을 고찰하기 위하여 치산폭포에 관하여 지은 시를 중심으로 그 명칭이 어떻게 사용되었는가를 살펴보았다. 치산의 폭포에 관한 명칭은 2종이다. 논자는 위 두 종류의 명칭 중 조선 중기이후부터 조선후기, 그리고 일제 강점기에 이르

---

26) 『화산지』, "修道瀑布, 在縣西二十五里, 八公山, 三層絶壁, 百尺飛下."
27) 『화산지』, "仙舟巖, 在瀑布傍."
28) 尹聖永 편, 『永川全誌』(영천: 2권 1책, 石版本, 1939).
29) 李秉延 편, 『朝鮮寰輿勝覽(永川篇)』(公州 : 목활자본, 1929).

기까지 팔공산 지역, 특히 신녕과 그 인근지역의 사람들이 사용한 치산의 폭포명칭은 선주암폭포보다는 수도폭포가 더 타당하다고 생각한다. 왜냐하면 수도폭포는 이 지역에서 오래전부터 불려졌던 이름임에 비해 선주암폭포는 황준량에 의하여 일시적으로 사용된 명칭이었다고 할 수 있기 때문이다.

치산에는 고려의 사찰(암자)인 수도사[庵]가 있고 그 상봉에는 진불암이 있다. 수도암은 처음에는 폭포의 위에 자리하고 있었던 절이었다. 2차례 이건하여 지금은 폭포의 아래에 위치하고 있다.[30] 이상에서 살펴본 바에 의하면 팔공산 치산의 폭포 명칭은 수도폭포가 더 올바른 명칭임을 알 수 있다.

---

30) 징월,『澄月大師詩集』, 권3, 〈修道菴 移建記〉.

자료 1
수도암 이건기修道菴 移建記

花縣西二十里, 有八公山, 修道菴, 玉瀑之下, 紫洞之中, 寺蹟本記曰,
高麗文宗時, 國師幻菴混修大師之所創也. 是後, 累經劫幻, 大伽藍之鞠,
爲園蔬者, 蕭蕭然相望也. 粵在壬午火後, 山人偉順, 再創之瀑下新基,
窄陋不容衆, 漸至荒廢. 甲子秋, 貧道, 誓發大願, 荷勸軸, 赴愬於棠下,
觀察使 金公 諱羲淳, 特捐貨出計, 使之移建於舊基下百武許, 庚坐之址.
正殿三間, 山祭閣一間, 樓閣三間, 拈花室五間, 八隔僧寮六間, 八隔後
舍三間, 皆用新材瓦, 惟正殿柱樑, 仍舊材. 正殿丹碧之設, 又倍於前. 始
於乙丑春, 終於丙寅春, 蓋計自幻師初創, 迄今爲三創焉. 異哉! 名區之
幾爲丘墟 而今也, 移創之擧, 適會明公按道之時, 亦有數存於其間耶? 諸
衲舞蹈, 無得以稱焉. 於是乎記其菴衆感惠之意, 以揭于楣, 使後之居於
斯者, 稽首頌祝之無窮云　　　　　　　　　　　　　(『澄月大師詩集』, 卷之三)

화산현[31] 서쪽 20리 팔공산의 옥포玉瀑[32] 아래 자동紫洞(자하동)에
수도암이 있는데, 절의 사적을 기록한 본기本記에 말하기를 "고려 공
민왕(재위: 1352~1374)[33]때에 국사國師 환암 혼수대사幻菴混修大師
(1320~1392)께서 창건하였다"고 하였다. 이후 많은 세월이 흘러 대가

---

31) 신녕의 옛 명칭이다.
32) 폭포의 물이 '맑다'는 의미로 '옥포'로 표현한 것으로 보임.
33) 본 기문에는 '고려 文宗 때 國師幻菴混修大師가 창건하였다'고 하였으나 환암국사는 1320년(충
　숙왕 7)에 출생하여 1392년(조선 태조 1)에 입적하였다. 『東師列傳』의 〈幻庵國師傳〉에 의하면 '공
　민왕이 머물 것을 청하였으나 사양하고 돌아갔다.(玄陵請留, 辭歸.)'라고 하였다. 그래서 그 연대
　와 사적을 고려하여 공민왕 때라고 번역하였다.

람의 경내가 채전 밭[34]으로 변하여 서로 쓸쓸히 바라보았다.

아! 임오년(영조 38년, 1762)[35]의 화재 후에 산인 위순偉順이 폭포 아래 새 터에 다시 지었으나, 절터가 좁아 대중을 다 수용할 수 없어서 점차로 황폐하게 되었다. 갑자년(순조 4년, 1804) 가을에 빈도貧道[36]가 서원誓願을 크게 발하여 권축勸軸[37]을 메고 감영으로 가서 관찰사 김공金公 희순羲淳(1757~1821)[38]께 소청을 하여 특별히 기부금을 희사 받아 옛터의 아래 백무百武[39]되는 거리의 경좌庚坐 좌향에 옮겨 건립하였다.

중건된 절은 정전正殿이 3간, 산제각山祭閣[40]이 1간, 누각樓閣이 3간, 염화실拈花室이 5간, 팔격승료八隔僧寮가 6간, 팔격후사八隔後舍(팔격승료 뒤의 집)가 3간이다. 재목과 기와 모두 새것을 사용하였는데 정전의 기둥과 대들보만은 옛것을 사용하였다. 정전의 단청은 이전보다 배나 아름답다. 을축년(1805) 봄에 시작하여 병인년(1806) 봄에 공사를 마치니, 대개 환암국사가 창건한 이래 지금에 이르기까지 3번째로 건립한 셈이 된다.

기이하도다! 명당의 터가 거의 빈터丘墟가 되었다가 지금에 이르러 옮겨 이 거사가 이루어짐은 마침 명공明公이 도道를 다스리는 때를 만

34) 채마밭에 심은 채소.
35) 추정한 연도임.
36) 징월대사가 자신을 낮추어 부른 말.
37) 권진장(勸進帳)을 말하는데 사찰의 건립 등을 위하여 모금하는 장부(帳簿), 권화장(勸化帳)이라고도 함.
38) 경상도 관찰사 재임기간은 1804년(순조 4) 1월~1806년(순조 6) 2월까지 이다.
39) 무(武)는 반걸음.
40) 산신각을 말함.

낳기 때문이나 그 사이에 운기運氣 또한 맞았기 때문이 아니겠는가? 모든 스님들이 춤을 추니 그 공덕을 다 칭송할 수 없다. 이에 이 암자의 대중들이 느끼는 은혜로운 뜻을 문미門楣에 걸어 후에 여기에 기거하는 사람으로 하여금 머리를 조아리고 송축함이 다함이 없게 함인저!

(『징월대사 시집澄月大師詩集』, 권3)[41]

2012년 임진 5월에 능성綾城 구본욱具本旭 삼가 번역하다.

자료 2
진불암 중수기眞佛菴 重修記

花之西數十里許, 八公山 毘盧峯下 眞佛菴者, 嶺左上乘禪院. 而高麗國師 幻菴祖師之所創建也. 久閱星霜, 屢經兵燹, 不免爲荒草丘墟. 崇德二年 丁丑, 西都人 李應秋, 與其妻祥玉, 再創之. 迨今數百禩, 正殿漫漶, 翼寮頹圮. 菴衆之志, 切重葺而未果者, 久矣. 歲壬申春, 余自修社, 移棲于玆. 是年秋, 謀于衆曰, 此菴不修, 將廢, 盍思所以重新之. 遂與就演 戒心 進洪 寬典等, 荷劵鳩財, 邀匠 石召 昆吾. 仍於舊址, 先就東廊五間, 幷用新材瓦, 巨宇及後面之傾頹者, 扶植而修補之. 作龕于前面之壁, 爲影閣焉. 籌室別堂 南廊大門, 諸宋一齊翻易, 以新舊瓦相半. 陶瓦之羨餘者, 儲之, 陰雨之備也. 以癸酉 仲春, 始事, 粵, 仲秋旣望, 功告訖. 首尾凡七八朔. 菴衆之櫛沐, 服役者, 蓋無虛日. 而其經費所入, 長腰孔方, 合四百餘金. 此則, 金公 守財之前後捨施, 及余之所募入者也. 噫, 此菴之成也, 謀事克諧, 輪奐維新. 余之記, 此非伐也, 第記其時運之幷臻 檀

41)『징월대사 시집』, 3권 1책, 1832(순조 32) 刊. (藏于八公山 修道菴)

越之信願 菴衆之殫誠 後之居此精修者, 孜孜焉, 兢兢焉, 以報四拔三 爲
己務, 畢竟同歸 如發徵古事然後 庶不辜於古今人 創修禪室之素夷云爾

(『澄月大師詩集』, 卷之三)

화산현의 서쪽 수십리 팔공산 비로봉毘盧峯 아래에 있는 진불암은
영남의 좌도左道 상승선원上乘禪院으로 고려국사 환암조사幻菴祖師께서
창건하였다. 세월이 오래되어 여러 번 병화가 지나가 황초구허荒草丘
墟[42]됨을 면할 수 없었다.

숭덕崇德 2년(인조 15년, 1637) 정축丁丑에 서도인西都人(평안도) 이
응추李應秋가 그 처 상옥祥玉과 함께 다시 건립하였다. 지금으로부터 수
백 년이 되어 정전正殿은 퇴색되고 익료翼寮[43]는 무너져버렸다. 암자의
대중들이 간절히 중수하고자 하였으나 실행하지 못한 지 오래 되었다.

임신년(순조 12년, 1812) 봄에 내가 수사修社[44]로부터 이곳에 옮겨와
거처하였다. 이 해 가을에 대중들이 도모하여 말하기를 "이 암자를 중
수하지 않는다면 장차 무너지게 될 것이니 어찌 중수를 생각하지 않으
리오."라고 하였다. 그래서 취연就演, 계심戒心, 진홍進洪, 관전寬典 등과
함께 시주함을 메고荷券 모금을 하여 장인匠人 석소石김, 곤오昆吾를 맞
이하였다.

이에 옛터에 먼저 동랑東廊 5간을 짓고 아울러 새로운 재목과 기와
를 사용하여 큰집과 뒷면에 기울어진 부분을 고여서 보수하였다. 앞

---

42) 잡초가 우거진 풀밭.
43) 정전의 좌우에 지은 요사채((寮舍寨).
44) 수도암으로 여겨짐.

면의 벽에 감실龕室을 짓고 영정각影幀閣을 만들었다. 주실籌室,[45] 별당別堂, 남랑南廊, 대문을 모두 한결같이 바꾸었는데 새 기와와 옛 기와를 반반씩 사용하였다. 남은 기와 중에 나은 것은 비축하여 장마에 대비하였다.

계유癸酉(1813) 중춘에 시작하여 아! 중추(8월) 16일에 공사를 마쳤다. 시작하고 마칠 때까지 7, 8달이 걸렸다. 암자의 대중들은 재계하였고 공사에 참여한 사람들은 조금도 시간을 허비하지 아니하였다. 경비로 들어온 수입은 장요長腰[46]와 공방孔方[47] 400여 금金이었다. 이것은 김공金公이 전후로 희사한 것을 잘 보관한 것과 내가 모금한 것이다. 아! 이 암자가 이루어진 것은 일을 논의하여 잘 협력하였기 때문에 우뚝하고 새로워졌다.

내가 이 기문을 쓴 것은 자랑을 하려고 하는 것이 아니라 시운時運이 아울러 이르렀고 시주도 잘 되었으며 암자의 대중들이 성심을 다 하였기 때문이다. 후에 이 정수精修(암자)에 기거하는 사람들은 부지런하고 조심조심하여 보사발삼報四拔三하는 것을 자기의 임무로 삼는다면 필경 바른 곳으로 돌아가리라. 훗날에 여기에 기거하는 사람은 옛일을 귀감으로 삼은 연후에 고금의 사람이 선실禪室을 창건하고 중수한 마음에 거의 허물이 없을 따름이라고 말할 수 있을 진저!

(『징월대사 시집澄月大師詩集』, 권3)

2012년 임진 5월에 능성綾城 구본욱具本旭 삼가 번역하다.

---

45) 수행인을 교화하고 징계하는 방.
46) 장요미(長腰米)의 준말로 쌀의 한 품종. 여기서는 시주미를 말함.
47) 엽전을 말함.

자료 3
환암국사전幻庵國師傳

師名, 混修, 字無作, 號幻庵, 姓趙氏, 廣州 豊陽人也. 元 仁宗 延祐七年, 高麗忠肅王 七年 庚申生(1320). 麗恭愍王, 請懶翁爲主盟, 設工夫選於檜巖寺. 上, 率諸宮兩府文武百僚, 親幸臨觀, 禪講諸德, 江湖衲子, 急皆集會. 金佛堂中, 排設法座, 師拈香罷, 陞座垂問. 在會大衆, 以次入對, 皆日未會. 或理通而礙於事, 或狂甚而失於言, 一句便退. 上, 若有不預色. 然, 幻庵修禪, 師後至, 師歷問三句三開, 一一應對. 明 太祖 洪武二十五年, 我 太祖 元年 壬申(1392)入寂. 贈諡曰, 普覺. 玄陵(공민왕)請留, 辭歸. 賜號曰, 國師. 正徧智智雄尊者. 門兄弟三十三人內, 出家弟子二十五, 在家弟子 柒原府院君 尹桓, 領三司事 李仁任, 判門下 崔瑩, 門下侍中 林堅味, 守門下侍中 李成林, 我 太祖大王, 鐵城府院君 李琳, 三司左使 廉興邦 等. 八公 이하 결락　　　　　　　　　　（『東師列傳』, 第二）

자료 4
징월화상澄月和上 행장行狀

和上, 諱正訓, 字敬昊, 號澄月, 俗姓金. 其先聞韶人. 新羅之末, 敬順王之子, 諱錫, 封義城而因貫焉, 寔師之鼻祖也. 其法系則, 於臨濟三十五世, 於西山九世, 箕城之四世孫也. 英廟辛未(27년, 1751) 生于元塘之里第. 幼而穎秀, 居家事親, 極其誠孝. 稍長, 好讀書, 遂笈書, 入

金城山, 篤志肄業. 嘗見瑞巖和尙 主人翁惺惺之說, 廢書而歎曰, 人之所以爲人者, 以其能存得一箇心性也. 今夫釋氏, 所謂觀心見性, 豈非頓悟之捷逕耶. 遂依嘉善聰公 落紺受戒 具于冠月和上. 和上, 深器之, 敎以金剛 楞嚴 等經. 旣得力, 深遊雪坡鼙巖門下, 益明其學. 辛丑(정조 5, 1781, 31세) 春, 受信具而登堂, 時年三十一. 一時, 名師宗釋, 皆就正焉. 推以爲佛門師表, 遊諸名山, 見寺刹之頹廢不修者, 輒盡然傷心 以興替補廢 爲己任. 八公之北, 古有修道寺, 再創而爲菴. 未幾, 又爲丘墟. 歲乙丑(순조 5, 1805), 師謀於衆, 遂移建於舊基下. 時, 山木翁 金公羲淳, 爲嶺伯, 與師善. 旣捐貲以助之, 又手書扁額以贈之, 若修道菴 若海會樓 拈花室 是也. 師性, 端重謹嚴, 見稱於人, 又以能詩, 名於世. 當時縉紳先生, 莫不愛重, 推許稱之, 以嶠南名釋. 庚辰(순조 20, 1820) 夏, 適金剛, 過洛下, 遇諸名公於西江舟中, 諸公, 見師懂甚, 爲歌詩以贐行. 若淵泉 泊翁 汞橋 希谷 石厓 雲石 黃庭 怡雲 滄濱, 皆聯衡列書焉. 癸未(순조 32, 1823) 二月, 示寂于銀海之雲浮社, 享年七十三. 貧徒感師之有功於沙門, 爲寫眞影二本, 一藏於雲浮社, 一藏於修道菴, 以爲寓慕之地. 嗚呼. 法敎寢微, 學佛者, 幾希, 而師以簪纓後裔, 卒爲如來之弟子, 窮經明道, 垂懿範於後學, 化衆生於一世, 禪宮法宇, 在在有創修之功, 名山勝地, 處處有行化之跡. 苟非天賦之佛性, 而有緣於三乘者, 烏能若是耶. 師雅好詞律, 每於湖山佳處, 歷遍吟詠. 累被營衙郡齋, 邀請唱酬, 雖出於倉卒應答之際, 脫口肆筆之餘, 而往往有驚人語. 若其述懷, 寓興之作, 則韻致淸曠, 趣味蕭散, 令人諷誦, 灑然若豇, 寒門而濯淸風也. 所哀粹詩篇, 殆過數卷册子, 而爲門人 性洪, 所竊取遠逃, 僅此收拾於散逸斷

爛之中者. 特泰山一毫, 芒然觀鳳之一羽, 可以知全體之文章. 又何必求多乎哉. 余自蚤歲, 受戒登門, 雖未能仰體敎導之萬一, 然, 竊覤其參禪信道之篤, 治心戒靜之固, 蓋有人所不及知, 而余獨知之者故, 不揆僭妄, 敢爲撰次如右, 後之覽者, 庶幾有採擇焉. 謹狀.

上之三十三年[48](순조 32, 1832) 壬辰, 五月 戊午, 門人 有惠狀.

(『澄月大師詩集』)

---

48) 원문에는 33년이라 하였으나 32년임.

팔공산의 바위글씨와 비석

전일주
(능인고등학교)

1. 시작하며

팔공산은 도립공원으로, 대구광역시 동구와 경상북도의 경산시, 영천군, 군위군, 칠곡군 지역 등 5개 시군 지역에 걸쳐 분포하고 있는데, 산 높이는 1,193m이다. 팔공산을 중심으로 대구광역시와 경상북도의 경계에 형성된 환상環狀의 산지는 이른바 팔공산맥이라 하는데. 이것은 대구분지의 북부를 병풍처럼 가리고 있다. 이 산맥은 남동쪽의 초례봉醮禮峰에서 시작하여 환성산環城山·인봉印峰을 거쳐 주봉인 팔공산, 북서부의 가산에 이른다.

산 자체가 아름다울 뿐만 아니라, 전체 배열이 주변의 구릉군과는 대조적으로 급경사진 종상의 산형을 이루어 있어 변화의 미가 한층 돋보인다. 산의 북쪽에는 위천渭川의 상류인 남천南川과 여러 계류들이 흐르고, 동쪽에는 한천漢川과 신녕천新寧川이 흐른다. 산의 남쪽은 완만하여 응해산鷹蟹山·응봉 등의 구릉성 산지가 솟아 있고, 그 사이사이에 계류들이 동화천桐華川에 모여 금호강으로 흘러든다.

팔공산에는 동물 14종, 조류 26종, 식물 118과 464속 858종이 분포하는 것으로 알려졌고, 계곡이 아름답고 산봉이 웅자하며 부근에 많은 사적이 있어, 1980년 경상북도 도립공원으로 지정되었다. 팔공산의 옛 이름은 중악中岳·부악父岳·공산公山·동수산桐藪山이라고 하였다. 신라 말에 견훤이 서라벌을 공략할 때에 고려 태조가 5,000의 군사를 거느리고 정벌하러 나섰다가, 공산 동수桐藪에서 견훤을 만나 포위당하였을 때 신숭겸申崇謙이 태조로 가장하여 수레를 타고 적진에 뛰어들어 전사함으로써 태조가 겨우 목숨을 구하기도 하였다.

팔공산 곳곳에 사찰이 많은데 대한불교조계종 제9교구의 본산인 동화사桐華寺는 신라 때의 고찰로 임진왜란 때는 사명대사가 승군을 지휘하였던 곳이며, 동화사입구 마애불좌상(보물 제243호)을 비롯한 많은 문화재가 소장되어 있다. 영천 방면에 있는 은해사에는 국보 제14호인 거조암居祖庵 영산전靈山殿을 비롯하여 2점의 보물이 있다. 칠곡군에 있는 송림사松林寺는 신라 시대의 사찰로 보물 제189호인 오층 전탑塼塔이 있으며, 한때 고려대장경 판본을 소장하였던 부인사符仁寺를 비롯하여 파계사把溪寺, 관암사冠巖寺 등의 사찰이 있다. 또한 비로암, 부도암, 양진암, 염불암, 내원암, 거조암, 백홍암, 운부암, 묘봉암, 중암, 도덕암 등의 암자가 곳곳에 있다. 군위군 부계면에는 국보 제109호인 군위삼존석굴軍威三尊石窟이 있다. 부계면과 칠곡군에는 사적 216호인 가산산성이 있는데, 길이 약 600m의 석성으로 성 안에는 샘물이 솟아난다.

팔공산은 유구한 역사와 함께 선인들이 은거하거나 유람을 하면서 곳곳에 사물의 명칭이나 사람의 이름, 한시 등을 바위에 새겨 남기고,

사찰이나 유적지에 당대에 다녀간 분들의 덕을 기리는 송덕비나 불망비, 기념비 등 수많은 금석문이 남아 있다. 팔공산의 금석문들은 대체로 온전히 남아 잘 전해지고 있지만, 일부는 방치되어 유물이 훼손되거나 균열이 나타나고, 일부는 풍화작용으로 마모되거나 이끼에 가려져 멸실되어 그 존재조차 제대로 파악되지 못하는 실정이다.

본고의 금석문 조사 범위는 시간적인 제약과 답사의 한계 때문에 바위글씨와 비석에 한정하였다. 염불암 불상각석과 같이 마애불이나 여러 사찰의 현판, 주련들도 포함하여 정리할 필요가 있고, 팔공산 자락에 있는 부락의 각 문중 재실이나 누각에 걸린 편액, 주련, 기문, 시판詩板도 조사하여 정리할 때 온전한 팔공산 금석문 자료집이 될 수 있다. 금석문은 단순히 금속이나 돌에 새겨진 대상물만 한정하는 것이 아니라 건축물에 걸린 현판이나 주련들도 포함된 모든 문자 그림 등의 기록물을 대상으로 삼는다.

본고는 팔공산의 금석문을 5개 시군 지역별로 현황을 살펴보되, 크게 바위 글씨와 비석 및 표석을 조사 대상으로 삼고 사진과 함께 제목을 붙이고, 내용을 간략하게 설명하고자 한다.

2. 대구광역시 지역 팔공산 금석문

대구광역시 지역의 금석문 분포는 동화사 경내와 수태골, 파계사, 신무동, 평광동 등지에 분포하고 있다. 이외의 지역도 정밀하게 답사하거나 문헌을 살펴보면 많은 금석문이 있을 것으로 생각되지만, 본고는 필자가 대부분 답사하여 파악한 것을 간략히 소개하기로 한다.

바위글씨는 팔공산 공원관리사무소 안에 있는 수릉향탄금표와 수태골의 수릉봉산계, 거연천석 등 8점의 바위글씨를 소개한다. 비석 및 표석으로는 판관 신처화 영세불망비判官申處華永世不忘碑, 숭정처사 유허비崇禎處士遺墟碑, 숭정처사 대암선생 최공 유허비명崇禎處士臺嚴先生崔公遺墟碑銘 등 15개의 비석과 비석군을 소개한다. 비석 가운데 동화사 사적비와 숭정처사 유허비는 자연석 형태 그대로 글자를 새긴 것이 특징이다.

【대구광역시 지역 팔공산 금석문 현황】

형태	내용	위치
바위글씨	수릉향탄금계(綏陵香炭禁界)	동구 용수동 39-1
	수릉봉산계(綏陵封山界)	동구 용수동 산6
	거연천석(居然泉石)	동구 신무동 산 6 [수태골]
	수태골의 신원스님 글씨	수태골
	파계사 일주문과 나무아미타불(南無阿彌陀佛)	파계사
	남씨 와룡암 석문(南氏臥龍庵石門)	평광동
	평광동 석천(石泉)	평광동
	일인석(一人石)	염불암 근처
비석 및 표석	판관 신처화 영세불망비(判官 申處華 永世不忘碑)	미대동
	숭정처사 유허비(崇禎處士遺墟碑)	신무동
	숭정처사 대암선생 최공 유허비명	신무동
	팔공산 파계사 표석	파계사 주차장입구
	파계사 사적비와 부도비	파계사 경내
	파계사 하마비	파계사 경내
	원당봉산(願堂封山)	파계재 부근
	동화사 사적비	동화사 경내
	동화사 비석군	동화사 경내
	동화사 부도전 비석	동화사 경내
	고려태사 장절신공 영각유허비	평광동
	고려 장절 신공 순절지지(高麗壯節申公殉節之址)	지묘동
	고려태사장절신공충렬비(高麗太師壯節申公忠烈碑)	지묘동
	평광동 첨백당 해방기념비	평광동
	북지장사 나무아미타불	동구 도학동 620
	광해군태실비	연경동

가. 바위글씨

1) 수릉향탄금계綏陵香炭禁界

소재지 : 동구 용수동 39-1(문화재자료 제21호)

　수릉향탄금계 표석은 동화사 집단시설 지구 내 팔공산 자연공원 관리사무소 앞 넓은 화단 위에 놓여있다. 이 표석은 현 위치에서 100m 가량 아래쪽에 있었으나 주변 조경 및 정비계획에 따라 이곳으로 이전하였다.

　표석에 새겨진 수릉향탄금계의 수릉綏陵은 조선 헌종의 부왕인 익종의 능을 말하며, 향탄香炭은 왕릉에 사용하는 목탄을, 금계禁界는 출입금지경계를 표시한 것이다. 수릉에 사용되는 목탄의 생산을 위해 국가에서 출입을 금하게 한 표석이다. 경계석은 이곳과 수태골에 1기가 있다. 이것을 근거로 보아 최소한 수태골과 이곳 집단시설지구 사이의 산림은 보호림임을 말해준다.

　표석의 아래에 있는 광서 6년의 예조첩지 내용은 이 표석과 관계있는 것으로 내용은 석민헌으로 하여금 수릉에 공급할 두부제조를 대구

동화사에 맡기도록 하고 수릉에 공급하는 향탄의 봉산 수호와 팔도 승풍 규정을 위한 도승통자로 임명한다는 것이다. 이 예조첩지 내용에서 현재 팔공산 일대에서 제조되는 두부가 유명한 연유와 동화사 일대의 산림이 보호림이었음을 확인할 수 있다.

표석의 건립 연대는 분명하지 않으나 수릉의 호칭은 헌종 즉위년인 1835년 이후이므로 이 표석은 이와 비슷한 시기에 제작되었다고 추정된다.

수릉綏陵은 사적 193호로, 순조純祖(1800~34)의 세자였던 효명孝明세자와 비妃인 신정왕후神貞王后 조趙씨의 능이다. 효명세자의 휘는 영, 자는 덕인德寅, 호는 경헌敬軒이며, 시호가 효명孝明이었다. 순원왕후純元王后 김씨에게서 태어나, 1812년(순조 12)에 세자로 책봉되었고 풍양 조씨 만영萬永의 딸을 맞아 헌종憲宗을 낳았다. 1827년(순조 27) 왕명으로 대리청정을 하여 인재를 등용하고 형옥形獄을 삼가는 등 민정에 힘썼으나 4년 만에 죽고 말았다.

그 후 세자비 조씨의 일족이 등장하여 안동김씨 일족과 세력다툼이 시작되었으며, 헌종 즉위 후 왕으로 추존되어 익종翼宗, 다시 문조文祖라 하였다. 효명세자가 죽자 처음 의릉懿陵(경종릉)의 왼쪽에 안장하고 연경延景으로 묘호를 삼았다가 추존 후 수릉으로 승격하였으나 1846년(헌종 12)에 풍수지리학상 불길하다 하여 양주 용마봉龍馬峰 아래로 옮겼다가 다시 1855년(哲宗 6) 경기도 구리시 인창동의 건원릉健元陵(태조릉) 왼쪽으로 옮겨와 묘호를 정했다. 1890년(高宗 27) 신정왕후가 죽자 이곳에 합장하였다.

2) 수릉봉산계綏陵封山界

소재지 : 동구 용수동 산6 (대구광역시 문화재자료 제33호)

크기 : 길이 100㎝, 폭 65㎝

　수릉봉산계綏陵封山界 명문이 새겨져 있는 곳은 팔공산 수태골에서 바윗골 쪽으로 약 1㎞ 떨어진 곳으로, 수태골에서 바윗골로 오르는 등산로 우측에 위치한다. 화강암의 자연석으로 정면에서 볼 때 부정형 삼각상이며, 명문이 음각된 곳의 위는 튀어나와 자연적인 갓의 형태를 하고 있다. '수릉봉산계綏陵封山界' 5자가 음각되어 있다. 음각된 명문은 행서로, 2열의 종서로 배치되어 있으며, 마지막 '계' 자는 종서된 두 글자의 중앙부분에 위치한다.

　수릉은 조선왕조 헌종의 부친인 익종의 능이고, 봉산은 산의 출입을 봉쇄한다는 뜻이다. 이 표지는 팔공산 동화사 집단시설지구 입구에 있는 '수릉향탄금계綏陵香炭禁界' 표석과 동일한 의미로, 이 일대가 봉산으로 지정된 보호림을 말해주는 명문이다. 수릉에 사용되는 향탄을 생산하기 위해 이 산을 봉산으로 지정했던 것으로 판단된다. 이 두 표석은 서체의 크기나 규격이 비슷한 점으로 보아 동일시기에 제작된 것이라 생각된다.

3) 거연천석居然泉石

소재지 : 대구광역시 동구 신무동 산 6번지

크기 : 170cm × 45cm

거연천석은 팔공산 수태골의 거대한 자연암석에 새겨진 글씨이다. 거연천석의 '거연居然'은 '편안한 모양, 앉아서 꼼짝하지 아니하는 모양'의 의미이다. 즉, '자연 속에 있으니 편안하다'는 뜻으로 볼 수 있고, '변하지 않고 언제나 그대로인 산수의 경치'를 뜻하는 것으로 볼 수도 있다. 수직 100m쯤 되는 암벽에서 글씨는 지상으로부터 약 4m 정도 높이에 새겨져 있다. 대구의 서예가인 서석지徐錫止(1826~1906)의 작품이다.

4) 수태골의 신원스님 글씨

5) 파계사 일주문과 나무아미타불

6) 남씨 와룡암 석문南氏臥龍庵石門

남씨 와룡암 석문은 동구 평광동 입구 우측 골짜기에 있다. 도동약
수를 지나 약 300m를 가면 이기세폭포 안내 표지판이 있는데, 표지판
을 따라 400m 정도 올라가면 돌문이 나온다. 돌문 뒤편에 새겨져 있
고, 윗쪽에 남씨의 재실인 와룡암이 있다.

7) 석천石泉

소재지 : 평광동 첨백당 앞

8) 일인석一人石

소재지 : 동화사 북쪽 염불암 부근

일인석에 얽힌 전설은 왕건이 견훤의 군사들을 피하기 위해 북으로 가다가 이 돌에 앉아서 쉬었다. 이 때 노승이 '왕이 아니면 앉지 마라'고 했으며, 왕건이라는 것을 알게 된 스님은 북쪽으로 가지 말고, 안전한 남쪽으로 가라고 하였다고 한다.

나. 비석 및 표석

1) 판관 신처화 영세불망비判官申處華永世不忘碑

판관 신처화 영세불망비는 미대동 공산댐 관리 사무소 앞에 있다.
예전에 팔공산으로 왕래하는 길목에 세워두었으나 현재는 공산터널이
생겨 댐 철망 안에 있다.

2) 숭정처사 유허비崇禎處士遺墟碑

3) 숭정처사 대암선생 최공 유허비명崇禎處士臺巖先生崔公遺墟碑銘

숭정처사 대암선생 최공 유허비명은 신무동 농연정사 옛터에 세웠
는데, 숭정처사 유허비 뒷면에 홈을 파고 새긴 비이다. 비문은 번암 채
제공이 지었다.

4) 팔공산 파계사 표석

5) 파계사 사적비와 부도비

6) 파계사 하마비

파계사로 가는 옛길 가에 있다. 비문은 대소인개하마비大小人皆下馬碑이다.

7) 원당봉산願堂封山

소재지 : 동구 중대동 산1

원당봉산은 왕실의 안녕과 명복을 빌어주던 원찰인 파계사의 경계를 표시한 표석이다. 이곳을 경계로 산림을 함부로 출입하며 훼손하지 말라는 표지석이다. 팔공산 수태골에 있는 '수릉봉산계'와 함께 독특한 표석이다. 원당봉산 표석은 한티재에서 파군재 방향으로 약 400m 가량 지점의 오른편에 있다.

8) 동화사 사적비

9) 동화사 비석군

동화사 비군은 총14기의 비가 있는데, 금당선원 아래에 자리한다. 당간지주 옆에 비각 두 채가 나란히 서 있는데. 첫째 비각 안에 5기의 비가 있고, 그 보다 작은 비각에는 인악대사 비가 있다. 비각 옆에는 8기의 비석이 더 있다.

10) 동화사 부도전 비석

11) 고려태사 장절 신공 영각유허비

12) 고려 장절 신공 순절지지 高麗壯節申公殉節之址

고려 장절 신공 순절지지는 지묘동 표충사 경내에 있다.

13) 고려태사장절신공충렬비高麗太師壯節申公忠烈碑

소재지 : 동구 지묘동 526번지

크기 : 106cm × 200cm × 23cm

고려 개국공신인 장절공 신숭겸 장군의 충절을 기리고자 1607년(만력35년) 3월에 건립하여 표충재表忠齋 안의 비각에 보존하고 있다. 지금부터 400전의 비석임에도 불구하고 보존 상태는 매우 좋으며, 비부나 이수의 형태가 예술적으로 훌륭하다. 비문은 후손인 신흠申欽이 짓고, 여주 목사인 김현성金玄成이 쓰고, 안변도호부사인 김상용金相容이 전액篆額하였다.

14) 평광동 첨백당 해방기념비

15) 북지장사 나무아미타불

16) 광해군태실비

3. 경산시 지역 팔공산 금석문

경산지역의 금석문 분포는 주로 하양읍의 환성산 자락인 서사리나 교동, 와촌면의 골굴사 등지에 산재되어 있다. 갓바위 방면을 답사하였으나 상징물에 대한 각석은 없고 다만 정상 바위에 사람의 이름자만 새겨져 있었다. 바위글씨는 골굴사의 홍주암紅珠庵, 아동제일약수我東第一藥水, 이범소 각석이 있다. 비석 및 표석으로는 환성사 비석군碑石群과 하양읍 교동 비석군, 금호서원 유허비, 하마비, 사이동四而洞 표석, 불굴사의 '나무아미타불' 비석 등이 있다.

【경산시 지역 금석문 현황】

형태	내용	위치
가. 바위글씨	홍주암	와촌면 불굴사
	아동제일약수	와촌면 불굴사
	이범소	와촌면 불굴사
나. 비석 및 표석	사이동	하양읍 서사리
	하마비	하양읍 서사리
	금호서원 유허비	하양읍 서사리
	나무아미타불	와촌면 불굴사
	환성사 비석군	
	교동 비석군	하양읍 교리

가. 바위 글씨

1) 홍주암紅珠庵

2) 아동제일약수我東第一藥水

3) 이범소 신녕군수

나. 비석 및 표석

1) 사이동四而洞

  격양가에 나오는 시에서 4개의 '이而'자를 취하여 마을 이름으로 하였다.

日出而作 해가 뜨면 밖에 나가 일하고
日入而息 해가 지면 집에 돌아와 쉬고
鑿井而飮 우물 파서 물 마시고
耕田而食 밭을 갈아 먹고 사네.

2) 금호서원 하마비

'대소인원개하마大小人員皆下馬'가 새겨져 있다.

3) 금호서원 유허비

소재지: 경상북도 경산시 하양읍 부호리 114
　　　　(경상북도문화재자료 제449호)

배향인물: 허조許稠, 허후許詡, 허조許慥

창건연도: 1784년(숙종 10), 사액연도: 1790년(정조 14)

조선 세종조의 좌의정 문경공文敬公 허조 선생의 위패를 모시고 해마다 2월 중정中丁에 향사를 받든다. 금호서원은 1653년(효종 4)에 금호동에 창건한 뒤 1724년(경종 4)에 사이동四而洞(현 서사동)으로 이건, 1790년(정조 14)에 '금호'라는 사액을 받아 사액서원으로 승격되었

다. 1871년(고종 8)에 훼철되었다가 그곳에 유허비를 세우고 단향壇享
으로 배향하여 왔으며 1923년 현 위치에 서원을 다시 세웠다.

4) 불굴사 나무아미타불

5) 환성사 비석군

6) 하양읍 교동 비석군

4. 영천시 지역 팔공산 금석문

영천시 지역의 금석문 분포는 은해사 경내와 산내암자, 치산계곡, 신령면 등지에 분포하고 있다. 바위글씨는 은해사 경내의 한시바위와 은해사유공송 각석, 나무아미타불비, 중암의 삼인암 등 7점의 바위글씨를 소개한다. 비석 및 표석으로는 충의공忠毅公 화산군花山君 권응수權應銖 신도비, 화산군 신도비 앞 하마비, 은해사 일주문 나무아미타불 등이 많이 산재해 있다.

【영천시 지역 팔공산 금석문 현황】

형태	내용	위치
가. 바위글씨	한시바위	영천시 청통면 치일리 479 은해사
	은해사유공송銀海寺有功頌	영천시 청통면 치일리 479 은해사
	삼인암三印嵒	영천시 청통면 치일리
	중암 이름 글씨 각석	
	나무아미타불, 이름 각석	
	치산계곡 나무아미타불 각석	
	옴자 각석	
나. 비석 및 표석	충의공忠毅公 화산군花山君 권응수權應銖 신도비	
	화산군 신도비 앞 하마비下馬碑	
	은해사 일주문 나무아미타불	영천시 청통면 치일리 479 은해사
	은해사 비석군	영천시 청통면 치일리 479 은해사
	대소인하마비大小人下馬碑	영천시 청통면 치일리 479 은해사
	백흥암 뒤 인종태실비仁宗胎室碑	
	신녕면사무소 비석군	

가. 바위글씨

1) 한시바위

소재지 : 영천시 청통면 치일리 479번지 은해사

한시바위는 은해사 경내 수련원 건물 뒤 자연석에 새겨져 있다.

[한시 풀이]

永川 成昊運 영천 성호운

我與公山倂我州　아여공산병아주
花辰月夕訪雲樓　화신월석방운루
白髮旋疎餘素癖　백발선소여소벽
聊將此石活千秋　료장차석활천추
辛未冬十月 四龍山下 晩悔 書

나는 팔공산이 우리 고을에 함께 있어
꽃 피고 달뜨는 저녁이면 운부암을 찾는다네.
백발이 어느새 엉성하지만 평소의 버릇은 남아
장차 이 돌을 천추토록 살아 있게 하리라.

신미년 겨울 시월에 사룡산하의 만회가 쓰다.

2) 은해사 유공송銀海寺有功頌

소재지 : 영천시 청통면 치일리 479번지 은해사

당상대감 홍선군堂上大監 興宣君, 순상국 신석우巡相國 申錫禹

丁巳 六月 日. 主事 輸誼書

3) 삼인암三印岩

소재지 : 영천시 청통면 치일리

크기 : 200cm × 73cm

삼인암은 대한불교조계종 제10교구 본사 은해사銀海寺의 산내암자인 중암암中嚴庵 뒷산 바위에 새겨진 글씨이다. 삼인암이란 장방형의 인장처럼 생긴 3개의 바위가 있어 일컬어진 것 같다. 큰 바위위에 예서체로 새겨져 있으며 암巖자의 모양새가 건너편 산의 모양을 닮아 있다.

4) 중암 이름 글씨 각석

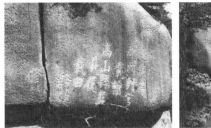

바위에 새겨진 이름자는 군수 조재득郡守 趙載得, 원주판관 재한原州 判官 載翰, 고산현감 재리高山縣監 載履, 재전載田, 노진潞鎭, 수진修鎭이다.

5) 나무아미타불, 이름 각석

소재지 : 영천시 청통면 치일리 479번지 은해사

은해사 경내 큰 바위에 이름과 함께 나무아미타불이 한자로 각석되어 있다.

6) 치산계곡 나무아미타불 각석

소재지 : 영천시 청통면 치일리 479번지 은해사

이 각석은 수도사와 진불암 사잇길에 있다.

7) 옴자 각석

진불암 가까이에 있다.

나. 비석 및 표석

1) 충의공忠毅公 화산군花山君 권응수權應銖 신도비

소재지 : 신녕면 치산동

크기 : 가로 89cm, 세로 234cm, 두께 27cm

2) 화산군 신도비 앞 하마비

소재지 : 신녕면 치산동

크기 : 가로 35cm, 세로 95cm, 두께 16cm

3) 은해사 일주문 나무아미타불

4) 부도전 입구 나무아미타불

5) 은해사 비석군

6) 대소인하마비大小人下馬碑

소재 : 경북 영천시 청통면 치일리

크기 : 31cm × 116cm

이 비석은 대소인을 막론하고 여기서부터 말을 내려 절에 출입을 하라는 표시이다. 경자년 소춘小春에 세웠다는 기록은 있으나 정확하게 몇 년 전의 경자년인지 명확하지 못하다. 하마비는 은해사 앞을 흐르는 하천에 놓인 은혜교 입구에 세워져 있으며, 깊이 음각되어 있고 마모가 심하지 않아 쉽게 알아볼 수 있다.

7) 백흥암 뒤 인종태실비仁宗胎室碑

영천 청통면 치일리(경상북도 유형문화재 제350호)

조선의 12대 왕 인종의 태실이다. 인종의 태실은 조선 왕실 태실 중에 그 규모가 가장 크고 장엄하게 장식했다. 인종의 태반은 일제강점기 때 일제에 의하여 태항아리와 함께 경기도 고양시 서삼릉으로 옮겨가고 지금의 태 무덤은 오랫동안 방치하다 주변에 흩어진 석 부재들을 수습하여 근년에 복원한 태실지胎室址이다.

8) 신녕면사무소 비석군

면사무소 입구에 신령현과 관련된 관찰사, 현감 등의 송덕비, 공덕비 32개가 있다.

5. 군위군 지역 팔공산 금석문

군위군 지역의 팔공산 금석문은 주로 부계면의 대율동, 동산동 동산 계곡 등지에 있는 것으로 파악되어 이곳을 답사하여 조사하였다. 다른 골짜기에도 남아 있으리라고 보지만, 여건상 상세하게 파악하지 못하였다. 바위글씨는 양산폭포와 막암幕巖 두 곳이 있다. 비석 및 표석으로는 대율동 등지에 5개가 있다.

【군위군 지역 금석문 현황】

형태	내용	위치
가. 바위글씨	양산폭포(陽山瀑沛)	부계면 남산리 29
	막암(幕巖)	
나. 비석 및 표석	진동단(鎭洞壇)	
	홍천뢰 장군 추모비(洪天賚將軍 追慕碑), 혼암 홍경승 선생 기적비(混庵 洪慶承先生 紀績碑),	
	효자 홍영섭 비(孝子 洪永爕 碑)	
	고려 문하사인 경재 홍로선생 유촉비(高麗 門下舍人 敬齋 洪魯先生 遺躅碑)	

가. 바위 글씨

1) 양산폭포陽山瀑沛
소재지 : 군위군 부계면 남산리 296번지

이 고을(한밤마을)은 부림홍씨缶林洪氏의 세거지로 1786년(정조 10)에 양산서원이 설립되었다. 고려말의 충신 문하사인門下舍人 경재敬齋 홍로洪魯 선생과 조선조 좌참찬左參贊 겸 양관 대제학大提學을 지낸 문광공文匡公 허백정虛白亭 홍귀달洪貴達 선생, 예조정랑禮曹正郎을 지낸 우암寓庵 홍언충洪彦忠 선생을 배향하였으며, 목재木齋 홍여하洪汝河 선생이

지은『휘찬려사彙纂麗史』목판(경상북도 유형문화재 제251호)을 보관해 왔다. 대원군의 서원철폐령에 따라 훼철되었다가 2015년 서원을 복원하면서 이전 3선생의 위패를 환안하고 목재 홍여하 선생과 돈녕부도정敦寧府都正을 지낸 수헌睡軒 홍택하洪宅夏 선생을 추가 배향하였으며, 『휘찬려사』목판은 2011년 한국국학진흥원에 기탁, 보관하고 있다.

2) 막암幕巖

　부계면 대율리(한밤)에서 팔공산 산허리를 따라 3km 정도 오르면 팔공산의 여러 물줄기가 모여 폭포를 이루고, 반석이 드러나 보이는 곳이 막암이다. 임진왜란 때 유학자 여헌旅軒 장현광張顯光이 이 지방의 의병대장인 송강松岡 홍천뢰洪天賚 장군을 찾아와 이곳 막암에서 위기에 처한 나라 일을 의논하며 어울렸다고 한다. 2006년에 막암계에서 막암 표석을 세워 두었다.

나. 비석 및 표석

1) 진동단鎭洞壇

2) 홍천뢰 장군 추모비洪天賚將軍追慕碑, 혼암 홍경승 선생 기적비混庵洪慶承先生紀績碑

　임진왜란 때 의병을 모아 신령, 영천 등에서 전공을 세움, 1973년 박정희 대통령이 쓴 비문이다.

3) 효자 홍영섭 비孝子洪永燮碑

4) 고려 문하사인 경재 홍로선생 유촉비高麗門下舍人敬齋洪魯先生遺躅碑

6. 칠곡군 지역 팔공산 금석문

  칠곡군 지역의 팔공산 금석문 분포는 주로 가산면 송림사와 심원정, 가산산성 등지에 있다. 다른 골짜기에도 남아 있으리라고 보지만, 여건상 상세하게 파악하지 못하였다. 바위글씨는 가산산성 정상의 가암과 반암, 심원정 내의 귀암, 은폭, 방원 등 11개의 바위에 글씨가 새겨져 있다. 비석 및 표석으로는 기성대사비명箕城大師碑銘, 관찰사 정익하 영세불망비觀察使鄭益河永世不忘碑와 가산산성 내에 7개의 비석이 있다.

【칠곡군 지역의 금석문 현황】

형태	내용	위치
가. 바위글씨	가암(架岩), 반암(盤巖)	가산산성 정상
	심원정 바위글씨	심원정 내
	군자소(君子沼), 운영교(雲影橋)	
	천광교(天光橋), 방원(芳園)	
	성석(醒石), 은폭(隱瀑)	
	동취병(東翠屛), 유제(柳堤)	
	석비(石扉), 기천(杞泉)	
	귀암(龜巖)	
나. 비석 및 표석	기성대사비명(箕城大師碑銘)	칠곡군 동명면 구덕리 91-6 송림사
	관찰사 정익하 영세불망비(觀察使 鄭益河 永世不忘碑)	심원정 내
	심원정 내용미상 비석	심원정 내
	관찰사 이세재 풍공지엄 영세불망비(觀察使 李世載 豊功至嚴 永世不忘碑)	가산산성 내
	관찰사 김노응 영세불망대(觀察使 金魯應 永世不忘臺)	가산산성 내
	관찰사 남상국 유혜비(觀察使 南相國 遺惠碑)	가산산성 내
	순찰사 김연 몰세난망비(巡察使 金演 沒世難忘碑)	가산산성 내
	영기관 김성림 영세불망비(營紀官 金聖林 永世不忘碑)	가산산성 내
	별장 서0도 유혜불망비(別將 徐0道 遺惠不忘碑)	가산산성 내
	전별장 서신갑 진심국사비(前別將 徐信甲 盡心國事碑)	가산산성 내

가. 바위 글씨

1) 가암架岩, 반암盤巖

2) 심원정心遠亭 바위 글씨

　심원정을 건립한 주인은 창녕인 기헌寄軒 조병선曹秉善(1873~1956)
이다. 송림사 바로 앞에 자리한 이곳은 주변경관이 수려하다. 계곡 앞
너럭바위에 새긴 많은 글씨들이 있다.

㉠ 군자소君子沼 - 군자의 연못

㉡ 운영교雲影橋 - 구름 그림자 다리

㉢ 천광교天光橋 - 하늘빛 다리

㉣ 방원芳園 - 꽃동산

ⓜ 성석醒石 - 각성하는 바위

ⓑ 은폭隱瀑 - 숨은 폭포

ⓧ 동취병東翠屛 - 동쪽의 푸른 병풍(대나무숲)

◎ 유제柳堤 - 버들 제방

ⓩ 석비石扉 - 돌 사립문

ⓒ 기천杞泉 - 구기자 샘

ⓚ 귀암龜巖 - 거북바위

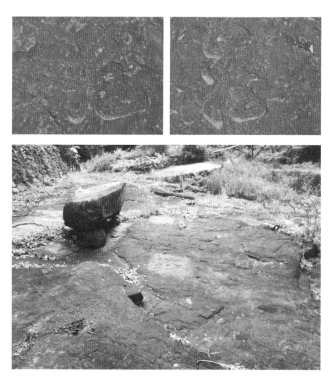

나. 비석 및 표석

1) 기성대사비箕城大師碑

소재지 : 칠곡군 동명면 구덕리 91-6

2) 관찰사겸순찰사 상국 정익하 영세불망비觀察使兼巡察使相國鄭益河永世不忘碑

3) 심원정 비석 - 내용 미상

4) 관찰사 이세재 풍공지엄 영세불망비 觀察使李世載豐功至嚴永世不忘碑

5) 관찰사 김노응 영세불망대觀察使金魯應永世不忘臺

6) 관찰사 남상국 유혜비觀察使南相國遺惠碑

7) 순찰사 김연 몰세난망비巡察使金演沒世難忘碑

8) 영기관 김성림 영세불망비營紀官金聖林永世不忘碑

9) 별장 서0도 유혜불망비別將徐0道遺惠不忘碑

10) 전별장 서신갑 진심국사비前別將徐信甲盡心國事碑

7. 마무리하며

수려한 팔공산에 산재한 바위글씨나 비석, 표석을 답사 조사하면서 곳곳에 불교문화와 유교문화가 남긴 유적들을 살펴볼 수 있는 계기가 되었다. 이번의 현황조사는 필자 개인의 답사로 파악된 것이기 때문에 아직 답사하지 못한 곳의 금석문은 대상에서 누락되거나, 내용의 설명이 다소 부족한 부분이 있다. 이 점은 향후 지속적으로 파악하고 체계적으로 연구하여 사진첩으로 남기거나, 금석문 설명 자료집을 간행할 필요가 있다고 본다.

팔공산의 금석문 가운데 몇 가지 주목할 것은 다음과 같다.

동화사와 은해사는 대한불교조계종 교구본사이다. 팔공산에 교구본사가 2곳이 있고, 이외에 수많은 사찰이 산재해 있는 것은 그만큼 불교문화가 융성하고 팔공산의 산세가 웅장하다는 의미이다. 수많은 사찰과 주변에 마애불을 비롯한 각석이나 비석들이 다양하게 남아 있음을 파악할 수 있었다.

수태골의 수릉봉산계와 대구광역시 팔공산공원관리사무소 마당에 있는 '수릉향탄금계綏陵香炭禁界'는 조선 왕실에서 필요한 목재를 조달하기 위해 수목을 관리하며 일반인들의 벌목을 금지한 표석이며, 파계재 부근의 '원당봉산願堂封山' 표석도 파계사의 영역을 표시한 경계석으로 일반적인 다른 산에서 찾아보기 드문 금석문이므로 잘 보존할 필요가 있다.

팔공산에는 태실이 2곳이 있는데, 은해사 백흥암 뒷산에 있는 인종대왕 태실과 대구광역시 북구 연경동 태봉에 있는 광해군 태실이다. 인종대왕 태실은 복원이 되었지만 광해군 태실은 완전히 도굴되어 파괴되고 비석마저 깨어져 황폐하기 그지없다. 다른 곳의 태실 보존에 비하면 몹시 안타까운 현장이다. 그간 오래도록 방치되었다가 현재 발굴 조사가 진행되는 것으로 알고 있다.

　서문에서 언급했듯이 팔공산의 마애불과 각 사찰의 현판, 주련들도 포함하여 정리할 필요가 있고, 팔공산 자락에 형성된 각 문중의 재실이나 누각에 걸린 편액, 주련, 기문, 시판詩板도 집대성하여 책으로 간행되어야 한다고 본다. 이러한 일련의 작업은 팔공산문화포럼을 비롯한 여러 유관 기관에서 공동 기획하여 실천할 때 가시적인 효과가 있으며, 팔공산의 인문 문화가 더욱 빛나고 풍성해 질 것이다.

잊혀져 가는 팔공산의 문화자원

황선식
(국립공원연구원)
김환대
(포항일월향문화진흥원)

1. 머리말

팔공산은 대구광역시를 비롯해 경상북도 경산시 · 영천시 · 칠곡군 · 군위군에 걸쳐있으며 고대부터 근현대까지 다양한 문화가 집약된 곳이라고 할 수 있다. 『삼국사기三國史記』 권32 금사조祭祀條에 의하면, 팔공산은 신라시대 오악五岳의 하나로 국가에서 중사中祀로서 제사를 지내던 곳이기도 하다. 또한 팔공산과 관련된 연구는 역사학[1] 뿐만 아니라 다양한 분야[2]에서도 연구되어 왔다.

팔공산은 오랜 세월 지표의 풍화와 침식으로 형성된 비로봉 · 서봉 · 염불봉 · 파계봉 · 노적봉 등 수려한 자연경관과 삼국시대 이후로 동화사 · 부인사 · 파계사 · 북지장사 · 은해사 등 많은 사찰관련 유적

---

[1] 김춘실, 2013, 「팔공산 관봉 석조여래좌상의 양식특징과 조성배경」, 불교미술사학 제 15집.
　　조경철 · 정동락, 2013, 「삼국유사」 「진표전간」의 진표행적에 대한 비판적 검토」, 신라문화연구소 제 34집.

[2] 전영권, 2012, 「대구 팔공산의 가치와 활용방안」, 한국지형학회지 ; 성동환, 2001, 「公山 桐華寺의 風水 및 伽藍配置의 特徵」, 한국지역지리학회지 제7권 ; 송종석외, 1999, 「대구,구미,김천시 지역의 팔공산, 금완, 황악산에 분포하는 참나무류 삼림의 식물사회학적 연구」, 한국환경생태학회지 13.

과 유물들이 많이 남아있다. 이런 자연환경과 문화는 예로부터 이곳을 지나는 시인, 묵객들에 의해 수많은 이야기들로 전해오고 있다.

팔공산의 명칭 유래에 대하여는 여덟 고을에 경계한 공공公共의 산이라는 뜻으로 팔공산이라 한다는 설과 통일신라 말 고려 태조가 공산公山 동수桐藪에서 견훤을 만나 포위당하였을 때, 태조를 대신하여 신숭겸·김락 등 여덟 명의 장수가 전사하였다는 데서 팔공산이라 한다는 설, 또 다른 하나는 원효대사의 제자 8인이 공산에 들어와 세 명은 삼성암에서, 다섯 명은 오도암에서 득도하여 8성인이 나온 산이라 하여 팔공산이라 했다는 설 등이 전해지고 있다.

이처럼 이 지역 일대의 문화는 팔공산을 중심으로 전개되었고, 그 대표적 사찰로 동화사桐華寺·부인사符仁寺·파계사把溪寺·은해사銀海寺 등이 있다. 이 사찰들 주변에는 통일신라시대 이래의 불교건축·불상·불화회화·불교공예품 등 다양하고 수준 높은 유적과 유물들이 많아 경북지역 뿐만 아니라 한국의 불교문화를 이해하는데 매우 중요한 곳이라 할 수 있다.

필자는 2014년 팔공산 도립공원 자연자원조사 중 문화분야에 대한 연구를 시행한 바 있다. 이를 바탕으로 본고에서는 팔공산 주변(대구시·경산시·영천시·군위군·칠곡군) 지역에 소재하고 있는 사찰 문화자원 가운데 알려져 있지 않았던 비지정 문화자원의 내용과 중요성을 언급하고자 한다.[3] 또한 이 정리를 통하여 향후 보존·관리 방향(안)에 대한 생각을 제시하고자 한다.

---

3) 2014 팔공산도립공원 자연자원조사(문화분야)시 확인된 비지정문화자원 중 보호·보존이 시급한 자원에 해당.

2. 팔공산 지역 사찰관련 주요 비지정문화자원 현황

가. 주요 비지정문화자원 현황

2014년 조사된 팔공산 주변(대구시 · 경산시 · 영천시 · 군위군 · 칠곡군) 지역의 비지정 문화자원은 고고 · 역사 · 민속 등 75건으로 현황을 정리해 보면 다음 표와 같다.

【표 1-1. 팔공산 지역 비지정 문화자원 현황[4]】

연번	자 원 명	지정현황 (지정번호)	시대	위 치	비고
1	선본사 석조 종형부도 및 절터(寺址)	비지정	조선	공원 내	신규
2	선본사 석등부재	비지정	미상	공원 내	신규
3	선본사 불상대좌와 석등부재	비지정	통일신라	공원 내	신규
4	선본사 극락전 목조아미타여래좌상	비지정	조선	공원 내	신규
5	선본사 산신각	비지정	근현대	공원 내	신규
6	선종루 종각	비지정	근현대	공원 내	신규
7	법련사 석조부도	비지정	조선	공원 내	신규
8	법련사 극락전 아미타여래좌상	비지정	조선	공원 내	신규
9	은해사 진불암 후불탱	비지정	조선	공원 내	신규
10	은해사 진불암 석불	비지정	미상	공원 내	신규
11	은해사 진불암 부도	비지정	조선	공원 내	신규
12	은해사 중암암 부도	비지정	조선	공원 내	신규
13	귀천서원	비지정	통일신라	공원 내	신규
14	왕산리 미륵불	비지정	근현대	공원 내	신규
15	부귀사 부도	비지정	미상	공원 내	신규
16	부귀사 석탑부재	비지정	근현대	공원 내	신규

4) 경상북도,『팔공산도립공원 자연자원조사 보고서(문화자원편)』 2014, 558~560쪽 참조.

17	부귀사 극락전 석조삼존불	비지정	근현대	공원 내	신규
18	신원리 절터(寺址)	비지정	통일신라	공원 내	신규
19	부계서당	비지정	근현대	공원 내	신규
20	춘산리 석조 광배편	비지정	미상	공원 내	신규
21	양산서원	비지정	근현대	공원 내	신규
22	척서정	비지정	근현대	공원 내	신규
23	홍영섭 효자비	비지정	근현대	공원 내	신규
24	홍천뢰장군 추모비	비지정	현대	공원 내	신규
25	대율리 석탑 기단부재	비지정	통일신라	공원 내	신규
26	동제유적	비지정	미정	공원 내	신규
27	부림홍씨 종택	비지정	조선	공원 내	신규
28	군위군 오도암 절터(寺址)	비지정	통일신라	공원 내	신규
29	대둔사	비지정	현대	공원 내	신규
30	대둔사 부도	비지정	조선	공원 내	신규
31	금곡사	비지정	근현대	공원 내	신규
32	금곡사 불좌상	비지정	조선	공원 내	신규
33	송림사 기성대사비	비지정	조선	공원 내	신규
34	송림사 부도군	비지정	미상	공원 내	신규
35	한티 순교성지	비지정	근현대	공원 내	신규
36	천주사 절터(寺址)	비지정	조선	공원 내	신규
37	보국사 절터(寺址)	비지정	조선	공원 내	신규
38	백안동 절터(寺址)	비지정	조선	공원 내	신규
39	신무동 절터(寺址)1	비지정	미상	공원 내	신규
40	신무동 절터(寺址)2	비지정	조선	공원 내	신규
41	신무동 절터(寺址)3	비지정	조선	공원 내	신규
42	신무동 절터(寺址)4	비지정	조선	공원 내	신규
43	용수동 절터(寺址)1	비지정	조선	공원 내	신규
44	용수동 절터(寺址)2	비지정	조선	공원 내	신규
45	용수동 마애불두	비지정	미상	공원 내	신규
46	용수동 와요지	비지정	통일신라	공원 내	신규

47	부인사 당간지주	비지정	통일신라	공원 내	신규
48	부인사 배례석	비지정	통일신라	공원 내	신규
49	동화사 인악당 의첨대사비	비지정	조선	공원 내	신규
50	팔공산 동화사 사적비	비지정	근현대	공원 내	신규
51	동화사 양진암	비지정	현대	공원내	신규
52	동화사 내원암	비지정	현대	공원 내	신규
53	동화사 약수암	비지정	현대	공원 내	신규
54	동화사 영산전 삼층석탑	비지정	고려	공원내	신규
55	파계사 선종 현웅당대사비	비지정	조선	공원 내	신규
56	파계사 석조 부도	비지정	조선	공원 내	신규
57	파계사 하마비	비지정	조선	공원 내	신규
58	파계사 사적비	비지정	근현대	공원 내	신규
59	파계사 성전암	비지정	근현대	공원 내	신규
60	삼성암지	비지정	통일신라	공원내	신규
61	북지장사 지장사유공인영세불망비	비지정	조선	공원내	신규
62	이붓골 당제	비지정	조선	공원인접	신규
63	가실마을 당제	비지정	조선	공원인접	신규
64	양지마을 당제	비지정	조선	공원인접	신규
65	현창마을 당제	비지정	조선	공원인접	신규
66	솔매기마을 당제	비지정	조선	공원인접	신규
67	음양1리 마을 당제	비지정	조선	공원인접	신규
68	법성마을 당제	비지정	조선	공원인접	신규
69	치산2리 마을 당제	비지정	조선	공원인접	신규
70	완전1리 마을 동제	비지정	조선	공원인접	신규
71	갓바위 신앙처(장군바위)	비지정	조선	공원 내	신규
72	갓바위 신앙처(명마산 용왕당)	비지정	조선	공원 내	신규
73	능성동 내릿골 당산	비지정	조선	공원 내	신규
74	동화사 부도암 기자석	비지정	조선	공원 내	신규
75	기생바위와 천왕나무	비지정	조선	공원 내	신규

위의 내용을 보면, 75건의 비지정문화자원 가운데 불교 관련 유적들이 49건으로 가장 많다. 그것은 오래전부터 팔공산을 중심으로 매우 다양한 불교문화(불교건축·불상·불교미술 등)가 동화사, 부인사, 파계사 등을 중심으로 자리잡고 있었기 때문으로 생각된다. 이 49건 중에서 현재 보호·보존이 시급한 사찰관련 비지정문화 자원은 다음과 같다.

【표 1-2. 팔공산 지역 주요 비지정 문화자원 현황】

연번	문화자원	위 치	시대	비고
1	신무동 절터(寺址)3	대구광역시	조선	
2	용수동 절터(寺址)1	대구광역시	조선	
3	용수동 절터(寺址)2	대구광역시	조선	
4	부인사 당간지주	대구광역시	통일신라	
5	선본사 석조 종형부도 및 절터(寺址)	경북 경산시	조선	
6	선본사 극락전 목조아미타여래좌상	경북 경산시	조선	
7	은해사 진불암 석불	경북 영천시	조선	
8	은해사 진불암 부도	경북 영천시	조선	
9	은해사 중암암 부도	경북 영천시	조선	
10	부귀사 부도	경북 영천시	조선	
11	부귀사 석탑부재 및 배례석	경북 영천시	미상	
12	신원리 절터(寺址)	경북 영천시	통일신라	
13	귀천서원	경북 영천시	조선	서원
14	대둔사 부도	경북 칠곡군	조선	
15	춘산리 석조광배편	경북 군위군	미상	

3. 주요 내용

가. 대구광역시

1) 신무동新武洞 절터(寺址)

절터 전경

노출된 석탑재 모습

이 절터는 팔공산 수태골 등산로를 따라 해발 600~700m 정도 올라가면 등산객들을 위한 쉼터가 있는데, 그 일대에 해당한다. 현재 등산로와 계곡 사이에 3단의 평탄지로 형성되어 있으며, 석축이 잘 남아있다. 평탄면 주변에서 옥개석 또는 기단 받침석으로 추정되는 탑재 1기와 다양한 무늬의 기와편, 소량의 질그릇편 등이 확인되었다. 전체적으로 조사지역의 범위와 규모, 출토유물 등을 고려한 바, 고려시대~조선시대까지 큰 사찰이 운영이 되었을 것으로 추정된다. 그러나 현재 등산로와 쉼터로 사용되고 있어 인위적 지형 변경, 훼손 등에 대한 우려가 높다.

2) 용수동龍水洞 절터(寺址)

절터 전경

석등재(받침석)

이 절터는 팔공산 비로봉의 남쪽 계곡 하단부에 위치하고 있으며, 유적의 범위는 팔공산 자연공원사무소 동화사지구 캠프장 민묘 주변의 나지막한 구릉 일대에 해당한다. 이 절터에서 동쪽 약 600m 정도 떨어진 곳에 동화사가 있고, 서쪽 약 2km 정도 떨어진 곳에 부인사가 위치해 있다. 절터 주변에는 계단식으로 평탄지가 조성되어 있고, 동쪽으로 계곡물이 흐르며, 절터와 계곡사이에는 등산로가 조성되어 있다.

현재 절터주변에는 축대 3곳, 석탑부재, 석등재, 건물터와 주초석, 계단으로 활용되었던 장대석, 기와편 등이 흩어져 있다. 특히 석탑재는 1층 옥개석이 반쪽씩 절단된 상태로 남아있다. 또한 석등 기단석(받침석)은 민묘 바로 옆에 놓여져 있는 상태다.

전체적인 상황을 종합하면, 평탄지에 2~3기의 건물터 흔적이 있고 잔존 유물들의 상태, 문양 등으로 보아 고려~조선시대에 사찰이 존재했던 것으로 추정된다. 현재 유적 위치가 많은 사람들에게 노출된 곳이므로 훼손이나 도난의 우려가 매우 크므로 관련 기관의 조속한 대책이 필요하다.

3) 용수동龍水洞 절터(寺址)

이 절터는 팔공산 자연공원 주변 관광온천호텔 뒷산 기슭에 위치한다. 이곳에서 2단의 평탄지와 축대(폭10~30m/ 높이2m), 건물 주초석, 출토유물(기와편과 질그릇편) 등이 조사되었다. 또한 아래 평탄지에도 동에서 서로 석축을 반듯하게 쌓았으며, 4단 정도 석축이 남아있고 잔존 상태는 양호한 것으로 판단된다. 전체적으로 고려~조선시대에 사찰이 존재했다가 폐사된 것으로 추정된다. 그러나 현재 유적지내에 일부 탐방객에 의한 불법 야영 시설물들이 있어 훼손의 우려가 매우 크므로 관련 기관의 시급한 대책이 필요하다.

4) 부인사 당간지주幢竿支柱

부인사 당간지주 근경   부인사 당간지주

이 사찰은 창건연대와 관련된 기록은 전하지 않지만, 예로부터 선덕묘善德廟라는 사당과 관련하여 신라 선덕여왕 때 창건된 사찰로 추정되고 있다. 이곳은 고려 초조대장경初彫大藏經의 판각처로 알려져 있는 곳이기도 하다. 고려 현종顯宗 4년(1013)경부터 판각되기 시작해 문

종 때까지 도감都監을 설치하고 숙종肅宗 4년(1099)에 완성되어 부인사에 봉안되었다. 그러나 고종高宗 19년(1232) 몽고의 침입 때 대부분 불타 없어지고, 현재 일본 경도京都의 남례사南禮寺에 1,715판이 전해지고 있다. 부인사는 전성기에 약 2,000명의 승려가 수도하였다고 하며, 39개의 부속 암자를 관장하였고, 전국에서 유일하게 승시장僧市場[5]이 서기도 하였다. 그 후, 몽고의 침입 이후 중건되었다가 임진왜란 때 다시 소실되었다는 사실 외에는 중창 및 중수의 역사가 전래되지 않고 있다. 현재의 건물은 원래의 위치에서 서북쪽으로 약 400m에 위치한 암자 터에다 1930년대 초에 승려 허상득許相得이 중창한 것이다.

부인사 당간지주는 팔공산 순환도로에서 북서쪽으로 약 100m, 부인사에서 남쪽으로 150m정도 거리에 있다. 상태를 보면, 지주는 부러져서 없으며 지부의 하부와 지대석의 부재만 남아있다. 현재 개인 사유지내(포도밭)에 있어 훼손 및 멸실 위험이 높다. 규모는 간주 좌석 평면이 67㎝×90㎝이고, 높이는 40㎝로 주좌柱坐 아래에 큰 돌을 끼워 넣은 듯 보이며, 양 지주석은 단면이 45㎝×90㎝의 장방형이고 높이는 1m 가량 남았다. 지주석 외 측면 중앙에 돌각종선突刻縱線이 한줄 새겨져 있으며 남아있는 석재로 보아 큰 규모의 당간지주였던 것으로 추정된다.

---

5) 승시(僧市): 고려~조선시대 사찰에서 행해졌던 사찰 또는 승려들의 산중 장터로 중장衆場(혹은 僧場, 中場)이라고도 함. 승려들의 필요한 물건이나 사찰에서 생산하는 물품들을 유통시키는 장을 의미함.

나. 경북 경산시

1) 선본사禪本寺 석조 종형부도鐘形浮屠 및 절터

선본사 석조 종형부도   부도 조사 모습

경북 경산시 와촌면 대한리 선본사 계곡 북서쪽으로 약 500m 정도 떨어진 평탄지에 위치한다. 이곳은 오래전부터 절터로 활용 되었으며, 관련된 건물 축대와 조선시대 기와편과 질그릇편, 백자편들이 주변에 흩어져 있다. 부도를 살펴보면, 하대, 상대석 기단부 위에 타원형의 탑신과 팔각의 지붕을 갖춘 형태이다. 하대석(가장 아래 밑받침돌)은 네모난 대석 위에 연잎무늬가 장식되어 있고, 그 위로 팔각의 2단 괴임을 두어 상대석을 받치고 있다. 종 모양(타원형) 탑신 표면에는 아무런 문양이나 당호堂號(승려의 이름)를 새기지 않았다. 옥개석屋蓋石(탑에서 탑 몸체 위에 지붕 모양으로 덮는 돌)은 팔각으로 처리하였는데 각 면마다 굵은 우동隅棟(탑 옥개석의 귀마루 부분)을 표시하였다. 상륜相輪(탑 꼭대기에 있는 원기둥 모양의 장식 부분)은 네모 형태의 상륜 받침이 있고 연꽃 봉우리 형태의 보주寶珠(탑이나 석등의 맨 꼭대기에 있는 구슬 모양의 부분)로 마감하였다.

현재 이 부도의 주인공은 알 수 없으나 1641년 선본사가 중창되었을 때 중창주인 수총대사의 탑일 가능성도 있으며,[6] 1996년 이후에 도괴된 것으로 보이나 현재는 복원되어 있다.

전체적으로 보존 상태는 양호한 편이며, 주변에 절터와 관련된 축대, 주초석, 기와편 등이 많이 남아있고, 부도 양식이나 표현 기법 등으로 보아 조선 후기에 조성된 것으로 추정된다

2) 선본사 극락전極樂殿 목조아미타여래좌상木造阿彌陀如來坐像

이 불상은 극락전 본존불로 안치되어 있는데 그동안 문화재적 가치가 알려져 있지 않았다. 2013년 선본사에서 (재)불교문화재연구소에 학술연구를 의뢰하여 면밀한 조사[7]가 이루어지면서 밝혀졌다. 보고서에 따르면, 17세기 중엽에 조각승 청허가 조성했다는 새로운 사실이 알려졌다. 결가부좌結跏趺坐(좌선)한 이 불상은 시무외인施無畏印[8]이 변형된 손모양을 하고 있는데, 오른손은 무릎 위에 닿을 듯 낮게 두었고 손바닥은 밖을 향하여 하여 손가락을 위로 들어 올린 모양이다. 두상頭狀이 강조되고 하반신이 다소 낮은 신체 비례를 보이고 있으며, 머리는 육계肉髻(부처의 머리에 혹처럼 솟아있는 부분)의 구분이 없는 둥근 형태로 나발螺髮(부처의 머리칼 모양이 꼬불꼬불한 나선형으로 말린 것)이 촘촘하게 붙어 있다. 오똑한 코와 좁은 인

---

6) 선본사, 2013,『八公山禪本寺』, 재단법인 불교문화재연구소, 167쪽.
7) 선본사, 2013, 같은글 참조.
8) 施無畏印 : 불교에서 여래나 보살의 수인手印(손모양) 중 하나.

중, 은근한 미소를 머금은 표정 등이 잘 표현되어 있다. 또한 엑스레이 촬영 결과 불상의 복장腹藏(배 부분)에서『묘법연화경』3권과 후령통[9] 등이 발견되었다. 불상의 전체적인 형태 조성양식 등으로 보아 1640년대 조각된 것으로 추정된다.

다. 경북 영천시

1) 은해사 진불암眞佛庵 석불石佛

진불암 석불

진불암 석불조사 모습

진불암 2기의 부도 위쪽 약 5m에 위치하며, 화강암 면석面石에 불상이 양각되어 있다. 2개의 각진 큰 바위가 돌출되면서 생긴 바위 아래 틈 사이에 불상이 새겨진 판석을 세워서 봉안하였다. 높이는 70cm 정도이며, 전체적인 선의 윤곽이 뚜렷하지 않으며, 코와 입부분만 희미하게 보이고 있다. 아래쪽으로 희미하게 앉아 있는 무릎이 나타나 있

---

9) 불상이나 불화 등을 처음 만들 때 함께 넣는 금, 은, 칠보 등과 오곡五穀, 오향五香, 오약五藥을 복장腹藏이라하며, 이 복장을 넣는 통筒을 후령통이라고 한다. 형태는 대개 원통형이고 크기는 대략 10~15cm정도며, 재질은 대부분 금속재료(철, 구리)를 사용하지만, 간혹 도자기로 만들기도 한다. 뚜껑과 본체를 별개로 만들며, 뚜껑에는 대롱을 끼워 공기가 통하도록 한다. 본체 겉면에는 범어梵語(산스크리트) 문자를 써 넣고, 내부에는 오색천으로 빈 공간을 채운다. 복장을 넣을 때는 보자기로 감싸서 주머니에 넣어 통안에 보관한다. 이 때 보자기를 황포소자라고 한다.

어 좌불임을 추정 할 수 있다. 상당히 높은 부조로 양감은 좋지만, 윤곽선이 제대로 확인되지 않는다. 육계가 두툼하고 크게 표현되었고, 대의는 통견인 듯한데, 명확한 옷 주름은 살피기 어렵고 상호에 두툼하고 큰 육계를 하고 있다. 조각된 수법으로 보아서는 조선후기 작품으로 추정되나 마모가 심하여 불분명하다.

주변 상황을 고려해 볼 때, 이 불상은 부근 어느 사찰의 석탑부재(하대 면석, 탑의 일부)로 추정되며, 누군가에 의해 오래전부터 봉안된 것으로 추정된다.

2) 은해사 진불암 부도浮屠

진불암 부도 전경　　　　　　　　　진불암 부도 조사 모습

진불암 올라가는 등산로에는 3기의 부도가 위치하고 있다. 그중 처음 부도는 수도사에서 공산폭포를 지나 약 2㎞ 올라가면 진불암 도착 전 우측 비탈면에 위치한다. 부도와 관련된 기록이나 문자가 없어 전반적인 부분은 알 수 없으나, 주변 사찰인 수도사, 은해사 등과 관련 있을 것으로 추정된다. 이 부도는 조선후기 종형鐘形부도로 높이 약 2m

정도로 크고 긴 종 모양을 하고 있으며, 기단석에는 연꽃 무늬가 새겨져 있다. 나머지 2기의 부도는 첫 번째 부도에서 진불암 방향으로 500여m 진불암 방향으로 올라가면 길가 우측에 나란히 있다. 이 부도 2기는 종형으로 방형의 지대석에 종형의 탑신을 올린 뒤 상부에는 보주寶珠(탑이나 석등의 맨 꼭대기에 있는 구슬 모양의 부분)로 장식하였다. 좌측의 부도에는 '백암당탑白岩堂塔'[10]이 음각되어 있고 우측의 부도는 '백화당헌익대사지탑白花堂憲益大師之塔'이 라고 음각되어 있다. 특이하게도 좌우 측면으로 2자씩 범어梵語(고대 인도어)가 선명하게 새겨져 있는데 정확한 의미는 알 수 없다. 또한 부도 앞쪽에는 범어가 새겨진 용도 미상의 석재편이 남아있다.

3) 은해사 중암암中巖庵 부도

중암암 부도 전경   중암암 부도 근경

중암암 입구 산 기슭에 종형 부도가 있다. 높이는 130㎝ 이고 방형 지대석 위에 여덟 개의 연꽃잎 판과 앙련仰蓮(연꽃이 위로 향한 모양

---

10) 오른쪽 부도에는 '포암당包巖堂'이라는 명문, 왼쪽 부도에는 '백화당 정익 대사白花堂 定益 大師'라는 명문이 각각 새겨져 있다.

의 무늬)이 새겨진 대좌臺座에 종형의 탑신을 올리고 상부에는 연꽃 봉우리를 올려 장식하였다. 특이한 것은 상부 연꽃 봉우리 장식이 유달리 크고 높게 조각되어 있는 점이며, 전체적인 조각 수법으로 보아 조선시대 후기에 조성된 것으로 추정된다. 또한 부도에 아무런 명문이 없고 근처에 탑비도 발견되지 않아 누구의 승탑인지 주인공을 알 수는 없으나 다른 연구에 의하면, 19세기 중암암을 중수하였던 태여太如 스님을 주인공으로 비정하기도 한다.[11] 진입로 입구에 작은 이정표나 부도와 관련된 안내문을 설치, 보존이 필요하다.

4) 부귀사富貴寺 부도

부귀사 부도

부귀사 부도 조사 모습

부귀사는 영천시 신녕면 왕산리 골짜기 안쪽에 위치하고 있다. 부귀사라는 이름은 산부수귀山富水貴, 산 좋고 귀한 물이 있다는 뜻이라고 하며, 591년 신라 진평왕 때 창건하였다고 알려져 있다. 그 후, 1873년(고종 10)에 담운曇雲이 중창한 후 1882년에 현재의 자리로 이건하였

---

11) 사찰문화연구원, 2006,『은해사銀海寺』, 242쪽.

다. 건물로는 극락전, 보화루, 신검당, 산신각과 요사채 등이 있다.

부귀사 바로 전 길 우측에 4기의 조선시대 종형 부도가 위치하고 있다. 그중 1기는 윗부분에 옥개석 형태의 받침이 얹혀져 있으며, 그중 가운데 있는 부도와 맨 오른쪽 부도에 각각 '삼산당두숙대사三山堂斗淑大師', '비구니관불比丘尼觀佛'이라는 명문이 새겨져 있다. 맨 오른쪽 부도와 왼쪽 두번째 부도는 최근에 세워졌다.

5) 부귀사 석탑부재石塔部材 및 배례석

석탑부재 및 배례석

보화루를 거쳐 절 안으로 들어서면 극락전 앞에 3층 석탑으로 추정되는 탑재가 있으며, 윗면에 연꽃 무늬가 측면에는 안상眼象이 조각된 배례석拜禮石[12]이 있다. 석탑재는 기단부와 1층 몸돌과 1층 지붕돌만 있으나 조각수법으로 보아 고려시대에 제작된 것으로 추정된다. 이 탑

---

12) 불교의 행사에 사용되던 넓은 형태의 판석으로 예불(불을 켜거나 향을 피우고)이나 음식을 차려 놓는 판돌로 그 앞에서 자리를 펴고 배례한 것이다.『불국사고금창기佛國寺古今創記』에 따르면 '불국사 석등 앞에 있는 배례석은 본래 향로를 올려놓는 봉로대奉爐臺' 라고 기록되어 있다.

재들은 주변에 흩어져 있던 각각의 석탑부재들을 어느 시기에 극락전 앞에 모아놓은 것으로 볼 수 있다. 한편 현재 부귀사 주변에는 2~3곳의 축대와 건물터 흔적, 다수의 기와편들이 남아있어 관계기관의 추후 연구가 필요하다고 판단되며, 극락전의 불상과 부도 등은 문화재적 가치가 있는 것으로 도난 등에 각별한 주의가 요구된다.

6) 신원리 절터

신원리 절터 전경   신원리 절터 조사 모습

영천시 청통면 신원리 580번지 과수원 일원. 과수원 옆 샛길을 따라 우측으로 500미터 올라가면 몇 기의 민묘들이 있고, 좀 더 지나면 넓은 평탄지를 지나면 무너진 절터 축대가 보인다. 이 절터 축대 입구를 지나면 옥개석屋蓋石(탑에서 탑 몸체 위에 지붕 모양으로 덮는 돌), 갑석甲石(돌 위에 다시 포개어 얹는 납작한 돌) 등 많은 석탑 부재들이 넓게 흩어져 있다. 현재 남아있는 하대갑석1, 하대갑석2, 하대 면석, 옥개석, 옥신석 등의 유물 양식으로 보아 통일신라 후기(9세기)에 해당하는 것으로 보인다. 전체적으로 돌 다듬는 수법과 화려한 조각기법

등으로 보아 통일신라시대의 뛰어난 석공예술로 제작된 것을 알 수 있으며, 발견된 탑재들을 수습하면 3층 석탑 2기 정도가 존재했던 것으로 파악된다. 또한 현재 남아있는 사찰규모와 출토 유물들로 유추하건데, 당시 청통면 지역에 큰 영향력을 가지고 있었던 큰 사찰로 추정할 수 있다. 한편 이 절터가 현재 사유지 내에 있고 근처에 다중이용시설 및 계곡을 이용하는 등산객들의 왕래가 있어 유적지의 훼손이나 멸실, 도난 우려가 높다. 유관기관의 보존과 대책이 매우 시급한 것으로 판단된다.

7) 귀천서원龜川書院

이 서원은 사찰과 관련된 유적은 아니지만, 비지정 문화자원중 보전이 시급한 부분이라 소개하고자 한다.

귀천서원은 임진왜란 때 의병장 권응수權應銖[13]장군을 배향한 서원으로 1676년 건립되었다가 서원 철폐령으로 훼철된 후, 1923년 다시 조성되었다.

서원 배치를 살펴보면, 전면에 강당이 있고 뒤편에 사당이 배치되어 있는 전학후묘前學後廟의 형태를 하고 있다. 현재 강당 우측 전면에는 신도비각神道碑閣이 자리 잡고 있으며, 하마비下馬碑[14]가 세워져 있다.

---

13) 조선 전기 경상북도 영천 지역 출신의 무인으로, 자는 중평仲平, 호는 백운재白雲齋. 1546년(명종 1) 11월 화산면 가상리에서 태어났다. 1584년(선조 17) 별시 무과武科에 급제, 임진왜란이 일어나자 고향에 돌아가 의병을 모집하여 궐기하였다. 영천성 수복 등의 전공으로 1604년(선조 37) 선무공신宣武功臣 2등으로 책록되어 효충장의협력선무공신效忠仗義協力宣武功臣이라 하고 화산군에 봉해졌다. 영천시 신녕면 치산리에 귀천서원龜川書院과 어사영각御賜影閣이 있으며, 유물은 국립진주박물관에 소장, 전시되어있다.
14) 하마비下馬碑는 일종의 교통표지로서. 효시는 1413년태종 13 종묘와 궐문 앞에 세운 표목標木으로 알려져 있다. 지금도 서울의 덕수궁 정문을 들어서면 하마비를 볼 수 있는데 여기에는 '모두

153

귀천서원 전경   신도비각

사당인 경충사景忠祠는 정면 3칸, 측면 1칸의 겹처마 맞배지붕 건물로 주위에는 담장을 둘렀다. 강당은 정면 4칸, 측면 2칸의 겹처마 팔작지붕이다. 그러나 현재 신도비각, 경충사 등 전반적으로 보존 상태가 심각하여 보수가 시급하다. 안내문 등 유관기관 및 지역내에서의 지속적인 관심이 필요하다.

라. 칠곡군

1) 대둔사大芚寺 부도

대둔사로 올라가는 입구 길가에는 사각형의 대좌석 위에 작은 석종형 부도가 1기가 있다. 사각 형태의 덮개돌 안쪽에서 '白月堂○○○○○○○'이라는 명문이 조사시 확인되었다. 주지스님에 의하면, 이 부도는 원래 2개였으나 큰 홍수가 발생했을 때, 모두 떠내려가고 사방에 흩어져 있던 것을 모아놓은 것이라고 하며, 불상 재료는 경주 남산에

말에서 내리시오大小人貝皆下馬'라는 글씨가 새겨져 있다. 이와 비슷한 유물로 속리산국립공원 내 법주사 등산로 입구의 하마비, 송시열 유적지(괴산군 청천면 화양리) 입구에 하마소下馬所가 남아있다. 흔히 고위직들의 관직 이동시기에 떠도는 풍설을 뜻하는 하마평下馬評의 유래가 여기에서 나왔다.

| 대둔사 부도 전경 | 대둔사 부도 조사 모습 |

서 가져온 석재로 제작한 것이라고 한다. 당시 긴급한 상황에서 부도를 수습해 안치하여 누구의 부도인지는 알 수 없으나, 부도 형태 중에서도 특이한 모습을 하고 있는 조선 후기의 부도로 추정된다.

한편 부도의 덮개돌 안쪽에 명문이 새겨진 예는 드문 것으로 향후, 대둔사와 금곡사 불상에 대한 연구와 함께 다루어져야 할 것으로 생각된다.[15] 탑신의 크기는 높이 100cm, 직경이 65cm이고, 옥개석은 너비 73cm, 높이 40cm 정도이다.

마. 군위군

1) 춘산리 석조 광배편光背片

부계서당 오른쪽으로 난 오솔길 옆, 가로 세로 130㎝ 넓이의 토담벽 안에 있다. 흙담벽 건물은 거의 다 허물어진 상태로 내부에는 동제를 지낼 때 사용하는 제수용 그릇 등이 있다. 광배는 주형 거신광배의 형태로 상단부 일부는 파손되었고 아랫부분은 매몰되어 있는 상태이다.

---

15) 대둔사 극락전 불상과 금곡사 불상의 형태가 아미타불로 매우 유사하여 거의 같은 시기에 두 사찰이 건립된 것으로 추정된 바, 향후 두 사찰과 관련된 연구가 필요하다.

흙담벽 건물 모습(광배편)　　　　　　건물내 석조 광배편 조사 모습

　　문양은 전체적으로 마멸이 심하여 정확한 확인이 어려우나 두줄의
선으로 두광과 신광을 구획하였고 내부에는 화염문火焰文(고대 건축·
의장 등에 조각된 불꽃모양의 장식)이 뚜렷하게 새겨져 있다. 현재 높
이는 68cm, 추정 두광의 지름은 40cm이다. 주민들에 의하면, 처음부
터 석불은 없었다고 하는 것으로 보아 이미 오래전 석불은 도난 당했
거나 광배가 옮겨진 것으로 추정된다. 현재 습기 및 보존처리, 도난의
우려가 매우 크므로 관련 기관의 조속한 대책이 필요하다.

　4. 맺음말

　　지금까지 팔공산지역에 소재한 문화자원 가운데 사찰과 주변 절터
에 대한 비지정 유적 가운데 가치있는 유적들에 대한 내용을 살펴보았
다. 끝으로 필자가 생각하는 팔공산 주변지역의 관리방향(제언)에 관
해 언급하면서 맺음말에 대신하고자 한다.

　　먼저, 앞서 언급한 팔공산 지역 비지정 문화자원의 보존·관리에 대
한 내용들을 다음 표에 요약하여 정리하였다.

【표 1-3. 팔공산 지역 주요 비지정 문화자원 보존·관리방안】

연번	주요 비지정 문화자원	위 치	보존·관리 방안
1	신무동 절터(寺址)3	대구광역시	탐방로상으로 인위적 지형변경 등 훼손 우려 높음
2	용수동 절터(寺址)1	대구광역시	야영장 인근으로 인위적 훼손, 도난 우려 높음. 보호시설 필요
3	용수동 절터(寺址)2	대구광역시	인위적 훼손 우려 높음. 불법시설물 철거 및 순찰강화 등 필요
4	부인사 당간지주	대구광역시	개인사유지로 훼손우려 높음. 향후 사유지 매입 필요. 보호각, 안내판 설치
5	선본사 석조 종형부도 및 절터(寺址)	경북 경산시	보호각, 보존처리필요. 안내판설치 및 문화재 지정 필요
6	선본사 극락전 목조아미타 여래좌상	경북 경산시	보존처리 및 문화재 등재 필요
7	은해사 진불암 석불	경북 영천시	탐방로상으로 인위적 훼손, 멸실우려 높음. 관계기관에 의한 정밀 발굴조사 필요
8	은해사 진불암 부도	경북 영천시	
9	은해사 중암암 부도	경북 영천시	
10	부귀사 부도	경북 영천시	사찰에 대한 체계적 보전, 정비 방안 필요.
11	부귀사 석탑부재 및 배례석	경북 영천시	관계기관에 의한 정밀 발굴조사 필요
12	신원리 절터(寺址)	경북 영천시	등산로 인근(사유지)으로 인위적지형 변경, 훼손, 도난 우려 높음. 조속한 정비 필요(보호시설)
13	귀천서원	경북 영천시	전체적인 보존상태 심각. 주변정비 등 체계적인 정비방안 수립
14	대둔사 부도	경북 칠곡군	인위적 훼손, 도난우려 높음. 조속한 주변 정비방안(보호시설) 필요
15	춘산리 석조광배편	경북 군위군	도난우려 높아 안전한 곳 이전,보존처리 및 주변 정비 필요

21세기를 흔히 문화의 세기라고도 한다. 그래서인지 최근 문화유산에 대한 관심이 점차 높아지고 있는 추세에 있다. 그럼에도 현재 대구·경북지역의 대표사찰인 동화사, 파계사, 부인사를 비롯하여 경산시, 영천시, 군위군, 칠곡군 주변에는 다수의 비지정 문화유적들이 산

재해 있으나, 대부분 아직 조사가 미흡하거나 체계적인 보전 관리가 필요한 실정에 있다.

문화유산에 대한 관심이 점차 높아지고 있음에도 현재 수많은 비지정 문화자원들이 보호받지 못하고 있는 것은, 후손들에게 물려주어야 할 가치는 충분하지만, 국가나 지자체에서 선별하여 법적으로 보존·관리해야 할 만한 '지정가치'는 상대적으로 낮다고 판단되기 때문이다. 즉, 지정가치와 보존가치를 명확하게 구분하는 기준과 경계가 없거나 모호해서다.[16]

그러면 팔공산 지역 비지정 문화자원의 보존을 위해 어떤 관리 방향을 설정해야 할까?

먼저 이 지역 비지정문화자원에 대한 데이터베이스 구축이 우선 필요하다.

둘째, 이와 함께 매년 일정 예산을 확보해서 조사된 비지정 문화자원 중 훼손이나 보존이 시급한 곳을 선별하여 주변 토지를 매입해야 한다. 또한 관련 사찰, 연구소 등 학술단체와의 공동 학술조사, 업무공유 등을 통한 유대관계의 폭을 넓혀야 한다.

셋째, 문화유산을 보존·관리하는 데 있어서 정부와 민간단체의 역할 분담도 필요하다. 즉 지정문화재의 보존과 활용 부분은 국가와 지자체가 주도적인 역할을 하고, 보존가치가 있는 비지정 문화재에 대해서는 종교단체, 시민단체, 마을보존회 등 민간단체가 적극적 역할을 할 수 있도록 하는 것이다. 최근 들어 문화유산국민신탁, 한국내셔널

---

16) 황선식, 「국립공원 사지(寺址:절터)에 관한 연구」, 『국립공원연구지』 제5권 제1호, 2014, 44~45쪽.

트러스트 등 다양한 형태의 민간단체가 전문성을 가지고 활동 범위를 넓혀가는 점을 감안할 때, 민간단체를 보존·관리에 참여시키는 것은 현실적인 대안이 될 수도 있다. 특히 성당이나 사찰과 같은 종교 문화재나 전통마을과 같은 면 단위의 정체성을 보존하는 데에 효과적인 방법일 것이다. 종단 또는 마을 공동체 차원에서 보존·복원 공사를 결정하는 자율적인 심의기구를 설치하여 보존·복원 사업을 바람직한 방향으로 유도한다든지, 지자체별로 목록화한 비지정문화재를 대상으로 지역주민이나 시민단체들이 자체적인 보존운동을 펼친다든지 하는 것을 생각해 볼 수 있다. [17)]

최근 팔공산 지역은 동화사, 파계사, 부인사, 선본사, 갓바위 등을 연결하여 불교문화 체험 관광명소로 특성화하고자 노력하고 있다. 또한 오도암 - 비로봉 - 동봉 - 서봉 등으로 이어지는 팔공산 정상부에 전망대와 탐방로(데크) 및 공원 등이 포함된 코스를 개발할 예정으로 알려져 있다. 이어서 탐방객들의 편의를 위한 안내판 및 이정표 설치가 마무리되면 이 지역의 역사·문화자원에 대한 관심도 증대될 것으로 보인다.

더불어 팔공산 지역의 다양한 유적들이 대구광역시와 경상북도, 문화재청 등 각급 기관들과의 공조를 통하여 꾸준히 협의해 노력해 가면 비지정 문화자원들에 대한 보존·관리 등은 지금보다 긍정적으로 달라질 것이라고 기대해 본다.

---

17) 황선식, 같은글, 2014, 45쪽.(일부 수정)

참고문헌(參考文獻)

『삼국유사(三國遺事)』.

『삼국사기(三國史記)』.

『신증동국여지승람(新增東國輿地勝覽)』.

대구직할시 · 경북대학교인문과학연구소, 1987, 『八公山:八公山史蹟地表調査報告書』.

대구MBC보도국 대구문화방송, 1987, 『팔공산』.

大邱廣城市 東區, 『文化財圖錄, 1995』.

寺刹文化硏究院, 『전통사찰총서 14 대구 · 경북의 전통사찰 I 』, 2000.

국립대구박물관, 『팔공산 동화사』, 2002.

정영호, 『부도』, 2003, 대원사.

한영우, 『다시찾는 우리역사』, 2004 , 경세원.

이동민, 『(우리고을지킴이) 팔공산』, 2004 , 북랜드.

寺刹文化硏究院, 『銀海寺』, 2006.

영천문화원, 『영천 문화유산답사기』, 2009.

국립공원관리공단, 『국립공원 역사문화자원 자료집』, 2009, 국립공원관리공단.

김환대, 『영천의 문화유적 알기』, 2010 , 한국학술정보.

황선식, 「강릉 구정면 어단리 폐사지에 대하여」, 2000. 博物館誌-창간호. 관동대박물관

한기문, 「고려전기 부인사의 위상과 初雕大藏經板소장 배경」, 2010, 한국중세사연
구제 28집.

문화재청, (재)불교문화재연구소, 『한국사지 총람』, 2010.

문화재청, (재)불교문화재연구소, 『韓國의 寺址』, 2010, 대구광역시, 경상북도 I .

전영권, 「대구 팔공산의 가치와 활용방안」, 2012, 한국지형학회지.

문화재청, (재)불교문화재연구소, 2013, 『韓國의 寺址』, 울산광역시, 경상남도 I .

선본사, 『八公山禪本寺』, 2013, (재)불교문화재연구소.

대구광역시, 『대구 명품관광코스 개발계획』, 2013.

김춘실, 「팔공산 관봉 석조여래좌상의 양식특징과 조성배경」, 2013,
불교미술사학 제 15집

조경철,정동락, 「삼국유사「진표전간」의 진표행적에 대한 비판적검토」, 2013,
신라문화연구소 제 34집.

황선식, 「국립공원 소재 문화재 현황」, 2013. 사지 · 소재문화재 보존관리 현황과

관리방안 마련을 위한 워크숍 자료집. (재)불교문화재연구소.

황선식, 「국립공원 사지(寺址:절터)에 관한 연구」, 2014, 국립공원연구지 제5권 제 1호.

경상북도, 『2014 팔공산도립공원 자연자원조사 보고서』, 2014.

팔공산의 경관과 스토리텔링[1]

전영권
(대구가톨릭대학교)

1. 서론

대구광역시 동구, 북구와 경상북도의 4개 시·군 등 6개의 지자체에 걸쳐 분포하는 팔공산은 대구·경북의 자연적 및 인문적 동질성을 확보해줌은 물론 대구·경북을 대표하는 명산이다. 팔공산에는 대한불교조계종 제9교구 본사인 동화사, 제10교구 본사인 은해사(신라 41대 헌덕왕, 44대 민애왕의 원찰)를 비롯해 신라 선덕여왕의 추모제를 집전하는 숭모전이 있는 부인사, 고려 광종 임금이 머물면서 속병을 고친 도덕암, 조선 숙종과 영조 그리고 정조의 원당이었던 파계사 등이 있다. 이러한 사실은 팔공산이 시대를 넘어 역대 왕들과 깊은 인연을 맺어온 명산임을 잘 보여준다.

팔공산이 불교문화유적의 산실임은 물론 신라의 원효, 의상, 김유신 장군, 신라 41대 헌덕왕의 아들인 심지, 고려의 지눌, 일연 스님, 조선시대 성리학자 유방선, 김시습, 서거정, 이황, 이숙량, 서사원, 정사철, 정광천, 사명대사 유정, 추사 김정희 등과도 관련을 가지는 산으로 다

---

[1] 본 글은 본인의 연구논문 (대구 팔공산의 가치와 활용방안)을 수정, 가필한 글임.

양하고도 풍부한 스토리를 양산해낼 수 있는 문화 콘텐츠의 보고이기도 하다.

또한 고려 태조 왕건과 후백제 견훤 간 927년에 벌어진 공산전투의 자취가 곳곳에 배어있어 역사적 관광자원도 풍부하다. 한편 거란의 침략을 불력으로 막기 위해 판각한 초조대장경을 봉안했던 부인사를 비롯해 임진왜란 당시 사명대사 지휘 아래 승군 사령부가 동화사에 있었다. 또한 대구 지역 선비를 중심으로 팔공산에서 '공산회맹公山會盟'을 통해 대대적인 의병활동이 이루어진 사실, 6.25동란 당시 가산 일대가 낙동강 최후 방어선 역할을 한 사실에서 팔공산은 호국의 산으로서도 중요한 자리매김을 하고 있다.

주지하듯이 팔공산은 맑은 빛을 띠는 화강암을 기반암으로 하는 거대한 산괴로 수려하고도 다양한 화강암지형이 곳곳에 발달한다. 또한 기묘한 모양을 보이는 화강암 미지형과 화강암 풍화토를 기반으로 이루어지는 동·식물의 종 다양성은 생태환경과 자연경관의 관점에 있어서도 매우 중요한 생태공간이다. 특히 기묘하고도 흥미로운 지형과 관련하여 전해져 오는 이야깃거리는 스토리텔링 기법을 통한 팔공산의 브랜드 가치와 이미지 제고에 큰 기여를 할 수 있고 나아가서는 세계적인 명산의 대열에 팔공산을 올려놓을 수 있을 것으로 판단된다.

2. 팔공산의 지명 유래

팔공산八公山 지명이 처음으로 등장하는 고문헌은 1492년 김종직이 운명한 후, 1497년 처음 간행된 그의 문집 『점필재집』이다. 조선시대 이전까지만 해도 팔공산은 중악中岳, 부악父岳, 공산公山 등으로 불려왔다. 중악의 기원은 『삼국사기』권32 '잡지雜志'의 '제사祭祀와 악樂'에 나타난다. 즉, 3산山·5악岳 이하 명산대천을 나누어 대사大祀·중사中祀·소사小祀로 구분하였다. 대사는 습비산習比山의 내력奈歷, 절야화군切也火郡의 골화骨火, 대성군大成郡의 혈례穴禮이며, 중사는 5악으로 동악을 대성군의 토함산吐含山, 남악을 청주菁州의 지리산地理山, 서악을 웅천주熊川州의 계룡산鷄龍山, 북악을 내사군奈巳郡의 태백산太伯山, 중악을 동·서·남·북악의 중간에 위치하는 압독군押督郡의 공산公山으로 한다고 기록돼 있다. 이처럼 팔공산은 신라시대 이래 공산, 중악, 부악 등으로 불려오다 조선시대에 들어서 비로소 팔공산이라는 이름을 가지게 된다.

팔공산의 지명 유래에 대해서는 여러 가지 설이 있다. 첫째, 8개 고을에 걸쳐 있는 것에서 유래했다는 설이다. 그러나 팔공산이 행정구역상으로 8개 지역에 걸쳐 분포한 경우는 없었다. 둘째, 동화사 창건 당시 팔간자 설화와 관련된 설이다. 그러나 동화사 창건시기가 신라인 점을 고려할 때, 신라시대 당시에도 언급되지 않았던 팔공산 지명이 조선시대에 와서 갑자기 팔간자의 '팔'을 차용해 명명했을 리는 없다. 더군다나 조선시대는 숭유억불 정책이 대세였다. 셋째, 고려 태조 왕건과 후백제 견훤 간에 벌어진 팔공산의 공산전투에서 왕건이 크게 패하여 도주할 때, 왕건의 심복 여덟 장수가 팔공산에서 순절했다는 것에서 유래한다는 설이다. 공산전투에서 왕건과 함께 전투를 하다 순절한 장수로는 신숭겸과 김락 장수 두 명이다. 넷째, 중국의 지명을 차용했다는 설이다. 실제로 우리나라 지명 가운데는 중국의 지명을 차용한 경우가 많았다. 특히 사대부의 중국에 대한 모화慕華사상이 강했던 조선시대에 그러한 경향이 강했다[2]. 383년 전진前秦과 동진東晋 간에 벌어진 비수전투의 격전지에는 팔공산이라는 지명이 존재한다. 아마도 당시 비수전투가 고려 태조 왕건과 후백제 견훤 간에 벌어진 공산전투 만큼이나 치열했던 것에서 차용한 것이라 판단된다.

이 밖에도 원효대사 제자 1천명이 양산 천성산(원효산)에서 원효의 가르침 아래 988명이 깨달음을 얻고 나머지 12명 중 8명은 팔공산에 가서 깨달음을 얻어 팔공산이라 칭했다고 한다. 그리고 4명은 문경 대승사에서 깨달음을 얻어 사불산四佛山이라 칭했다 한다. 특히 팔공산의 경우 오도암에서 5명이, 삼성암에서 3명이 깨달음을 얻어 각각 오도암悟道庵, 삼성암三聖庵의 유래가 되었다고 전해지나, 고문헌을 비교·검토해 본 결과 근거가 없고 다만 후대에 누군가가 끼어 맞추기식으로 만든 설화에 불과하다. 이처럼 팔공산의 명칭 유래에 대한 설이 다양하게 전해 내려오고 있으나 가장 설득력이 있는 경우는 중국 안휘성安徽省의 비수전투지에 위치했던 팔공산 지명에서 차용한 것이라는 설이 가장 타당성이 있어 보인다.

---

2) 경북 김천은 '三山二水'의 고장으로 불리는데, 삼산이수 역시 중국에서 유래된 것이다. 314년 중국 東晋이 건국한 뒤 남경을 도읍으로 정하고 '金陵'이라 하였다. 금릉에는 秦川과 淮川이 3개의 산봉우리 사이를 흐르고 있어 '삼산이수'라 했다. 당나라 李太白의 시인 「登金陵鳳凰臺」나 崔顥의 시 「登黃鶴樓」에 나오는 '금릉'이나 '황학' 등은 김천의 지명에서도 찾아 볼 수 있다(매일신문, 2012년 5월 11일자 11면, '대간 숨을 고르다 황악 : (20) 백두대간 더간재~대덕산~초점산'). 이 밖에 조선시대 제작된 가상의 세계지도인 '天下圖'에 나타나는 지명 대부분이 중국의 『山海經』에서 차용한 지명임을 고려할 때, 조선시대에 새롭게 등장하는 지명의 상당수가 중국으로부터 유래된 것으로 판단된다.

3. 팔공산의 범위

팔공산의 범위에 대해서는 편의상 행정적 범위, 자연지리적 범위, 문화적 범위로 구분하여 설명하고자 한다.

행정적 범위는 대구광역시에서 관리하는 팔공산자연공원과 경북에서 관리하는 팔공산도립공원으로 구분된다. 팔공산의 면적에 관해 대구팔공산자연공원관리사무소 홈페이지 기록에 의하면 팔공산 총면적은 126.852㎢(3,844만 평)로 경북 관할면적이 91.487㎢(2,772만 평)로 팔공산 면적의 72%, 대구 관할면적이 35.365㎢(1,072만 평)로 팔공산 면적의 28%를 차지한다고 되어 있다.

그러나 자연지리적 범위에 해당하는 면적은 다른 관점에서 살펴보아야 한다. 즉 지금으로부터 약 6,500만 년 전 중생대 후기 백악기 말기에 이루어진 불국사화강암 관입으로 형성된 팔공산 기반암체에 관한 이해가 필요하다. 백악기 말기에 이루어진 불국사화강암 관입으로 형성된 팔공산 화강암체는 적어도 지금보다 약 2km 이상 더 두꺼운 것으로 알려져 있다(최용주, 2004, 84). 그러나 오랜 기간에 걸친 풍화작용의 결과 깎여나가 남아 있는 모습이 현재의 팔공산이다. 따라서 팔공산의 규모나 범위는 팔공산을 구성하는 화강암체의 범위가 중요하다. 또한 팔공산을 구성하는 화강암체가 관입할 당시 대구분지를 구성하는 것과 동일한 주변의 퇴적암은 변성작용을 받아 단단하게 변하게 되었는데, 이른바 변성퇴적암이다. 다시 말하면 팔공산은 중생대 백악기 말기 마그마의 관입으로 이루어진 화강암 기반암으로 구성되며 화강암 기반암 주변의 퇴적암은 변성작용을 받아 단단하게 변한 변성퇴적암으로 이루어진 팔공산 환상산맥으로 나타난다. 팔공산 환상산맥의 의미는 팔공산 화강암이 평면상에 있어 타원형의 도움 형태로 구성되어 있고 이러한 타원형의 도움산지인 팔공산화강암체를 둥글게 둘러싸고 있는 산체라는 의미에서 비롯된다. 즉 변성퇴적암지대는 단단하여 주변의 약한 퇴적암에 비해 침식에 견디어 남게 되면 비교적 높은 산체를 형성하는데 이것이 마치 팔공산을 둥글게 에워싸는 산맥 형태를 띠므로 팔공산 환상산맥으로 부르는 이유이다(그림 1). 그렇다면 팔공산의 범위는 대충 그 윤곽을 가늠할 수 있는데, 바로 화강암으로 구성된 산체를 팔공산의 자연지리적 범위로 보면 될 것이다.

한편 팔공산 범위에 대해 넓은 의미의 개념에서 보면 팔공산 환상산맥을 포함하는 것까지 생각할 수 있다. 따라서 이러한 관점에서 판단하면 팔공산의 화강암체는 좁은 의미의 팔공산과 범주에, 주변의 환상산맥을 포함하는 경우까지를 고려하면 넓은 의미의 팔공산과 범주로 생각할 수 있다. 연구자는 축척 1:50,000 지형도와 지질도를 대상으로 구적계(planimeter)를 사용하여 팔공산의 면적을 측정해 보았다. 우선 화강암으로 이루어진 팔공산과 면적은 209.35㎢였고, 접촉변성대인 환상산맥을 포함한 면적은 232.6㎢로 나타나 행정적 경계를 토대로 하는 팔공산의 면적과는 상당한 차이가 존재한다.

한편 팔공산의 범위에는 행적적 범위와 자연지리적 범위 외에도 지역주민의 삶에 많은 영향을 주어 온 문화적인 관점에서도 파악해 볼 필요가 있다. 이것은 팔공산을 근본적으로 이해하는 데 보다 중요하다. 이를 위해서 팔공산이 소속된 대구지역과 경북의 4개 시·군(경산시, 영천시, 군위군, 칠곡군)의 초·중등학교 교가 속에 등장하는 자연지명을 분석해 보았다. 특히 교가에 등장하는 자연지명 중 팔공산의 빈도는 팔공산에 대한 지역민들의 관심도를 파악하는 데 중요한 요인이 될 수 있다. 팔공산이 분포하는 지역을 대상으로 교가분석에 활용된 학교에 대한 자료는 〈표 1〉과 같다.

【표1. 교가 분석에 활용된 시·구·군별 각급 학교 수】

광역자치단체	시·구·군	초등학교	중학교	고등학교	계
대구광역시	동 구	29	11	11	51
	서 구	17	9	5	31
	남 구	11	8	13	32
	북 구	38	21	16	75
	중 구	10	5	5	20
	수성구	34	23	18	75
	달서구	52	31	24	107
	달성군	26	14	8	48
	합 계	217	122	100	439
경상북도	경산시	31	15	11	57
	영천시	21	15	10	46
	군위군	10	6	3	19
	칠곡군	22	10	6	38
	합 계	84	46	30	160

【표2. 교가 속에 등장하는 팔공산 지명 현황】

구 분	시·구·군	초등학교	중학교	고등학교
대구광역시	동 구	팔공산(17), 금호강(13), 달구벌(5), 서라벌(2)	팔공산(9), 금호강(8), 달구벌	팔공산(9), 금호강(5), 달구벌·서라벌(2)
	서 구	금호강(7), 팔공산(4), 대덕산(3), 와룡산(2)	팔공산(5), 낙동강·달구벌(4), 금호강·비슬산(3)	비슬산(3), 낙동강(2), 달구벌·팔공산(1)
	남 구	대덕산(11), 달구벌(6), 금호강·비슬산(2)	달구벌·낙동강·비슬산(2), 팔공산(1)	낙동강·팔공산(3), 태백산·달구벌(2)
	북 구	팔공산(19), 금호강(17), 함지산((7), 달구벌(4), 팔거천(3), 낙동강(2)	팔공산(17), 금호강(6), 낙동강(5), 달구벌(4), 복현언덕(3)	팔공산(11), 금호강(6), 달구벌(4)
	중 구	팔공산(3), 비슬산(2)	팔공산(4), 비슬산·수성들·금호강(2)	비슬산·팔공산(2), 금호강·달구벌·서라벌·수성들(1)
	수성구	대덕산(7), 팔공산(6), 금호강·수성벌(5), 낙동강·달구벌·용지봉(3), 서라벌·성암산(2)	대덕산(4), 금호강(3),용지봉(1)	팔공산(6), 낙동강(5), 달구벌(4), 태백산·수성들(3), 비슬산·금호강·대덕산(2)
	달서구	낙동강(19), 달구벌(12), 비슬산(11), 대덕산·와룡산·팔공산(9), 금호강(8), 청룡산(3), 달비골(2)	낙동강(11), 비슬산·팔공산(6), 대덕산(5), 금호강·와룡산(4), 달구벌(3), 큰골(2)	낙동강(6), 비슬산(5), 달구벌·팔공산(4)
	달성군	낙동강(14), 비슬산(12), 금호강(5), 와룡산·모암산(2)	낙동강(9), 비슬산(4), 금호강(3), 와룡산·가야산(2)	낙동강(6), 비슬산(2), 팔공산(1)
경상북도	경산시	금호강(9), 성암산(8), 팔공산(6), 남천(5), 금박산(3), 무학산·태백산(2)	금호강·성암산·남천(3), 팔공산(1)	남천강·성암산(2), 도천산·낙동강·태백산(1)
	영천시	금호강·팔공산(5), 보현산(4), 주남벌(3)	금호강·주남벌(4), 보현산(3), 백두산·화산·금강산·팔공산(2)	주남벌(3), 금호강·화산·팔공산(2)
	군위군	팔공산(4), 위천(2)	사청수·위천·팔공산(2)	선암산·매봉산·선방산·팔공산(1)
	칠곡군	낙동강(15), 금오산(5), 작오산·유학산(2)	낙동강(5), 금오산·인평들(3), 영암산(2), 유학산·가산산성(1)	낙동강(3), 금오산(2)

참고 : ( ) 안의 수는 교가에 등장하는 각 자연지명의 빈도 수

〈표1〉, 〈표2〉에서 볼 수 있듯이 교가에 팔공산 지명 등장 빈도가 비교적 높은 곳으로는 대구의 경우 동구, 북구, 중구다. 물론 서구, 수성구, 달서구, 남구 등지에서도 다소 높은 빈도를 보이나 달성군의 경우 고등학교 한 곳을 제외하고는 전혀 나타나지 않는다. 또한 경북의 경우 경산, 영천, 군위의 경우 다소 등장 빈도가 높은 편이나 칠곡의 경우 교가 속에 팔공산이 등장하는 곳은 한곳도 보이지 않는다. 대신에 구미의 진산인 금오산이 산지 지명에서는 다수를 차지해 칠곡의 경우 팔공산이 문화적으로 뚜렷한 의미를 부여하지 못하는 것으로 판단된다. 그러나 유학산, 가산산성 등이 팔공산과 연계된 것으로 판단해 볼 때, 팔공산과 직접적인 관련을 가지는 동명면, 기성면 등지에서는 팔공산과의 문화적 관련성이 존재함을 알 수 있다. 결국 팔공산의 문화적 범위는 대구의 경우 달성군을 제외한 전 지역과 경북의 경산시, 영천시, 군위군, 칠곡군 팔공산 인근지역인 동명면과 기성면 등으로 생각해 볼 수 있다.

4. 팔공산의 지리적 개관

대구분지와 분지를 둘러싸는 팔공산지 그리고 비슬산지는 대구의 지형형성과정을 이해하는 데 중요하다. 대구를 구성하는 기반암은 대체로 3가지로 구분된다. 시기적으로 보면 대구분지를 구성하는 퇴적암이 가장 앞선 시기로 약 1억만년 전 전·후인 중생대 백악기 호수에 퇴적된 육성층의 퇴적암이다. 다음으로 약 7,000만 년 전에 일어난 강력한 화산폭발로 대구의 남쪽을 에워싸는 앞산과 비슬산 일부를 구성하는 화산암이다. 팔공산을 구성하는 불국사화강암은 약 6,500만 년 전에 형성돼 시기적으로 가장 늦다.

한편 지하 마그마의 관입으로 팔공산의 불국사화강암이 형성될 당시, 주변의 퇴적암은 접촉변성작용을 받아 변성퇴적암이 되었고 이것이 바로 환상산맥에 해당한다(그림1). 특히 남서사면의 화강암 지대와 접촉변성암지대 사이는 단층선이 통과하고 있어 차별침식에 따른 소규모 분지가 동구의 백안동, 미대동, 덕곡동, 경북 칠곡군 기성리 일대에 잘 발달한다. 북동사면의 경우 화강암 기반암과 접촉변성암이 하나의 산괴로 이어져 나타나 남서사면의 지형적 특성과는 다소 차이를 보인다. 물론 남서사면에서도 초례봉의 경우 화강암과 접촉변성암이 하나의 산지로 이루어진 곳도 있다. 계곡의 경우, 동산계곡, 치산계곡 등의 북동사면이 남서사면에 비해 규모도 크고 깊다. 아마도 북동사면과 남서사면의 국지적인 지질·지형 및 기상 차이가 계곡 발달에 영향을 준 것으로 판단된다. 실제로 팔공산 북동사면의 군위군 동산계곡 일대를 비롯한 북동사면에는 1930년 경오년 수해 당시 대규모 산사태가 일어나 엄청난 재해를 야기하였다.[3]

팔공산의 기묘한 산세와 조화를 이루는 계류를 발원지별로 분류해 보면 다음과 같다. 첫째, 치키봉(757m) 북사면인 군위군 효령면 응

---

3) 경오년 수해라 불리는 팔공산 산사태는 일제강점기 당시 과도한 벌목과 집중호우(205.55mm이상)가 직접적인 원인으로, 산사태는 1930년 7월 13일 오후 3시부터 7시까지 약 4시간 동안 경상북도 팔공산의 달성군, 군위군, 칠곡군, 영천군 등지에서 발생하였다. 산사태로 사망 150명(행방불명자 포함), 부상 48명, 이재민 1,056명이 발생하였고, 산사태 발생지역 면적 18.8ha, 피해 면적 277ha로, 단시간에 많은 피해를 입었다 : 심근정·김재호·김수봉, 2003.

추리에서 발원하는 사창천이 있다. 둘째, 파계재 북사면인 군위군 부계면 남산리와 천왕봉(비로봉, 1192.8m) 북사면인 부계면 동산리 오도암터 부근에서 각각 발원하여 대율초등학교 아래쪽에서 합류하여 흐르는 남천이 있다. 여기서 오도암터 부근에서 발원하는 계류를 동산계곡으로 부른다. 한편 사창천은 효령면 거매리 거매교 부근에서 남천으로 합류한다. 셋째, 시루봉(726m) 북서사면인 군위군 산성면 백학리에서 발원하여 군위군 우보면 미성리 미성교 약간 아래에서 위천으로 합류하는 구천이 있다. 넷째, 삼성봉-바위병풍-신령재(도마재)-984고지 북사면인 영천시 신령면 왕산리에서 발원하여 팔공산 최고의 규모와 경관을 자랑하는 선주암仙舟巖폭포[4]을 형성하는 신령천이 있다. 본 하천은 팔공산에서 가장 경관이 수려한 치산계곡을 만들어 놓고 있으며 아래쪽의 수도암을 지나 금호강으로 합류한다. 다섯째, 영천시 청통면 신원리 거조암 남서쪽, 운부암 일대의 운부암골, 중암암 부근, 기기암 부근 기기암골, 경산시 와촌면 대한리와 음양리 등지에서 각각 발원하여 합류하는 청통천이 있다. 여섯째, 경산시 하양읍 사기리, 대곡리 등지에서 발원하는 조산천이 있다. 청통천과 조산천 역시 금호강으로 합류한다.

이 밖에 팔공산에서 발원하여 대구지역을 동에서 서로 관류하는 금호강으로 합류하는 하천으로는 숙천, 율하천, 불로천, 동화천, 팔거천

---

4) 선주암폭포에 대해 처음 언급한 경우는 錦溪 黃俊良(1517~1563)이 조선 중기 신녕현감으로 부임하여 팔공산을 찾아 지은 한시에서다. 금계는 신녕현감 재임 중(1551~1156년)인 1553년(명종 8)에 팔공산 선주암폭포를 찾았던 것으로 전해지며 당시 오언절구, 칠언절구 2수를 지었다. 금계는 김종직이 편찬한 詩選인『靑丘風雅』에서 '선주암'을 차용한 것이라 했다. 선주암폭포는 1584년(선조 17) 黃應奎가 간행한『錦溪集』에 수록되어 있다. 한편 선주암폭포는 그 이후 '수도폭포', '공산폭포', '치산폭포'등으로 불렸다.

등이 있다. 특히 동화천의 수계로는 폭포골, 수숫골, 빈대골로 구성되는 계류를 비롯해 염소골, 수태골(바위골, 주추방골, 성지골로 구성)로 구성되는 용수천, 지묘천 등으로 구성된다. 동화천은 대구의 중심 생태축을 구성하는 중요한 생태 요소로 길이가 약 17km에 달한다. 한편 팔거천은 칠곡군 동명면 학명리 소야고개 부근에서 발원하는 금암천과 가산(901.8m) 남사면에 해당하는 칠곡군 동명면 남원리에서 발원하는 남원천으로 구성된다.

앞에서도 언급하였듯이 신령천 상류의 치산계곡에 발달하는 선주암폭포는 팔공산에서는 최고의 폭포로 꼽힌다. 선주암폭포를 대상으로 한시를 지어 읊은 문장가들로는 금계錦溪 황준량黃俊良 선생, 퇴계退溪 이황李滉 선생, 낙재樂齋 서사원徐思遠 선생, 북계北溪 조용석曹龍錫 선생, 전암傳岩 김경기金慶基 선생, 아헌啞軒 권치경權致經 선생, 연호蓮湖 김진성金璡聲 선생, 소계小溪 정태하鄭泰夏 선생, 낭산朗山 이후李垕 선생 등이 있다[5].

한편 북서부의 가산에서 남동부의 초례봉에 이르는 북서-남동의 'ㄱ'자형 장축을 가지는 팔공산지의 경우, 주능선 역시 북서-남동 방향을 보인다. 즉, 북서편의 가산에서 남동편의 초례봉으로 이어지는 능선이다. 산악인들에게는 가·팔·환·초(가산 - 팔공산 비로봉 - 환성산 - 초례봉)로 알려진 팔공산 주능선은 팔공산을 찾는 산악인들에게는 가장 인기 있는 등산코스다. 본 연구에서는 팔공산의 주능선에 해당하는 가산에서 초례봉까지의 지도상 거리를 측정해보았다. 물론 지도상 거

---

5) 팔공산 문화포럼 자료집(구본욱 대구향교 장의, 2012년 5월)을 참고함.

리는 실제거리와는 다소 차이가 발생하지만 능선거리에 대한 개략적인 정보는 제공해줄 수 있다. 즉 가산에서 초례봉까지 지도상 거리가 약 37km에 달하는데, 실제 거리로 따지면 약 45km에 달할 것으로 판단된다.[6]

【그림 1. 팔공산 개략도[7]】

---

6) 팔공산자연공원관리사무소에서 1998년에 제시한 '관봉 - 파계재' 간 실측 거리는 다음과 같다. 관봉(0m) - 느패재(2,199m) - 신령재(도마재, 4,484m) - 미타봉(동봉, 7,198m) - 삼성봉(서봉, 8,365m) - 파계재(13,405m), 초례봉에서 가산까지의 지도상 거리는 다음과 같다. 초례봉(0) - 성령(2.3km) - 환성산(3km) - 능성재(6.3km) - 관봉(9km) - 노적봉(9.7km)-바위병풍(14km) - 염불봉(14.3km) - 미타봉(동봉, 15.3km) - 천왕봉(비로봉, 15.5km) - 삼성봉(서봉, 16.3km) - 파계봉(물불봉, 19.3km) - 파계재(19.5km) - 한티재(22km) - 치키봉(25km) - 가산(37km)
7) 팔공산 화강암체와 접촉변성대 간의 구분은 일제강점기에 제작된 지질도를 기초로 작성된 관계로 부정확한 경우가 있을 수 있다.

5. 팔공산의 지형경관[8]

1) 주능선

   팔공산 주능선은 가산 - 천왕봉 - 비로봉 - 환성산 - 초례봉(그림1)에 이르는 능선 구간으로 주요 지형 경관들이 능선을 따라 집중적으로 발달한다. 주능선은 가산바위 - 가산봉 - 치키봉 - 한티재 - 파계재 - 파계봉(물불봉) - 마당재 - 톱날바위 - 삼성봉(서봉) - 느지미재(오도재) - 천왕봉(비로봉) - 미타봉(동봉) - 염불봉 - 바위병풍 - 도마재(신녕재) - 느패재 - 신선봉 - 노적봉 - 농바위 - 관봉 - 환성산 - 성령 - 초례봉 등으로 이어진다.

   주능선에서 볼 수 있는 대표적인 지형경관으로는 토르(tor, 탑 모양의 바위), 급애(절벽바위), 거터(gutter, 바위 면에 홈 통 모양으로 길게 발달한 지형), 나마(gnamma, 가마솥 모양의 바위) 등이다. 토르에 해당하는 대표적인 지형으로는 갓바위로 불리는 보물 제431호 관봉석조여래좌상을 비롯해 팔공산 동봉 석조약사여래입상, 팔공산 마애약사여래좌상, 낙타를 닮은 낙타바위, 신선봉, 농바위, 노적봉, 할아버지·할머니바위 등 주능선에 발달하는 지형 대부분이다. 특히 염불봉을 중심으로 동 - 서편에 이어져 발달하는 토르 군락지는 주능선의 백미다. 한편 팔공산 최고의 급애인 바위병풍(병풍바위)은 바위가 병풍 모양으로 펼쳐져 있어 장엄한 광경을 보인다. 바위

---

8) 팔공산의 지형경관은 연구자의 2011년 논문(대구 팔공산의 지형자원)에서 상당 부분 발췌했으며, 일부는 현장답사를 통해 얻어진 최근 자료들을 추가하였다.

병풍에는 다양한 형태의 나마를 비롯해 토르, 거터 등의 화강암 미지형도 발달한다. 동화사 부속암자 중 하나인 염불암 위쪽에 위치하는 염불봉 역시 급애로 이루어져 있다. 접근이 쉽지 않은 본 급애 정상부에는 직경 약 3~4m 크기의 거대 핵석(둥근 돌) 5개가 있고, 염불봉 가장자리에는 직경 1m 규모의 사각 형태 큰 바위가 아슬아슬하게 놓여 져 있다. 핵석 위에는 규모가 다른 나마가 두 곳에 발달하고 있으며 사람의 발을 닮은 불족암도 보여 흥미롭다. 이 밖의 급애 지형으로는 설악산 공룡능선에 비유되는 톱날바위 능선과, 평평하게 생긴 가산바위 그리고 삼성봉 남쪽으로 이어지는 능선에 발달한 용바위(장군바위) 등이 있다. 변성퇴적암으로 이루어져 있는 가산바위를 제외하면 모두가 화강암으로 구성되어 있다.

【그림 2. 주능선의 주요 지형경관】

관봉석조여래좌상

농바위(좌)와 노적봉(우)

팔공산 바위병풍

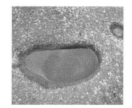
염불봉의 흔들바위(좌)와 5개의 거대한 핵석(중) 그리고 핵석 위의 나마(우)

염불봉의 불족암

가산바위의 십자형 절리

신선봉

2) 남서부

주능선을 경계로 남서부에 해당하는 지역을 편의상 남서부로 분류하고자 한다. 남서부에 발달하는 대표적인 지형으로는 고위평탄면(산 정상부 평탄한 지형)을 비롯해 암괴류(큰 바위들이 강물처럼 흘러가는 모습을 보이는 지형, 돌강이라고도 함), 토르, 나마, 다각형 균열바위(polygonal cracking, 거북 등처럼 갈라져 나타나는 바위)지형, 풍화동굴, 판상절리지형, 급애, 거터, 폭포, 하식애(하천 변의 절벽), 기반암하상 등이 있다.

고위평탄면의 지형적 특성을 보이는 가산에는 가산산성이 축조돼 있다. 가산 일대는 팔공산의 전략적 요충지로 예로부터 중요했다. 가산은 화강암과 변성퇴적암이 함께 나타난다. 팔공산에 발달하는 최대의 암괴류는 가산의 암괴류로 길이가 약 1km에 달하고 있어 천연기념물 제435호인 비슬산암괴류에 버금간다. 학술적인 가치는 물론 경관도 수려한 본 암괴류는 산지 정상 부근에서 시작하여 여러 갈래로 발달한다.

수태골의 암괴류는 팔공산 최고봉인 천왕봉 아래에서부터 발달하나 규모나 연속성에 있어 가산의 암괴류에는 미치지 못한다. 토르는 곳곳에 발달한다. 대표적인 토르는 수태골에 잘 발달한다. 강바닥에는 다양한 크기와 형태의 거터와 폭포가 발달한다. 규모면에 있어서는 수태골의 국두림폭포와 수태골폭포가 대표적이다. 수량에 있어 국두림폭포는 폭포로서의 기능을 상실한 상태다. 염불암폭포는 규모에 비해 수량이 비교적 풍부하여 폭포의 모습을 잘 보여준다. 수태골에 발달하는 급애(암벽훈련등반지로 이용됨)에는 판상절리지형이 잘 발달한다.

기반암하상에는 거터를 비롯해 소규모의 하식애가 발달한다. 불굴사에는 원효굴이라 불리는 유명한 바위동굴이 발달하는데, 원효대사와 김유신과 인연을 가진 굴로 진해온다. 한편 산지 곳곳에는 거북 등 모양의 다각형균열 바위도 나타난다. 접촉변성암지대에 발달하는 동화천변의 하식애인 화암畵巖은 기묘한 모양새는 물론 퇴계 이황 선생이 읊은 시「연경화암研經畵巖」에도 소개돼 유명세를 더한다. 대구 생태축의 하나인 동화천에는 인구 250만 대도시인 대구의 생태하천으로서의 주요한 기능을 가진다. 동화천 하류에 발달하는 왕버드나무 군락은 생태학적으로 중요하다.

【그림 3. 남서부의 주요 지형경관】

불로천의 하식애와 노찌

천연기념물 제1호
도동측백나무숲

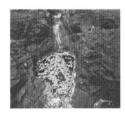
불로천의 거터와 포트홀

동화천변의 화암(하식애)

동화천의 왕버드나무 군락

동화천의 습지

수태골폭포

국두림폭포

염불암폭포

인봉의 다각형 균열바위

수태골의 판상절리지형

가산의 암괴류

3) 북동부

팔공산 주능선의 북동부에 해당하는 지역을 편의상 북동부로 부른다. 남서부에 비해 북동부 지역에 발달하는 대표적인 지형은 하천지형이다. 본 지역에 발달하는 지형은 하천 발원지별로 구분하여 설명하고자 한다.

먼저 청통천 상류 유역에 해당하는 은해사와 상부 계곡들로 은해사 일대는 변성퇴적암지대이나 상부에 위치하는 은해사의 부속암자인 묘봉암, 백홍암, 운부암, 중암암 등지 일대는 화강암 기반암이 주를 이룬다. 본 청통천 상류 유역권에 발달하는 대표적인 지형으로는 기기암 주변의 '안홍폭포'와 '안홍폭포' 상류에 발달하는 장군폭포다.[9] 전자가 변성퇴적암으로 이루어진 데 반해 후자는 화강암으로 이루어져 있다. 폭포와 더불어 폭포 주변에는 하식애도 발달한다. 하식애는 화강암 기반에서보다는 변성퇴적암 기반암에서 모식적으로 잘 발달한다. 운부암골과 기기암골에는 화강암과 변성퇴적암으로 이루어진 기반암 하상과 그 위로 판상절리지형과 절리를 따라 형성된 거터가 비교적 잘 발달한다. 청통천 상류 유역에서 수려하고 홍미로운 지형경관이 발달하는 곳은 중암암 일대다. 중암암 일대에는 '돌구멍 절' 유래를 탄생시킨 천왕문天王門를 비롯해 거터가 발달하는 삼인암三印巖, 토르의 핵석에 해당하는 건들바위, 원효대사 · 김유신 장군의 설화를 간직하는 극락

---

9) 연구자는 지난 연구논문(전영권, 2011)에서 본 폭포의 명칭을 알지 못해 단순히 은해사 위쪽에 위치하는 지리적 관계로 '은해폭포'로 명명했으나 최근 중암암 답사에서 오래 된 안내판에 '장군폭포'라는 명칭을 보게 돼 본 연구에서는 '장군폭포'로 수정하였다.

굴極樂窟, 장군수將軍水 등 흥미로운 문화지형이 많이 분포한다.

신녕천 상류인 치산계곡에는 팔공산 최대의 폭포인 선주암폭포가 슬라이드 형태를 보인다. 치산계곡은 설악산의 한 계곡을 연상케 하며, 판상절리지형이 곳곳에 발달한다. 그러나 화강암 기반암으로 이루어지는 하상에서 비교적 잘 발달하는 포트홀은 나타나지 않아 특이하다. 선주암폭포를 중심으로 상·하류에는 이보다 규모가 작은 폭포가 몇 곳에 발달한다.

남천 상류의 동산계곡에는 치산계곡처럼 넓은 계곡을 형성하지는 않지만, 대부분의 구간이 화강암 기반암 하상을 보이고 있어 기묘한 지형들을 많이 만들어 놓았다. 곳곳에 중규모 이하의 폭포와 소(pool), 하식애, 판상절리지형, 거터 등을 형성하고 있어 수려한 경관미를 느낄 수 있다. 본 계곡에서 발달하는 거터 중 대표적인 것은 폭 30~50cm, 깊이 50~70cm 규모로 약 수 십 m에 걸쳐 발달한다. 한편 청운교에서 내려다보는 동산계곡 상류부는 거의 협곡에 가까운 지형을 발달시키고 있다. 한편 명마산의 장군바위는 김유신 장군과 관련한 설화를 가지는 문화지형으로 규모나 외양에 있어 북동부 지역을 대표하는 토르지형으로 분류된다.

【그림 4. 북동부의 주요 지형경관】

안홍폭포   장군폭포   선주암폭포

중암암의 돌문   중암암의 만년송   중암암의 삼인암

중암암의 건들바위   중암암의 극락굴   중암암의 장군수

삼존석굴   명마산의 장군바위   동산계곡의 거터(gutter)

6. 지형경관과 스토리텔링

팔공산이 세계적인 명산임은 수려한 경관은 차지하고라도 팔공산
에 오롯이 녹아 있는 명품 스토리에서도 잘 알 수 있다. 역대 왕들과
깊은 인연은 물론이고 당대 내로라하는 성현과 명사들이 다녀갔거나
인연을 가지는 곳이 팔공산이다. 신라 선덕여왕과 부인사와의 이야
기를 비롯하여 헌덕왕·민애왕과 동화서, 고려 태조 왕건의 공산전
투, 광종의 도덕암 어정약수, 조선의 숙종·영조·정조와 파계사와
의 관계 등 여러 왕과 깊은 인연을 가지는 산이다. 명사들로는 김유
신, 원효, 설총, 심지, 일연, 매월당 김시습, 사명대사, 퇴계 이황, 추
사 김정희 등 이루 헤아릴 수 없을 정도다. 그러나 무엇보다도 팔공
산을 품위 있게 지켜주는 것은 벼슬을 멀리한 선비와 민초들이 즐겨
찾던 곳이기 때문이다.

1) 신라 도선국사의 가산바위

가산산성 동문에서 서편으로 약 1.5km 떨어진 곳에 위치하는 가산
바위는 변성퇴적암으로 이루어 져 있고 상부가 평평하다. 약 100여 평
에 달하는 가산바위 상부에는 십자형의 절리가 발달하고 있다. 어느
날 이곳을 찾은 신라의 도선국사는 십자형 절리 틈사이로 쇠로 만든
말과 소를 묻어 땅의 기를 잡았다고 한다. 풍수적으로 중요한 의미를
가지는 터로 인식되고 있다.

2) 은해사 쌍거북바위

은해사 경내 못 가에 자리 잡은 '쌍거북바위'에는 기복신앙이 배어 있는 곳이다. 건강과 가정의 화목 그리고, 소원성취 등을 비는 곳으로 영험했다고 알려져 있다. 특히 조선시대 유생들이 과거시험을 보러 한양으로 떠날 때, 합격을 기원했던 곳으로도 유명하다. 일제강점기에 한민족의 정신문화 말살 목적으로 일본인들이 '쌍거북바위'의 목을 잘랐고, 그 후 기도하는 사람도 줄었다고 한다. 최근에 목을 찾아 시멘트로 붙여 복원하였다. 후면에는 마애삼존불을 복원해두고 있다.

3) 원효와 김유신의 얼이 깃든 팔공산 돌구멍 절(중암암)

중암암 경내에 비치된 안내판에는 건들바위, 만년송, 삼인암, 극락굴, 장군수에 관한 전설을 담고 있는데, 그 내용을 정리하여 소개하면 다음과 같다. 어느 날 밤 암자 뒤편 바위에서 요란한 소리가 들려 주지스님이 밖으로 나가보았다. 사람은 보이지 않고 큰 바위가 금방이라도 암자를 덮칠 듯이 움직이는 것 같아 부처님께 빌었다. 그 때 바위가 원래 위치보다 훨씬 위쪽으로 옮겨져 움직이지 않고 있었다고 한다. 바로 이 바위가 중암암 삼층석탑 뒤편에 위치한 건들바위다. 한편 중암암에서 약 200m 정도 위로 올라가면 뿌리는 하늘을 향해 바위틈에 붙어 있고 가지는 땅을 향해 자라 수평으로 길게 굽어져 있는 소나무가 있는데, 이를 만년송이라 부른다.

그리고 삼인암은 암자 법당 뒤 봉우리에 바위 3개가 나란히 놓여 있는 것으로 여기에는 두 가지의 전설이 전해온다. 하나는 옛날 어느 처녀가 자식이 귀한 집에 시집을 갔으나 아이를 낳을 수가 없었다. 그래서 효험이 있는 약과 정성을 아끼지 않았으나 대를 잇지 못하였다. 하루는 스님이 딱한 사정을 듣고 정성을 드리라고 하면서 현재의 삼인암 장소를 알려 주었다. 부인은 여기에서 치성을 드린 끝에 삼형제를 낳게 되었고 그래서 삼인암이라는 이름이 생겨났다고 한다. 또 다른 전설은 어느 아들 삼형제 또는 친구 세 사람이 이곳에 와서 정성을 드리고 힘써 정진하여 모두 뜻하는 바를 이루었다고 하여 삼인암이라는 이름이 붙게 되었다고 한다.

또한 극락굴은 신라의 원효대사가 화엄경론을 집필할 때, 풀리지 않는 의문이 있어 이굴에서 화엄경 약찬게를 외우다 화엄삼매에 들어 불빛을 발산하였는데, 그 힘으로 바위가 갈라지고 그 소리에 의문이 풀리어 화엄론을 완성했다는 전설이 전해온다. 그 후 조선 말기 영파스님이 화엄강백으로 유명했는데, 이 굴에서 어느 여름날 정진하다가 삼매에 들어가는 바람에 학인들 강의 시간을 놓치고 밤이 늦도록 스님이 오지 않아 큰 절 대중들이 모두 찾으려고 나와 보니 스님이 굴속에서 나오는 것을 보고 큰 스님이라는 것을 알게 돼, 여러 스님들이 공부를 열심히 했다고 한다. 근래에 와서 이 도량에서 공부를 하거나 어떤 소원을 이루기 위해 청정히 계를 지키고 기도하면 잘 이루어진다고 하여 명성이 자자하다. 특히 부처님의 가르침을 바로 알기만 한다면 이 극락굴은 몸이 아무리 굵어도 통과할 수 있으며, 세 번을 돌아야 소원을 이룬다고 한다.

장군수의 경우 신라의 김유신 장군이 17세 되던 해 화랑시절 이곳 돌

구멍 절에서 심신을 수련할 때 즐겨 마신 물이라는 것에서 연유한다고 전해온다.[10]

4) 보물 제431호 관봉석조여래좌상(갓바위)

팔공산 관봉에 위치하는 보물 제431호 선본사 갓바위(관봉석조여래좌상)를 찾아 정성껏 기도를 하면 한 번의 소원은 이루어진다는 속설이 있어 해마다 갓바위를 찾는 기도객이 매우 많다. 갓바위는 약사여래불이나 언제부터인가 소원을 들어주는 불상으로 이름이 더 나 있다. 기도처 일대가 100평도 채 안 되는 공간임에도 대학수학능력시험 전날, 이곳을 찾는 기도객으로 입추의 여지가 없을 정도다. 많을 때는 약 3만 명이 넘는다고 하니 단위면적당 탐방객 수가 거의 세계 최고 수준일 것으로 짐작된다.[11]

불교미술사적인 관점에서는 갓바위의 조성시기를 9세기로 보고 있다. 즉, 갓바위는 7세기 후반과 8세기 중반에 각각 조성된 것으로 전해지는 국보 제109호 군위 아미타여래삼존석굴의 불상과 경주 석굴암 불상의 영향을 받은 것으로 파악되고 있다. 그러나 불교문화재연구소

---

10) 『삼국사기』「列傳」의 '金庾信 上'에 보면 김유신 나이 17세 되던 해에 김유신은 중악(팔공산)의 석굴에서 삼국통일의 원대한 포부를 꿈꾸면서 수련했다는 기록이 있다. 그런데 여기서 말하는 석굴을 은해사 부속암자인 중암암(돌구멍 절)의 극락굴로 보는 경우와 불굴사의 원효굴로 보는 경우 그리고 은해사의 말사 오도암의 원효굴(서당굴)로 보는 경우가 있어 명확하지 않다. 또한 신라 때 '삼산 오악' 중 오악의 경우 통일 이후에 지정된 것으로 판단할 때, 김유신 나이 17세 되던 해는 통일 이전라 신라가 삼국을 통일하기 전의 신라 영역 내에 위치하는 중악을 의미한다고 볼 수도 있어 지금의 팔공산이 아니라고 볼 수도 있어 분명한 것은 알 수 없다.

11) 북한산국립공원 탐방객수가 단위면적당 세계 최고의 기록(연평균 탐방객이 2009년 기준 865만 명에 이르고 있어 단위 면적당 가장 많은 탐방객이 찾는 국립공원으로 기네스북에 기록되어 있음)으로 기네스북에 올라 있다고 하나, 국립공원연구원 조사(2014년)에 의하면 연간 약 250만 여 명이 찾고 있어 단위면적당 탐방객 수 세계 1위는 단연코 갓바위가 된다.

가 불교신문에 게재한 기사(2013년 5월 15일)를 보면 이러한 판단에는 오류가 있음을 알 수 있다. 1821년 선본사 주지 범해가 작성한 「선본사 사적기」 내용 일부를 옮겨보면 다음과 같다.

"...전략... 이 불상을 보고 감흥이 일어나 기도와 축원을 올리면서 감응을 얻은 사람이 많다. 스님들만 불상을 보고 발심한 것이 아니라 어리석은 남녀들도 깊은 신심을 일으켰다. 이것은 의현義玄화상의 공功이고 불일佛日이 멀리 비추어준 덕德이라 할 것이다. 〈도광 원년(1821, 순조 21년) 하안거 해제일에 쓰다. 이때의 주지 범해梵海가 분향하고 삼가 쓰다〉"

「선본사 사적기」에 기록된 내용처럼 갓바위 부처의 영험한 기운은 승려뿐 만 아니라 일반 사람들에게도 큰 영향을 미쳤고, 영험한 기운을 받을 수 있는 것은 의현대사의 공이라고 하였다. 「선본사 사적기」에 기록된 의현대사는 그동안 속설로 전해내려 오던 승려로 화랑의 '세속오계'를 지어 준 원광법사(555년:진흥왕 16년~638년:선덕여왕 7년)의 제자로 알려져 오던 인물이다. 「선본사 사적기」가 발굴되기 전까지는 638년(선덕여왕 7년)에 의현대사가 돌아가신 어머니를 위해 갓바위 불상을 조성했으며, 갓바위 불상을 조성하는 동안 의현대사의 잠자리와 먹을 것을 학이 날아 와 도와주었다는 이야기가 전해 오고 있었다. 그런데 「선본사 사적기」에서 의현대사의 실명이 사실로 밝혀 져 갓바위 불상 조성시기에 대해 재조명할 필요성이 제기된다. 지금까지 불교사적 연구결과에 의하면 갓바위 부처는 9세기에 조성되었고 갓바위 불상 머리 위에 얹혀 져 있는 갓 모양의 평평한 돌은 갓바위 불상이 조성되던 시기에 만들어진 것이 아니라 후대인 고려시대에 조성된 것으로 알려 져 있다. 그러나 「선본사 사적기」의 기록과 최근에 밝혀진 갓 모양의 바위에 통일신라시대를 대표하는 보상화 무늬가 새겨져 있다는 사실을 고려해보면 기존의 판단에 오류가 있음을 알 수 있다. 즉, 갓바위 불상의 머리에 얹혀 져 있는 갓모양의 돌이 통일신라시대에 조성된 것이라면, 갓바위 불상은 통일신라 이전 시기에 조성돼야 논리적으로 맞다. 정리하면, 갓바위 불상은 7세기 중엽 이전에 조성되었고, 후에 조성된 것으로 보이는 갓 모양의 바위는 8세기 이후에 새롭게 만들어 불상 위에 올려놓은 것으로 볼 수 있다. 또한 군위 아미타여래삼존석굴의 불상과 석굴암의 불상의 영향을 받아 갓바위 불상이 제작된 것이 아니라 오히려 갓바위 불상의 영향을 받아 군위 아미타여래삼존석굴의 불상과 석굴암의 불상이 제작된 것이다. 이렇게 볼 때, 팔공산 갓바위 불상은 우리나라의 보물을 넘어 인류 세계문화유산으로서도 충분한 가치를 지닌다.

5) 불굴사의 원효굴

대한불교조계종 제10교구 본사인 은해사의 말사인 불굴사에 위치한 원효굴은 일명 홍주암紅珠庵이라고도 한다. 원효굴은 신라의 원효가 최초로 수도 정진을 하던 곳이며, 김유신이 17세 때 통일대업을 바라면서 수련했다는 기록이 전해온다.[12] 불굴사는 690년(신라 신문왕 10년)

---

12) 『삼국사기』 「列傳」의 '金庾信 上'에 보면 다음과 같은 글이 있다. 유신의 나이 15세에 화랑이 되었는데, 당시 사람들이 흡연히 복종하였으며, 화랑도들을 용화향도라고 일컬었다. 진평왕 건복

에 창건되었다. 1736년(영조 12년)에 큰 홍수로 인해 산사태가 발생해 사찰이 소멸되었다. 그러던 중 전남 순천 송광사의 한 노승이 현몽하여 이곳으로 와 중건했다고 한다. 원효굴 내부에는 '아동제일약수我東第一藥水'라는 글귀가 조각돼 있어 좋은 약수가 있음을 암시해준다. 본약수는 신장병과 피부병에 효험이 있다고 알려져 있다. 또한 조선시대 건물 약사보전에는 약사여래입상이 모셔져 있다. 약사여래입상 역시 1736년 홍수로 매몰된 것을 순천 송광사 노승의 꿈에 현몽한 것을 토대로 발굴에 들어가 다시 찾아낸 것이라 한다. 선본사의 갓바위가 갓을 쓴 남성상[陽]을, 불굴사의 약사여래입상이 족두리를 쓴 여성상[陰]을 상징한다 하여 일대 마을 이름인 음양리陰陽里의 지명유래가 된다.

28년에 유신의 나이 17세였는데, 고구려, 백제, 말갈이 국경을 침범하는 것을 보고 강개하여 구적을 평정할 뜻을 품었다. 그래서 혼자 중악의 석굴(中嶽 石窟)에 들어가 재계하고 하늘에 고하여 맹세하기를 "적국이 무도하여 시랑과 범이 되어 우리 강역을 침요하여 거의 평안한 해가 없습니다. 나는 한낱 미약한 신하로서 재주와 힘을 헤아리지 않고 뜻을 화란소청에 두고 있사오니 상천은 하감하시와, 나에게 수단을 빌려 주십시오" 하였다. 거기에 있은 지 4일에 문득 한 노인이 葛衣를 입고 와서 말하기를 "이곳에는 독충과 맹수가 많아 무서운 곳인데, 귀소년이 여기에 와서 혼자 거처하니 어쩐 일인가?" 하였다. 유신이 대답하기를 "어른께서는 어디서 오셨습니까? 존명을 알려 주실 수 있겠습니까?" 하였다. 노인이 "나는 일정한 주소 없이 인연을 따라 행동을 하는데, 이름은 難勝이라 한다." 유신이 이 말을 듣고 그가 비상한 사람인 것을 알고 재배하며 나아가 "저는 신라 사람입니다. 나라의 원수를 보니 마음이 아프고 근심이 되어 여기에 와서 만나는 바가 있기를 원하고 있었습니다. 바라옵건대, 어른께서는 저의 정성을 애달피 여기시어 방술을 가르쳐 주시옵소서". 노인은 잠잠하여 말이 없었다. 유신이 눈물을 흘리며 간청하여 6, 7차례 마지 않으니 그제야 노인은 "그대는 아직 어린데 삼국을 병합할 마음을 가졌으니 장한 일이 아닌가?" 하고 비법을 전하면서 "조심해서 함부로 전하지 말라. 만일 불의한 일에 쓴다면 도리어 재앙을 받을 것이다" 하였다. 말을 마치고 작별을 하며 2리쯤 갔는데, 쫓아가 바라보니 보이지 않고 산 위에 오색과 같은 찬란한 빛이 나타나 있을 뿐이었다(삼국사기 김부식 저, 이병도 역).

6) 명마산鳴馬山의 장군바위

갓바위로부터 남동쪽으로 이어지는 능선에 위치하는 명마산(499m)에 자리 잡은 장군바위는 3단의 바위로 이루어진 토르 지형으로 높이가 약 10여 m에 달한다. 특이한 생김새로 인해 별칭이 많다. 만년필 펜촉을 닮은 것 같기도 하고, 장군이 사용하는 칼을 닮기도 하고, 또 어떻게 보면 남성의 상징을 닮은 것 같기도 한다. 그래서 장군바위에 대한 이야기 또한 흥미롭다. 신라 김유신 장군이 불굴사의 원효굴에서 삼국통일의 도업을 닦고, 원효굴에서 나올 때 맞은편 산에서 흰 말이 큰 소리로 울며 하늘로 오르는 것을 보았다고 한다. 그래서 그 산을 명마산鳴馬山이라고 부르게 되었고, 명마산 정상에 있는 바위를 김유신과 관련시켜 장군바위라 부르게 되었다고 한다.

7) 연화대좌 아래 조각된 국내 유일의 용무늬 불상

팔공산 정상 천왕봉에서 삼성봉(서봉)으로 걷다 보면 능선 길 바로 위에 통일신라시대에 조성된 것으로 판단되는 '팔공산마애약사여래좌상(대구시유형문화재 제3호)'이 위치한다. 불상 뒤편과 주변에는 십여 m 높이의 화강암 절벽바위(토르)가 이어져 있어 불상과 더불어 조화로운 경관을 연출한다. 일반적으로 불상 아래 대좌에는 연꽃무늬가 조각되어 있는 것이 일반적이다. 그런데 본 불상에는 연꽃으로 조각된 연화대좌 아래 청룡과 황룡이 좌·우에 조각된 모습을 볼 수 있어 특이하다. 어떻게 보면 이 자체만으로도 국보급이다. 연화대좌 아래 조각된 용의 모습은 대체로 2가지로 해석할 수 있을 것 같다. 하나는 신

라시대 토속적인 산악신앙 사상과 불교사상이 융합돼 나타난 것으로
보는 경우다. 또 하나는 부처가 곧 왕이라는 의미에서 용의 모습을 조
각한 것이라 판단된다.

8) 군위삼존석굴(제2석굴암)

화강암 절벽 동굴 안에 아미타 삼존불을 모셔 두고 있다. 국보 제109
호로 가운데에 본존불을 좌, 우에 관세음보살과 대세지보살을 모셨
다. 항마촉지인을 하고 있는 아미타불로 조성연대가 7세기 말로 추
정된다. 경주 토함산에 있는 석굴암 보다 조성시기가 약 반세기 내지
1세기 정도 앞선다는 설이 있어 국내 석굴사원의 효시로 유명세를
타고 있다.

9) 연경동의 화암畫巖

퇴계 이황 선생이 지은 '화암'의 소재가 되는 동화천 변의 변성퇴적
암으로 이루어진 절벽바위다. 일종의 하식애다. 대구 최초의 서원이었
던 연경서원이 인접해서 위치했다는 기록이 전해진다. 『대구읍지』학
교學校조의 '연경서원'편에 보면 "서원의 북쪽에 위치하는 산은 성도산
成道山으로, 봉우리가 나지막하고 골짜기가 부드럽다. 흰 빛깔의 돌과
푸른 빛의 소나무가 보일 듯 말 듯 하면서 서쪽으로 이어지다 산자락
에 큰 바위가 나타나 천 길이나 깎아지른 듯하니, 이것을 화암이라 부
르는데, 연경서원의 서쪽을 지켜준다. 붉고 푸른 바위절벽이 우뚝하게
솟아 기이한 형상이 마치 그림을 그린 듯하니, 화암이란 이름은 이로

부터 생겨난 것이다. 화암 아래에는 깊고도 맑은 푸른빛의 연못에 수많은 물고기가 노닐고 있다. 이곳은 서원에서 내려다 볼 수 있다"고 하여 당시의 정취를 느끼게 해준다.

10) 공산전투

927년 대구 공산(팔공산)에서 고려 태조 왕건 군사와 후백제 견훤 군사 간에 벌어진 격전으로 당시의 처절했던 전투 현장과 전투에서 패해 단신으로 도주하던 왕건의 행적과 관련한 지명이 전해온다. 관련된 지명으로는 대왕大王재, 대왕암大王巖, 나팔고개, 살내(전탄箭灘), 무태無怠, 연경硏經, 파군破軍재, 왕산王山, 지묘智妙, 독좌암獨坐巖, 불로不老, 시랑이, 초례봉初禮峰, 안심安心, 반야월半夜月 등이 전해온다.

11) 환성사環城寺의 거북바위

대한불교조계종 제10교구 본사인 은해사의 말사이다. 835년(흥덕왕 10)에 심지心地가 창건하였고, 산이 성처럼 절을 둥글게 둘러싸고 있어서 환성사라는 이름을 붙였다고 전해진다. 부속 건물 중 수월관水月觀은 이 절의 문루인데, 예전 대웅전 앞에 있던 연못에 잠긴 달을 수월관에서 바라보는 풍경이 가히 일품이라 하여 붙인 이름이다. 고려 말 환성사에 큰불이 나 거의 폐사에 이른 적이 있는데, 이에 대하여 다음과 같은 설화가 전한다. 절 입구에는 자라처럼 생긴 자라바위(또는 거북바위)가 있었는데 창건주인 심지는 "이 바위가 있는 한 절이 번창할 것"이라 예언하였다. 자라바위 덕분인지 하루가 다르게 신도가 늘어나면서 번창하였다. 고려 때에는 대선사大禪師가 난 것을 기념하여 일주문을 세우고, 대웅전 앞에 커다란 연못을 팠다. 선사는 "연못을 메우면 절이 쇠락할 것"이라고 예언하였고, 승려들은 선사의 유지를 받들어 연못을 잘 돌보았다. 그러던 어느 해, 신도들이 너무 많이 찾아오는 것이 귀찮아진 주지가 자라바위의 목을 잘라버리도록 하였다. 그러자 연못이 핏빛으로 물들었고, 이를 기이하게 여긴 신도들이 더 많이 몰려들었다. 이를 또 성가시게 여긴 주지의 명령으로 연못을 메우기 시작하자 연못 속에서 금송아지 한 마리가 날아올라 구슬피 울며 사라졌고, 연못을 다 메우자 절 전체에 불이 붙기 시작하여 대웅전과 수월관만 남긴 채 모두 타버렸다. 이후 선사들의 예언대로 신도들의 발길이 뚝 끊어졌다고 한다.

12) 팔공산의 수태골

팔공산 수태골受胎谷은 대구시민들이 가장 많이 찾는 곳이다. 수태골을 통해 팔공산의 정상인 비로봉, 미타봉, 삼성봉 등으로 연결되는 탓에 많은 등산객이 이용한다. 수태골 입구에는 수태지라는 못이 하나 있다. 수태지 전면에서 비로봉을 바라보면 마치 아이를 밴 여자가 누워 있는 형상을 보여 수태지의 의미를 더해 준다. 옛날 한 부인이 아기를 갖지 못해 매일 근심에 사로잡혀 살던 중, 희고 긴 수염을 가진 노인이 부인에게 나타나 팔공산 부인사符仁寺(혹은 夫人寺) 근처에 있는 수태골의 위치를 가르쳐 주면서 말했다. "부인, 수태골을 찾아 가서 백일 동안 정성껏 기도를 올리면 부인이 그토록 원하는 아이를 가질 수 있소."그래서 그 부인은 노인이 말한 대로 이 골짜기를 찾아가서 백일 동안 기도를 드렸더니 신기하게도 아이를 갖게 되었다고 한다. 그래서 이곳을 수태골이라 부르게 되었고 수태골 앞의 연못을 수태지라 하게 되었다.

13) 부인사, 파계사, 수태골에 얽힌 우스개 이야기

아주 오랜 옛날 한 사찰에서 정진 중이던 승려가 인근의 사찰을 방문하게 되었다. 그 때 마침 절을 찾아온 한 부인과 사랑을 하게 되었다. 세월이 흘러 부인은 아이를 갖게 되었는데, 절을 찾아 온 부인에게 아이를 갖게 한 승려는 파계승이 되어 그 승려가 몸담고 있었던 사찰을 파계사破戒寺라 하였다 한다. 그리고 부인이 찾아갔던 절은 부인사夫人寺가 되었고, 그 부인이 아이를 가진 곳은 수태골受胎谷이라 하였다고 한다.

14) 그 밖의 다양한 이야기 거리

동화사의 창건설화와 심지조사의 팔간자

미륵불과 동화사의 마애불좌상

염불암 바위에 새겨진 아미타불과 관음상

팔공산의 사찰과 심지 · 원효 · 일연

팔공산의 사찰과 관련한 역대 왕들

초조대장경과 부인사

천연기념물 제1호 도동측백나무숲

은해사 거조암과 지눌의 정혜결사定慧結社

천주교 성지 한티재

호국의 성지인 가산산성과 공산성

임진왜란과 공산회맹

신라 '오악'의 중심인 팔공산의 제천단

팔공산 자락의 전통마을 옻골마을과 한밤마을

은해사와 추사 김정희 글씨(大雄殿, 寶華樓, 佛光)

15) 팔공산을 배경으로 쓰여 진 유명한 한시와 문장

열암悅菴 하시찬夏時贊(1750~1828)의 「삼성암동유서三省庵同遊序」, 「공산팔영公山八詠」, 「용두기우제문龍頭祈雨祭文」

태재泰齋 유방선柳方善(1388~1443)의 「산행」, 「등천왕봉登天王峰 -영천공산봉명永川公山峰名」, 「공산」, 「운부사雲浮寺」, 「백지사栢旨寺」

윤희요의 「공산동유록公山同遊錄」

이규보李奎報(1168~1241)의 「헌마공산대왕문獻馬公山大王文」

겸재謙齋 정익동鄭翊東(1735~1795)의 「유팔공산백칠십이운遊八公山百七十二韻」

자산慈山 권익구權益九의 『자산일고慈山逸稿』 중 「공산잡영公山雜詠」

극재克齋 신익황申益愰(1672~1722)의 「기제팔공산진불암암주의눌구기여불허지서차기제오음寄題八公山眞佛庵庵主義訥求記余不許只書此寄題五音」

낭산郎山 이후李垕(1870~1934)의 「진불암」

우담愚潭 정시한丁時翰(1625~1707)의 『산중일기山中日記』

동계東溪 조형도趙亨道(1567~1637)의 「천왕봉天王峰」, 「동화사桐華寺」

각암覺菴 전유경全有慶(1605~1643)의 「효등팔공산상봉曉登八公山上峰」

달성 군수 김태일金兌一(1637~1702)의 「팔공산기우제문八公山祈雨祭文」

의흥 현감 서명응徐命膺(1716~1787)의 「의흥공산기우제문義興公山祈雨祭文」

낙애洛涯 정광천鄭光天(1553~1594)의 「유팔공산십수遊八公山十首」

사가정四佳亭 서거정徐居正(1420~1488)의 「대구십영大丘十詠」

매월당梅月堂 김시습金時習의 「망공산望公山」

사명당四溟堂 유정惟靜(1544~1610)의 「동화사상방문분야종桐華寺上房聞分夜鐘」

퇴계退溪 이황李滉(1501~1570)의 「화암畵巖」

낭산朗山 이후李垕(1870~1934)의 「방운부암訪雲浮庵」

중재中齋 이호대李好大(1901~1981)의 「여재우유중암암與齋友遊中巖庵」

일연一然(1206~1289)의 「심지계조찬心地繼祖讚」

16) 선주암폭포(공산폭포, 치산폭포)를 읊은 인물

퇴계退溪 이황李滉, 금계錦溪 황준량黃俊良(1517~1563), 북계北溪 조용석曺龍錫(1705~1774), 부암傅岩 김경기金慶基(1712~1793), 아헌啞軒 권치경權致經, 연호蓮湖 김진성金璡聲(1822~1892), 소계小溪 정태하丁泰夏(1850~1915) 등

7. 팔공산 활용방안

팔공산과 관련하여 팔공산의 수려한 지형경관은 물론 신라 천년의 불교문화유적, 팔공산에 녹아 있는 다양한 명품 이야깃거리 등을 살펴보았다. 팔공산은 그야말로 문화역사생태자원의 명품 보고라 할 만하다. 특히 인구 250만의 대도시인 대구분지 주변에 남(비슬산괴), 북(팔공산괴)으로 해발고도 1,000m가 넘는 산지를 보유하고 있어, 세계적으로 봐도 이러한 천혜의 자연환경을 가지는 대도시는 대구가 유일하다. 팔공산은 접근성이 좋을뿐더러 설악산, 지리산 등 국내 유명 산지와는 달리 산세도 험하지 않아 탐방객들이 편리하고 쾌적하게 찾을 수 있다. 또한 관광지 조성에 필요한 인프라가 비교적 잘 갖추어져 있어 팔공산에 관한 흥미롭고도 다양한 이야기 거리를 발굴하고 이를 상품으로 개발한다면 세계적인 관광지로 조성할 수 있다. 따라서 연구자는 팔공산의 세계적 명품 관광지 조성을 위해 다음과 같이 정책적 제안을 하고자 한다.

1) 팔공산 제천단祭天壇에 관해 기록된 고문헌이 전해오지만, 정확한 장소에 대해서는 정설이 없는 실정이다. 따라서 팔공산의 상징적 존재인 제천단의 장소 고증에 대한 조사가 시급히 이루어져 성역화가 이루어져야 할 것이다. 이를 토대로 팔공산의 정체성 확보와 대구의 브랜드 가치 제고를 위해 제천단을 대구의 대표적인 랜드마크로 적극 홍보할 필요가 있다.

2) 지역의 경제 활성화를 위해서는 당일관광지에서 체류관광지로의 변화를 모색할 필요가 있다. 이를 위해서는 팔공산 일대를 슬로우 타운(Slow town)으로 조성하는 것이 바람직하다. 또한 팔공산에 산재하는 각종 문화역사생태자원을 발굴하여 다양한 형태의 관광유형으로 개발하기 위한 계획이 마련되어야 하겠다.

3) 팔공산의 슬로우 타운 이미지를 제고하기 위해서는 신라 천년의 불교문화유적을 관광 상품으로 적극 개발하여 홍보할 필요가 있다. 구체적인 계획으로는 현재 동화사에서 실시하고 있는 선 체험관을 보다 확대·개편하여 파계사, 부인사, 은해사, 송림사 등 여러 사찰에서도 다양한 콘텐츠를 만들어 추진하는 것이 바람직하다. 특히 선, 명상(명상의 길, 템플 스테이) 등을 통해 현대인의 피곤한 심신을 치유해 줄 수 있는 다양한 방안을 모색하는 것이 합리적이다.

4) 팔공산 지명이 중국 안휘성의 팔공산에서 유래했을 개연성이 있으므로 이를 중국인 관광객 유치에 활용할 필요가 있다. 향후 중국 경제는 비약적인 성장이 예견되고 있어 상당한 수준의 경제력을 가지는 중국 인구는 급증할 추세다. 따라서 경제력이 뒷받침 되는 중국인의 해외관광지출 비용 역시 급증할 추세여서 이에 대한 대책이 필요하다. 즉 팔공산 지명의 중국 유래설을 비롯해 중국인이 좋아하는 '8'이라는 숫자를 활용해서 중국 관광객 유치에 적극적으로 홍보 및 활용할 가치가 있다. 예를 들면, 매년 8월 8일이 속하는 주간의 일주일을 '중국인을

위한 팔공산 축제'로 개발하는 것도 생각해 볼 수 있을 것이다.

5) 관광에 있어 볼거리만큼이나 중요한 것이 먹을거리라는 사실은 주지의 사실이다. 팔공산을 느림의 상징으로 부각시키기 위한 수단이자 팔공산을 대표하는 먹을거리로 제대로 된 사찰음식을 개발하는 것도 고려할만하다. 사찰음식은 육류가 배제된 채소류나 과일류로 이루어지기 때문에 세계 어느 지역에서도 볼 수 없는 특화된 음식을 제공해줄 수 있다. 특히 음식에 사용되는 모든 재료는 팔공산의 화강암 풍화층을 통해 나오는 청정 지하수를 이용하여 재배하면 최고의 명품 재료로 부각시킬 수 있다. 즉 팔공산의 청정 지하수를 이용한 유기농 재료는 팔공산이 가지는 '느림'과 '치유'의 브랜드 가치를 각인시킴은 물론, 지역주민들의 경제에도 기여할 수 있어 지역 경제 활성화에 큰 도움이 된다.

6) 팔공산 인근의 관광지와의 연계를 통한 시너지 효과를 고려할 필요가 있다. 팔공산 주변의 관광지로는 금호강과 낙동강 일대를 대상으로 조선시대 영남 유림들의 문학 탐방길 복원 등이 주요한 관광자원이 될 수 있다. 이를 위해서는 유림들이 시문을 나누던 정자와 뱃놀이를 하면서 그들이 머물던 나루터 그리고 행선지나 행로 등에 대한 고증과 복원이 필요하다. 또한 비슬산권과의 연계, 대구 도심지의 근대화골목 투어 등과의 다양한 연계를 통한 시너지 효과를 기대해볼만 하다.

7) 팔공산을 찾는 탐방객들에게 팔공산에 관한 모든 정보를 한 자리

에서 통합적으로 제공해 줄 수 있는 즉, one stop service가 이루어질 수 있도록 가칭 '팔공산박물관' 조성에 대한 마스터플랜(master plan)이 마련되어야 할 것이다. 특히 대구와 경북으로 나뉘어져 있는 팔공산의 통합관리를 위해서는 팔공산의 국립공원 지정이 하루 속히 이루어질 수 있도록 대구와 경북의 긴밀한 협력이 요구된다. 이를 위해서는 지역의 시민사회(시민단체 포함)가 중심이 되어 세계적인 명품 팔공산 조성을 위한 지역 협의체 구성이 절실하다.

8) 팔공산 브랜드 가치 제고를 위해 세계적인 관광자원으로서 필요충분조건을 갖춘 '갓바위(보물 제431호 관봉석조여래좌상)'를 '세계유산'으로 지정될 수 있도록 적극적인 노력을 기울여야 할 것이다.

9) 팔공산 기슭에 세거하는 전통마을인 군위 대율의 '한밤마을', 동구 '옻골마을' 등의 관광자원화를 통한 대구지역 전통마을의 세계화를 준비할 필요가 있다.

10) 팔공산에서 매년 개최되는 다양한 주제의 축제들(동화사의 초파일 봉축행사와 개산대제, 부인사의 선덕여왕 숭모대제와 승시축제, 동화지구의 정월대보름 달집태우기 축제와 팔공산 벚꽃축제 그리고 팔공산 단풍축제, 갓바위지구의 갓바위 축제, 칠곡군의 혜원정사-가산바위 간 10.6km 달빛 축제, 영남일보의 달빛 걷기 축제, (사)한국문화공동체의 팔공산 풍경소리축제 등)을 체계적으로 구성하여

팔공산의 다양한 관광자원과 연계시킨다면 팔공산을 연중 관광지화하는 데 큰 기여를 할 것이다. 아울러 이를 위한 정책적·재정적 지원이 절실하다.

참고문헌

국립대구박물관, 2009, 『팔공산 동화사』, 그라픽네트.

김부식 저 · 이병도 역, 2007, 『삼국사기』, 을유문화사.

김종욱, 2010, 『대구이야기』, 북랜드

대구광역시 · 대구향토문화연구소, 2001, 『대구광역시 문화재 안내판 문안집』, 신흥인쇄.

대구광역시 · 택민국학연구원, 2009, 『대구지명유래총람-자연부락을 중심으로-』, 한영 종합인쇄.

대구시, 1977, 『달구벌』, 경북인쇄소.

대구시사편찬위원회, 1995, 『대구시사』, 제1권, 대구경북인쇄공업협동조합.

대구중구문화원, 2001, 『건들바위』, 3, 동화인쇄사.

대구직할시, 1994, 『팔공산 자연공원 생태계 조사보고서』, 도서출판 일봉.

대구직할시 · 경북대학교, 1987, 『팔공산-팔공산사적지표조사보고서-』, 삼정인쇄소.

대구직할시 · 경북대학교, 1991, 『팔공산 속집』, 명인문화사.

대구직할시 · 경북대학교박물관, 1990, 『대구의 문화유적-선사 ; 고대』, 매일원색정판사.

매일신문사 특별취재팀, 2006, 『팔공산하』, 매일신문사.

박규홍, 2013, 『화랑유적지에서 리더십을 배우다』, 학이사.

심근정 · 김재호 · 김수봉, 2003, 「산사태 발생지역의 경관변화와 주민의식 : 1930년 팔 공산 산사태지역을 중심으로」, 『한국정원학회지』, 21(3), 42-53.

이대현 · 정운철, 2014, 『대구사랑 대구자랑』, 매일신문사.

이동민, 2004, 『우리고을 지킴이 팔공산』, 북랜드.

이정웅, 1993, 『팔공산을 아십니까』, 도서출판 그루.

이재영, 1994, 『팔공산 자연공원 생태계 조사보고서』, 대구직할시.

일연 저 · 이재호 역, 2002, 『삼국유사』, 솔출판사.

전영권, 2003, 『이야기와 함께하는 전영권의 대구지리』, 도서출판 신일.

전영권, 2008, 「대구의 문화생태환경 복원과 활용방안」, 『한국지역지리학회지』, 14(3), 189-198.

전영권, 2011, 「'신 대구십경' 선정에 관한 연구」, 『한국지형학회지』, 18(3), 93-105.

전영권, 2011, 「대구 팔공산의 지형자원」, 『한국지형학회지』, 18(4), 247-260.

전영권, 2012, 「대구 팔공산의 가치와 활용방안」, 『한국지형학회지』, 19(2), 51-68.

전영권, 2014, 『살고싶은 그곳, 흥미로운 대구여행』, 푸른길

정시한 저·신대현 번역, 2005, 『산중일기』, 도서출판 혜안.

조명래, 2013, 「치산십경 답사보고서」, 팔공산연구소.

조명래, 2013, 「팔공산 제천단의 위치와 봉명에 대한 조사보고서」, 팔공산연구소.

조선사연구회, 2002a, 『조선시대 대구 사람들의 삶』, 계명대학교출판부.

조선사연구회, 2002b, 『조선시대 대구의 모습』, 계명대학교출판부.

최용주, 2004, 『한반도자연사 10대사건 : 땅속 불구덩이가 화강암 절경 이뤄내』, 과학 동아, 19(4), 82-85.

하종성, 2008, 『역사 속의 달구벌을 찾아서』, 삼일출판사.

한승희, 2007, 『팔공산 수태골의 지형자원을 활용한 지오투어리즘』. 대구가톨릭대 대학원 석사학위논문

황보규태, 2000, 『팔공산영고』, 태양인쇄소.

경상북도팔공산도립공원관리사무소 홈페이지(http://www.gbpalgong.go.kr/main/main.htm)

국립공원관리공단 홈페이지(http://www.knps.or.kr/main/main.do)

대구광역시팔공산자연공원관리사무소 홈페이지(http://www.daegu.go.kr/Palgongpark/)

〈고문헌〉
경상도지리지
고려사
교남지
대구읍지
대동수경
대동지지
동사강목
사가집
삼국사기
삼국유사
세종실록지리지
신증동국여지승람
여지도서
조선왕조실록
증보문헌비고

〈고지도〉
광여도
경상도지도
대동여지도
해동지도
해좌전도

생태중심으로 본 팔공산의 가치 재조명[1]

채희영
(국립공원연구원)

팔공산 자연자원 및 인문환경에 대한 조사를 2013년 10월부터 2015년 1월까지 진행하였다. 그 결과 팔공산에 서식하는 생물종은 총 10개 분류군 2,816종으로 확인되었으며, 기존의 문헌조사 결과를 포함하면 총 4,739종으로 집계되었다.(표 1) 이는 도시형 국립공원인 북한산(2,945종), 계룡산(3,375종), 무등산(3,668종)과 비교했을 때, 팔공산의 생물자원 가치가 매우 높은 것으로 나타난 것이다.

유류 5종, 조류 13종, 양서·파충류 13종, 어류 5종, 주간곤충 261종, 야간곤충 235종, 저서성대형무척추동물 65종, 고등균류 452종, 담수조류 363종으로 총 1,564종이었다.

---

1) 본 글은 국립공원관리공단 국립공원연구원에서 대구광역시·경상북도로 부터 연구비를 지원받아 수행된「2014 팔공산 자연공원 자연자원조사 보고서」내용을 요약한 것임.

【표1. 팔공산 생물종 현황】

구분	선행연구	자연자원조사 (2013-2014)	신규 확인종	팔공산 생물종	국가 생물종	서식비율 (%)
합계	3,175종	2,816종	1,564종	4,739종	26,925종	17.6
식물	1,239	828	152	1,391	4,881	28.5
포유류	25	25	5	30	90	33.3
조류	94	89	13	107	519	20.6
양서·파충류	10	21	13	23	45	51.1
어류	12	15	5	17	138	12.3
주간곤충	1,226	486	261	1,487	14,297	14.5
야간곤충	354	367	235	589		
저서성대형 무척추	215	170	65	280	-	-
고등균류	-	452	452	452	3,413	13.2
담수조류	-	363	363	363	3,542	10.2

국가생물종 대비 팔공산에 서식하는 종의 비율은 식물 28.5%, 포유류 33.3%, 조류 20.6%, 양서·파충류 51.1%, 어류 12.3%, 곤충 14.5%, 고등균류 13.2%, 담수조류 10.2%로 나타났다.

지구별 생물종 분포현황을 보면 가산산성 지구, 파계사 지구, 동화사 지구 및 은해사 지구에 많은 생물종이 서식하는 것으로 분석되었다. 더불어 팔공산에 서식하는 환경부 지정 멸종 위기종, 문화재청 지정 천연기념물, 한반도 고유종 현황에서도 비슷한 결과가 도출되었다. 이들 특정종은 가산산성 지구, 동화사 지구 및 갓바위 지구에 많이 서식하고 있는 것으로 분석되었다.

【그림 1. 팔공산 생물종 분포】

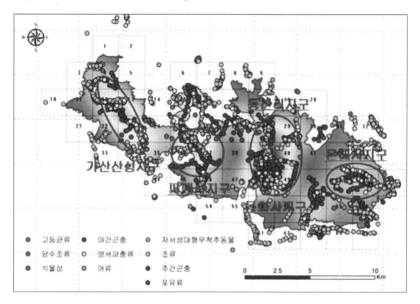

이번 조사에서 환경부 지정 멸종위기 야생생물 Ⅰ급 1종, Ⅱ급 11종이 확인되었으며, 문화재청 지정 천연기념물은 11종, 한반도 고유종은 61종, 국내 미기록 종은 9종이 확인되었다(표 2).

더불어 국보, 보물, 유형문화재 등 165건의 지정·비지정 문화재가 확인되었는데, 이는 북한산, 계룡산, 무등산 등의 국립공원과 비교해서 더욱 많은 문화자원을 보유하고 있는 것이다.

또한 팔공산을 이용하는 연간 탐방객 수는 약 450만 명으로 조사되었으며, 팔공산의 보존가치와 이용 가치를 합친 총 경제적 가치는 5종 2천억 원에 이르는 것으로 분석되었다.

【표 2. 팔공산에 서식하는 법정보호종 및 주요종】

	멸종위기 I급 (1종)	멸종위기 II급(11종)	천연기념물 (11종)	한반도 고유종 (61종)
포유류	수달	삵, 담비, 하늘다람쥐	수달, 하늘다람쥐	-
조류	-	새호리기, 독수리, 붉은배새매, 새매, 참매, 흰목물떼새, 수리부엉이, 올빼미	원앙, 황조롱이, 독수리, 소쩍새, 붉은배새매, 새매, 참매, 수리부엉이, 올빼미	-
식물	-	-	-	금오족도리풀, 가야물봉선, 청괴불나무, 병꽃나무, 참개별꽃, 고려엉겅퀴 등 32종
양서·파충류	-	-	-	긴꼬리개, 참갈겨니, 자가사리, 동사리, 치리, 꺽지
어류	-	-	-	꼬리치레도롱뇽, 한국산개구리
곤충	-	-	-	고려애장님노린재, 남포잎벌, 털보자루맴시벌 등 16종
저서성대형 무척추동물	-	-	-	주름다슬기, 뿔하루살이, 가는무늬하루살이, 한국큰그물강도래, 한국강도래

 팔공산은 주로 백악기 불국사 변동시기 화산활동에 의해 형성된 화강암으로 구성되어 있으며, 화강암뿐만 아니라 반화강암, 페그마타이트, 그리고 주변 퇴적암 혼펠스에 이르기까지 다양한 암석들이 산출되므로 팔공산 지질다양성의 보전이 지속되어야 할 것이다. 특히 화강암질 마그마가 관입하면서 생성된 혼펠스 중에서 마그마의 지붕에 해당되는 혼펠스가 가산산성 일대에서 관찰되는데 천연기념물 등으로 지정하여 보전할 가치가 있는 것으로 판단된다. 수직절리, 수평절리, 토르지형, 암괴류 등 화강암류에서 특징적으로 나타나는 여러 지질구조들과 다양한 암석들을 구성하는 광물들의 특징적인 조직은 팔공산 화

강암이 지질학적 가치와 자연유산적인 가치뿐만 아니라 지질작용과 풍화과정에 대한 교육적 가치 또한 뛰어나다.

따라서 이들 암석 및 광물의 종류, 구조, 조직을 보여주는 동시에 이들의 분포를 나타내는 지질도를 포함하는 안내판을 설치하여 팔공산 지질자연유산에 대한 일반인의 이해를 증진시켜 탐방객들의 자발적인 보전의식을 고취시킬 방안을 다양하게 개발할 필요가 있다. 특히 동산 계곡 화강암의 방사형 전기석 반정과 가산일대의 혼펠스와 큰 반화강 암맥은 팔공산뿐만 아니라 전국에서 보기 드문 구조이기 때문에, 팔공산 자원 및 관광명소 보호차원에서 보전 관리해야할 필요가 있다. 팔공산에서 관찰되는 뛰어난 학술적·교육적 가치가 있는 지질자연유산은 본 조사와 같은 기초조사의 수준을 넘어서는 심층적인 조사연구의 필요성을 시사하고 있다.

팔공산은 많은 트레킹 코스와 유명 사찰을 보유하고 있음에도 불구하고 대도시 주변에 위치하고 있어 많은 탐방객이 찾는 명산이다. 본 조사 결과는 팔공산을 찾는 많은 탐방객이 팔공산이 어떻게 형성되어 어떤 과정을 거쳐서 현재의 모습으로 형성되었으며, 어떤 암석과 광물들로 구성되어 있는지에 대해 설명하는 교육 및 안내 자료를 작성하는 기반자료로 활용할 수 있다. 또한 단순한 안내자료의 배부 수준에서 나아가 탐방객에게 팔공산 지질자연유산을 안내하고 설명해주는 지질자연유산 해설가의 양성 자료로 사용할 수 있다. 팔공산이 현재 국가지질공원은 아니지만, 국가지질공원으로 채택된 다른 지역에 비하여 뒤지지 않는 지질자연유산을 가지고 있으므로 팔공산의 지질학적 가치를 알리는 기반으로 지질 명소 개발의 기초자료로 활용할 수 있다. 따라서 팔공산을 친환경적 지질자연유산 명소로 만들기 위해 팔공산 일대에서 이루어지는 다양한 사업과 공사는 자연유산의 보호를 우선하는 동시에 친환경적인 활용을 고려하는 기본 자료로 사용되어져야 할 것이다. 팔공산이 가지는 우수한 지질자연유산은 국가지질공원으로 추진하고 나아가 유네스코 세계지질공원으로 등재하는 방안을 고려할 가치가 있다.

식물상은 답압, 채취 등의 인위적인 훼손 또는 산사태, 폭우, 온도 등의 자연적인 요인에 의해 발생하는 교란의 영향을 받는다. 교란 및 훼손을 최소화하기 위해서는 비법정 탐방로의 출입을 통제하는 목책을 설치하여 피해를 줄여야 한다. 또한 희귀식물 또는 특정 식물종에 대한 불법채취 행위를 금지하는 교육을 통해 탐방객의 보전의식을 강화시켜야 한다. 또한 보전해야 할 식물들이 집중 분포하는 지역 및 보전이 급한 지역 등을 우선 선정하여 이를 중심으로 보전대책을 수립하여야 한다.

가산산성 내에 문화재 발굴 사업이 진행되고 있으나, 주변 식물과 서식지의 토양을 제거한 후 발굴사업을 진행하고 있다. 토양유실로 일부 사면 침식현상이 발생할 수 있으며, 이렇게 교란된 지역은 외래식물의 분포 면적과 우점도가 높아 이에 대한 관리방안을 마련해야 한다. 환경부가 지정한 생태계교란 야생식물인 돼지풀은 팔공산 전역에서 분포하고 있어 결실기 전 지속적이고 반복적인 제거 작업을 실시해야 하며 추가적인 발생과 확산에 대한 주기적인 모니터링이 필요하다.

복수초(Adonis amurensis Regel & Radde)는 미나리아재비과에 속하는 다년생초본이다. 팔공산에서는 가산산성 일대에 군락을 이루면서 서식한다. 하지만 군락지 주변으로 샛길이 형성되어 있어 탐방객들의 답압으로 훼손되고 있고 봄철 불법채취로 훼손이 가중되고 있다. 또한 군락지를 가로지르는 샛길을 이용하는 탐방객의 영향으로 서식지 내 외래식물이 침입할 수 있는 가능성이 높다. 따라서 탐방객들의 출입을 제한할 수 있도록 펜스를 설치하고 출입금지를 알리는 계도판을 설치하도록 해야 한다. 군락지 내 외래식물 분포 현황도 조사하여 외래식물이 침입하였다면 제거하고 확산 여부를 매년 모니터링 할 필요가 있다.

팔공산은 대구광역시의 북쪽에 위치하고 칠곡군, 군위군, 영천시 지역이 일부 포함되어 있다. 정상부의 군 관련 시설 및 공원 내부에 산재해 있는 사찰, 탐방로 등에 의해 지속적인 간섭과 교란이 발생하고 있는 실정으로 특히, 지정 탐방로 이외에 거미줄처럼 얽혀 있는 탐방로로 인해 식생훼손, 답압, 토양 유실 등 교란 정도가 심한 지역이 확인되고 있다. 따라서 법정 탐방로를 이용하도록 하고 이외 지역에 대한 출입제한이 가능하도록 탐방객과 사찰 방문객을 대상으로 교육이 이루어져야 할 것으로 보이며, 필요시 구간별 휴식년제 도입을 통한 회복기가 필요할 것으로 판단된다.

특히 비로봉~동봉 구간은 무분별한 탐방으로 토양유실이 심하게 진행되고 있어 이 구간에 대한 탐방로 정비가 필요할 것으로 보인다. 또한 도립공원 입장료가 없어 국민의 이용적 측면에서 자유로운 반면,

방문객의 과도한 출입에 의한 답압, 식생훼손, 교란 등의 문제가 지속적으로 제기되고 있어 방문객의 출입 조절을 위한 구간별 탐방예약제 운영 또는 입장료 부과 등도 필요할 것으로 판단된다.

팔공산은 동화사, 은해사, 갓바위 등 많은 사찰과 문화재가 산재해 있어 이러한 시설물의 보전을 위해 개발이 제한되어 왔기 때문에 포유류가 서식할 수 있는 자연환경 또한 비교적 잘 보존되어 왔다. 그러나 많은 탐방객으로 인해 곳곳에 인간의 인위적인 간섭 요인 또한 증가하고 있다. 특히 팔공산 순환도로를 따라 포유류의 로드킬이 확인되거나, 발생할 잠재적인 위험을 내포하고 있어 차량의 속도를 낮추기 위한 시설 및 반사판, 유도 팬스 등의 설치를 검토할 필요가 있을 것으로 판단된다. 그리고 포유류의 안정적인 서식환경을 조성하기 위해 주탐방로를 제외한 나머지 구간(샛길)으로의 출입을 제한하고, 조사를 통해 주요 멸종 위기종의 서식이 다수 확인된 지역을 대상으로 일정기간 또는 번식기에 출입을 통제하는 방안이 마련되어야 할 것으로 판단된다. 또한 이들 종에 대한 지속적인 모니터링을 실시하는 등 체계적인 관리가 이루어져야 할 것으로 보인다.

팔공산은 현재 경상북도 도립공원 사무소와 대구광역시 자연공원 사무소에서 이원화되어 관리되고 있는데 대부분의 주탐방로 입구에 탐방안내소가 위치하고 있어 이러한 시설의 입구에 포유류의 현황표 및 사진 등이 제시된 안내표지판 또는 리플릿 등을 제작하여 비치한다면 교육 및 탐방자료로 사용할 수 있을 것으로 판단된다.

팔공산은 신라 때부터 수많은 불교 관련 문화가 어린 곳이다. 특히 지역별로 절, 암자 등이 많이 분포하여 종교 활동을 하는 탐방객이 많아 이런 장소를 대상으로 산새류의 보호를 위한 보전방안이 필요하다. 팔공산의 계곡이나 저수지 등에서 원앙, 물총새 등이 나타나는 지역은 번식과 서식을 위해 계류나 저수지의 보전관리가 필요하다.

춘계 조류의 번식시기에 흰배지빠귀의 울음소리가 전 지역에서 울리고 있었다. 임도나 수목에 조용히 나타나는 흰배지빠구의 행동과 울음소리를 설명해 주는 해설판을 탐방로 입구에 설치한다면 좋은 교육자료가 될 것이다.

큰부리 까마귀의 울음소리와 출현지점이 사찰, 굿당, 기도처, 휴게소, 식당 등의 음식을 먹이로 하고 있음을 알 수 있다. 따라서 토속신앙과 큰부리 까마귀의 공존, 음식물과 큰부리 까마귀의 생존방식을 통해 생태보전을 위한 환경의식 교육에 활용하면 좋을 것이다.

나무를 타고 오르내리는 동고비의 행동과 울음소리 등을 청음과 행동관찰 교육 소재로 이용하면 좋을 것이다. 번식기인 춘계와 이른 하계에 야간 탐사를 통한 소쩍새, 쏙독새, 부엉이류 등의 청음 훈련과 밤의 자연을 탐방하는 자료로 활용을 권장한다. 원앙과 오리류는 휴식장소로 큰 가지, 바위, 평판 등을 이용한다. 수면내부에 작은 섬과 같은 구조물을 설치하면 원앙, 왜가리, 백로류, 오리류 등의 휴식 공간이 될 수 있다. 그리고 박새, 동고비 등의 산새류 번식을 촉진하기 위해 인공둥지를 나무에 설치해 주어야 한다.

가산산성 인근에 위치한 가산습지는 크게 3개의 저수지로 구성되어 있다. 이곳에는 양서류의 산란지로 최적의 조건을 갖추고 있으며, 다른 야생동물도 많이 이용하는 것으로 생각된다. 또한 가산산성에서 내려오는 물은 도롱뇽이나 무당개구리, 북방산개구리 등 많은 수의 양서류에게 산란지로서의 역할을 수행하고 있으며, 이로 인하여 양서류의 건강성뿐만 아니라, 상위 포식자인 파충류의 건강성도 함께 유지된다. 따라서 인공저수지 주변의 훼손을 방지하고, 적정 수위를 유지할 수 있도록 타 용도(농업용수 등 기타 다양한 수자원 이용)의 사용을 제한할 필요가 있다.

갓바위, 은해사 등은 팔공산을 대표적인 명소들이다. 특히 은해사 주변의 저수지나 공원 내 사찰 웅덩이 등에서는 외래 거북인 붉은귀거북, 노랑배거북이 확인되었으며, 파충류 중 최우점종이 붉은귀거북으로 나타난 것은 탐방객들이 이곳에서 외래 거북을 방사했다는 의미이다. 따라서 외래종 방사 금지에 대한 홍보·계몽·포획 등이 보다 적극적으로 이루어져야 할 것으로 생각된다.

공원 내의 하천은 대부분 최상류의 산간계곡으로 수온이 낮고 용존산소가 많은 특징을 지니고 있었다. 또한 물속에는 유기물이 적으며 어류가 서식할 수 있는 공간이 다양하지 않아 다양한 어종을 부양하기 어려웠다. 따라서 공원 내에 서식하는 어종의 수는 중·하류 하천에 비하여 적을 수밖에 없다. 이러한 특징 때문에 산간계류의 어류 서식처가 한번 파괴되면 회복하는 데 많은 시간이 필요하다. 현재 팔공산 내에 서식처가 파괴된 지역은 없다. 하지만 자연재해에 의하여 파괴될 수도 있는데, 이럴 때에는 인위적으로 복원하기 보다는 자연적으로 회복되도록 두는 것이 훨씬 빠른 속도로 복원되므로 가능하면 자연적 복원이 일어나도록 방치하는 것이 최선이다. 경우에 따라서는 공사를 해야 할 경우가 발생한다면 어류의 주 서식처가 되는 하천의 바닥은 절대 손상되지 않도록 세심한 주의를 기울여야 한다.

팔공산의 모든 계곡 및 주변 저수지는 청정한 수질을 유지하고 있고, 특히 가산산성 내에 위치하고 있는 습지는 외부로부터 이입되는 오염원이 전혀 없고, 국내에서는 거의 찾아볼 수 없는 고산습지이다. 따라서 팔공산 주변 계곡과 산성 내 습지의 수질 보전을 엄격하게 하고 무분별한 출입 및 수질오염 행위에 대한 관리방안 수립이 필요할 것으로 사료된다. 또한 저수지와 습지 내 식물플랑크톤이 증가하게 되면 조류 대발생에 의한 경관적, 심미적, 이취미적(나쁜냄새), 불쾌감을 유발할 수 있으므로 대발생의 방지를 위한 주기적인 현장 변화 관찰이 요구된다. 산성내 습지는 산지 습지의 가치에 대한 이해를 돕는 생태교육 장소로 가치가 높을 것으로 판단된다. 무분별한 출입으로 인한 자연성 훼손을 방지하기 위해 습지 주변을 순환할 수 있는 탐방로를 설치하고 자연해설판 등을 활용한 환경해설 프로그램을 운영한다면 팔공산을 찾는 탐방객들이 다양한 경험을 할 수 있는 생태교육장으로 활용될 수 있을 것이다.

주간곤충 조사에서 등검은말벌(Vespa velutina nigrithorax)이 서식하고 있는 것이 확인되었다. 최근 이슈가 되고 있는 아열대지역에서 유입된 외래종인 등검은말벌이 팔공산에도 널리 서식함이 확인되었다. 이 종은 산림뿐 아니라 도시환경에서도 매우 잘 적응하는 것으로 알려져 있고 독성이 매우 강하므로 주의가 필요하다. 양봉꿀벌 및 재래꿀벌의 강렬한 포식자로서 인근 양봉농가에 경제적 피해를 입힐 수 있고 서식지 확산 또한 매우 빠른 편이므로 관심을 기울이고 추후 서식지 평가, 개체수 파악 등의 정밀 조사를 수행할 필요가 있다.

이번 조사에서 확인된 맹독버섯은 독우산광대버섯, 개나리광대버섯, 마귀광대버섯, 알광대버섯, 노란다발 등 20여종으로, 조사 대상지 대부분에서 광범위하게 발생하고 있으며, 야생식용버섯과 비슷하게 생긴 것들이 많고 일반적인 방법으로는 정확한 구별이 어려우므로 탐방객들에 대한 주의와 홍보가 요망된다.

팔공산은 대구광역시 동구, 경상북도 영천시, 경산시, 군위군, 칠곡군 등 9개 구·면에 걸쳐있다. 공원내에는 국·공원유지 이외에 사유지 69.5%, 사찰지 8.4% 등이 산재하고 있어 다양한 이해관계가 존재할 것으로 판단된다. 공원관리를 위해서는 유관기관, 시민단체, 마을 공동체 등과 협의체를 구성하여 내실 있는 공원관리가 요구된다.

더불어 다양한 형태의 자원봉사 프로그램을 활용하여 자원봉사 제도를 활성화할 필요성이 있다. 팔공산은 도시근린형 공원으로 일시적으로 활동하는 개인 또는 단체 자원봉사자가 많을 것으로 보이기 때문에 이를 활용한 다양한 자원봉사 프로그램 개발 및 운영이 필요할 것으로 보인다. 예를 들어, 기업과의 1사 1탐방로사업, 자원봉사자를 활용한 공원 내 청소 등 정화활동, 공원자원 보전을 위한 외래식물 제거 및 야생화 식재활동, 공원 이용안내 등의 사업 등을 전개할 수 있을 것이다.

제2부_팔공산의 역사와 인물

임진왜란 시기 팔공산 창의와 회맹

구본욱
(대구가톨릭대학교)

1. 서론

팔공산은 영남의 중심부에 위치한 산이다. 대구를 비롯한 경산, 영천, 신녕, 군위, 칠곡 등이 이 산과 인접한 행정구역이다. 신라시대에 중악中嶽으로 불리어진 것처럼 영남의 중심부에서 국난을 함께 겪었고 또한 극복하였다. 팔공산은 정상에 산성을 가지고 있는데 신라시대에 축조된 성이다.

이 성은 고려조에 몽고의 침략으로부터 조선조 임진왜란에 이르기까지 국난을 극복하는 데 주요한 역할을 하였다. 임진왜란은 우리나라에 일찍이 없었던 전란으로 영남지역을 비롯한 의병장들이 이곳 팔공산에서 회맹을 하였고 전투를 하며 왜적의 북상을 저지시켰다.

논자는 팔공산과 임진왜란에 관한 논문을 오래 전부터 쓰고 싶은 생각을 가지고 있었다. 그리고 문집 등 각종 자료를 통하여 임진왜란에 관한 많은 자료를 접할 수 있었다. 그러나 이러한 자료를 일목요연하게 정리하는 작업은 결코 쉬운 일이 아니었다. 논자는 이 논문을 준비하기 위하여 팔공산과 관련되는 논문을 검색하여 보았는데, 다양한 주제의 논문이 있었으나 임진왜란과 관련된 논문은 찾을 수 없었다. 다행히 최효식의『임란기 경상좌도의 의병항쟁』이라는 책에 일부가 기술되어 있었다. 본 논고에서는 임진왜란 시 팔공산을 중심으로 왜적과 행한 전투와 공산회맹에 대하여 알아보고자 한다.

2. 팔공산 창의倡義와 의병활동

1) 대구지역 의병의 결성과 공산의진군

임진왜란은 1592년(선조 25) 4월 13일 왜적이 부산의 동래성에 진입함으로 시작되었다. 왜적은 동래성을 함락하고 파죽지세로 북상하였는데 청도를 거쳐 팔조령을 넘어 4월 21일에 대구 수성의 파잠巴岑에 진입하였다. 대구에 진입한 왜적은 민가를 비롯한 시설물에 불을 질렀으며 대구성大丘城을 점령하였다. 23일에는 팔공산 남쪽 무태의 도덕봉을 넘어 파계사까지 진입하였다.

5월 28일에 이르러 팔공산으로 피난을 한 대구지역의 인사들이 팔공산 부인사에서 처음으로 창의倡義를 발의하였다. 이 날에 자인의 손생원孫生員과 이승증李承曾, 청도의 박경선朴慶宣의 통문이 부인사에 도달하였다. 서사원은 이날 일기에서 "우리 고을이 큰 고을인데도 한 사람도 창의하지 못하였으니 개탄스럽고 부끄러워 견딜 수 없었다."고 적고 있다.

7월 6일에 이르러 부인사에서 대구 지역의 인사들이 향회鄕會를 열어 대구지역의 의병을 결성하게 되었다. 이와 같이 대구지역에서 의병

의 결성이 늦어진 이유는 왜적의 주력부대가 이곳을 통과하였으며 왜
군의 후방보급로로 많은 부대를 주둔시켰기 때문이다. 이날 결성된 대
구의 각 지역 의병장과 유사有司의 분정分定은 다음과 같다.

대 장(大 將)		정사철(鄭師哲), 서사원(徐思遠)	
공사원(公事員)		이 주(李 輈)	
유 사(有 司)		이경원(李慶元), 채선행(蔡先行)	
구 분		장(將)	유사(有司)
읍내 (邑內)	용덕리(龍德里)	하자호(河自灝)	주심언(朱審言)
	북산리(北山里)	김우형(金遇砏)	서사진(徐思進)
	무태리(無怠里)	여빈주(呂賓周)	류 호(柳 瑚)
	달지리(達只里)	서득겸(徐得謙)	박유문(朴有文)
	초동리(初同里)	서사술(徐思述)	서사준(徐思俊)
	이동리(二同里)	배익수(裵益綉) 채응홍(蔡應鴻)	서행원(徐行遠)
	신서촌(新西村)	설 번(薛 藩)	백시호(白時豪)
수성 (守城)	대장(大將) 겸 현내장(縣內將)	손처눌(孫處訥)	손 탁(孫 逴)
	동 면(東 面)	곽대수(郭大秀)	곽 렴(郭 濂)
	남 면(南 面)	배기문(裵起門)	류 창(柳 昌)
	서 면(西 面)	조 경(曹 瓊)	전 길(全 佶)
	북 면(北 面)	채몽연(蔡夢硯)	박득인(朴得仁)
해안 (解顔)	오면 도대장 (五面 都大將)	곽재겸(郭再謙)	
	상향리(上香里)	곽재명(郭再鳴)	전상현(全尙賢)
	동촌리(東村里)	우순필(禹舜弼)	최인개(崔仁愷)
	서부리(西部里)	최 의(崔 誼)	이사경(李士慶)
	북 촌(北 村)	류요신(柳堯臣)	홍 익(洪 瀷)
	서 촌(西 村)	민충보(閔忠輔)	배찬효(裵贊孝)
하빈 (河濱)	대장(大將) 겸 서면장(西面將)	이종문(李宗文)	정 약(鄭 鑰)
	남 면(南 面)	정광천(鄭光天)	곽대덕(郭大德)
	동 면(東 面)	홍 한(洪 漢)	정 용(鄭 鏞)
	북 면(北 面)	박충윤(朴忠胤)	이유달(李惟達)

위의 표에 의하면 대구지역의 전 지역인 읍내 7개의 리里와 3개의 현 縣에 의병이 조직된 것을 알 수 있다. 수성현에는 4개의 면, 해안현에 는 5개의 면, 하빈현에는 4개의 면에 향병장과 유사를 두어 읍내 6지역 과 합하여 모두 20개 지역으로 분할하여 향병장과 유사를 두었다. 수 성에는 대장 겸 현내장縣內將을 두었고, 해안에는 5면 도대장都大將을 두었다.

논자는 위 대구지역의 의병을 공산의진군公山義陣軍이라 칭하였는데, 공산의진군은 동화사에 있던 대구부사 윤현과도 유기적인 연락을 취 하였다. 8월 8일에 서사원은 부사와 더불어 배연촌으로 가서 군대를 점검하였다. 『낙재일기』에는 이날의 일을 다음과 같이 기록하고 있다.

배연에 진을 쳤다. 저녁이 되기 전에 성주(부사)는 절로 돌아갔다. 나는(낙재) 치상致祥(정여강의 字) 등과 이날 저녁 야간 경계에 관한 문 서를 (부사에게) 올리고 절로 돌아왔다. 밤중에 기운이 조금 평안하지 못하였다.

공산의진군은 각 지역에서 왜적과 전투를 하였는데 금호강의 화담花 潭에서는 왜적과 싸워 여러 명의 왜적을 베었으며 조총 등 많은 무기를 노획하였다. 그리고 달지리장 서득겸徐得謙(1541~1592)은 아우 서재겸 徐再謙과 더불어 낙동강 지역까지 진출하였으나, 중과부적으로 서득겸 은 아금암 아래에서 전사하였다. 그의 아우 서재겸이 지은 만사는 다 음과 같다.

挺身先倡一枝兵　몸을 내어 한 가닥의 병사로 먼저 창의하여
血戰琴巖是我兄　아금암에서 나의 형님 혈전을 하셨네.
勢迫圍中明白死　형세가 급박하여 포위 중에 타계하신 것이 명백하니
山南萬古樹風聲　영남에 만고의 풍성을 세우셨네.

　그러나 의병대장이었던 서사원이 의진군을 결성한지 2달여 가까운 8월 29일에 승중손承重孫으로 조모상을 당하여 의병장의 임무를 수행할 수 없게 되었다. 그래서 손처눌이 의병대장을 승계하게 되었다. 손처눌 또한 이듬해(1593) 2월에 부친상을 당함에 의병대장의 임무를 수행하지 못하였고 이주가 승계하게 되었다.

　이후에 대구지역의 의병은 오매정五梅亭 손처약孫處約(1556~?), 박충윤朴忠胤(1557~1638), 죽계竹溪 서재겸徐再謙(1557~1617), 투암投巖 채몽연蔡夢硯(1561~1638), 달서재達西齋 채선수蔡先修(1568~1634), 한천寒川 최인崔認(1599~?), 우락재憂樂齋 최동보崔東輔(1560~1625), 송암松巖 홍한洪翰(1553~ ?) 등에 의하여 계승되었다.

　위의 의병장은 공산회맹에 참여하는 등 임진란이 종결될 때까지 크게 활약하였다.

2) 영남 의병장의 활약과 제2공산의진군

　임진왜란이 일어난 후 1593년(선조 26)에 팔공산에는 제2공산의진군이 조직되었는데 영남지역을 중심으로 의병장 85명으로 구성되었다. 제2공산의진군은 중앙에 지휘부를 두고 전부군前部軍, 후부군後部

軍, 좌부군左部軍, 우부군右部軍, 동부군東部軍, 남부군南部軍의 6군으로 나누었는데 이것은 팔공산 전역을 방어하기 위한 것으로 보인다. 아래는 제2공산의진군의 구성과 인원을 나타낸 것이다.

구 분	의 병 장
留陣 指麾部(12)	鄭雲鵬(경기), 蔡夢硯(대구), 柳袗, 崔東輔, 李時發, 李元明, 金渭, 安璹, 權濴, 曹俊驥, 柳縈門, 安諟命(양산)
左部(8)	徐思儉, 呂知運, 白尙嚴, 玄尙彩, 盧載文, 鄭有器, 白大純, 金仁大
右部(9)	李貞玉, 李世忠, 孫浣(안동), 崔元善(진주), 鄭世雅(영천), 李應元, 李心弘(성주), 白時豪, 安致仁
前部(6)	金仁復, 徐時民, 金仁得, 羅世祥(경기), 羅舜祥, 裵大維(영산)
後部(8)	邊正護, 白見龍(영해), 李安白, 曺以咸, 裵順宗, 裵東森, 陳在根, 林大春
東部(19)	李蕭, 李雲龍, 李龜甲, 張夢紀, 柳純, 權友直, 徐思迪, 琴鳳時(안동), 崔繼宗, 申光瑞, 全三省, 李善祚, 朴希顔, 盧大宇, 金應生, 權士諤, 朴大茂, 金鎤, 琴英奏
南部(23)	李堪, 徐思迪, 權師閔(안동), 朴協(안동), 蔡先修, 李涵, 李承級, 蔣啓賢, 鄭安藩, 孫起陽, 盧起宗, 李芸, 趙亨道, 崔晛, 權應銖, 李宜潛, 金應賢, 成卓, 徐方慶, 申敬一, 朴知遂(경기), 郭再祺, 李應璧

임진왜란이 일어난 후 영남지역에 대규모의 의병이 집결하여 전투를 행한 것은 1593년 2월 21일에 행한 함창(상주)의 당교전투이다. 이 전투는 경상도 북쪽으로 진출하는 왜적의 세력을 차단하기 위하여 순찰사 한효순韓孝純이 계획한 것이었다. 이 전투에 병사兵使 박진朴晉, 권응수, 비안현감 정대임鄭大任, 밀양부사 이수일李守一, 양산군수 변몽룡邊夢龍, 용궁현감 허응길許應吉, 군교軍校 김호의金好義, 권수례權守禮 등도 군사를 거느리고 왔는데, 이것은 관군과 의병의 합동작전이었다. 이것으로 볼 때 제2공산의진군은 당교전투 이후에 구성된 것으로 보인다.

3. 팔공산 회맹과 회맹문, 회맹시

1) 제1차 공산회맹(병신년 3월, 선조 29, 1596)

팔공산에서 영남지역을 비롯한 의병장들이 함께 모여 처음으로 회맹을 갖게 된 것은 임진왜란이 발발한 지 4년이 지난 1596년(선조 29, 병신) 3월 3일이다. 회맹會盟이란 중국의 고대 주周나라에서 유래된 것으로 어떤 목표를 달성하기 위하여 뜻을 같이 하는 사람들이 모여 굳은 결의와 실천을 위해 서약을 하는 의식을 말한다. 주로 군신君臣 간에 혹은 나라 사이에 행하여진 것으로 맹약盟約이라고도 하였다. 이러한 회맹은 『춘추좌전春秋左傳』과 『맹자』 등 여러 곳에 보인다. 이때 희생의 제물을 사용하였는데 후에는 희생 대신에 다른 것으로 대체되기도 하였다.

위 팔공산 회맹에는 70개 읍에서 모인 485명의 의병장들이 참여하였는데, 이때 도체찰사都體察使 유성룡柳成龍, 체찰사 이원익李元翼, 경상좌방어사 고언백高彦伯, 경상좌병사 성윤문成允文 등 고위직에 있는 인사들이 참석하였다. 윤홍명의 『화암실기』에는 "유성룡과 이원익이 회맹을 주관하였다.(主盟)"라고 하였다. 이것으로 보아 이 회맹은 관에서 주관한 것으로 관군과 의병이 함께 행한 것을 알 수 있다. 다시 말하면 도체찰사가 각 지역의 의병장에게 통문을 보내어 팔공산에 모이게 한 것이다.

그렇다면 왜 이 시기에 각 지역의 의병장들을 모아 회맹을 하였을까? 이때에는 임진란이 발발한 지 4년째 되는 해로 일본의 요청으로 조선과 명明의 강화사절단이 일본으로의 파견이 추진되고 있을 때였다. 일본 또한 이에 부응하여 철군을 하려고 하였다. 다시 말하면 이때에는 일본과의 강화교섭이 상당부분 무르익어 갈 때였다. 정세아鄭世雅의 『호수실기湖叟實紀』에서는 이러한 의문에 해답을 주는 다음과 같은 말이 실려 있다.

원근遠近의 동지들과 더불어 팔공산에서 회맹을 하였다. [註] 왜구들이 다시 침략해 올 것을 염려한 까닭으로 이 회맹이 있었다.

위의 글은 『호수실기』〈연보〉 62세 병신년(1596) 9월 28일자에 실려 있는 글과 주註이다. 병신년 9월 28일은 이 회맹이 있고 난 6개월 뒤에 행한 제2차 회맹이 있었던 날이다. 그러나 이 연보에 실려 있는 말은 제1차 회맹을 한 이유와 다르지 않는 것으로 보인다. 위의 말은 일본과의 강화회담이 결렬될 때를 대비하여 조정에서 체찰사를 통하여 관군과 의병을 점검한 것으로 여겨진다. 또한 관군과 의병과의 결속을 다지려는 의도도 있었던 것으로 보인다.

이 회맹에 참여한 각 지역의 의병장의 명단은 다음과 같다.

지역(인원)	의 병 장
대구(13)	閔謙, 朴忠胤, 朴忠後, 裵德駬, 徐承後, 成樂善, 孫處約, 李景培, 李宗澤, 蔡夢硯, 蔡應龜, 崔東輔, 崔認
경산(3)	鄭變文, 鄭變咸, 鄭變護
자인(8)	金遇鍊, 金遇鎔, 朴夢亮, 安天民, 李春馣, 全克昌, 崔敬止, 崔熙止
청도(10)	金鳴遠, 金復興, 金軫, 朴慶傳, 朴炯, 李濂, 李汝璉, 李汝諧, 李雲龍, 李澈
밀양(5)	金太虛, 朴壽春, 孫起誠, 孫起陽, 安國步
하양(2)	金鏮, 黃慶霖
신녕(4)	權應銖, 權應心, 權應銓, 金大寬
영천(12)	郭永鐸, 盧起宗, 李道立, 全三達, 全三省, 鄭世雅, 鄭安藩, 曺瓊, 曺德驥, 曺以鼎, 曺以咸, 曺逸驥
경주(15)	權復始, 權士諤, 權應生, 金鸞瑞, 金光福, 南義祿, 徐思迪, 孫魯, 孫時, 孫曄, 李時立, 李彦春, 李應璧, 李宜潛, 崔繼宗
영산(1)	裵大維
양산(7)	安瑾, 安諟命, 安以命, 李夢鷺, 李秀弼, 鄭好義, 鄭好仁
울산(14)	金洽, 柳伯春, 柳榮春, 柳泰英, 朴孫, 徐仁忠, 柳汀, 尹弘鳴, 李景淵, 李圭韓, 李逢春, 李遇春, 李應春, 蔣希春
청하(2)	金得鏡, 金文龍
연일(8)	權汝精, 金見龍, 金宇潔, 金宇淨, 金元龍, 金天穆, 沈希淸, 李追
영덕(5)	金四知, 申澈, 尹士輝, 鄭以惺, 鄭以悟
장기(3)	徐克仁, 徐方慶, 李大任
청송(2)	趙東道, 趙亨道
진보(12)	權昭, 權晙, 權琬, 金善繼, 金舜龍, 申智男, 申洽, 安潤屋, 李應義, 文貫道, 文希哲, 文希賢
흥해(13)	朴夢瑞, 安成節, 李大立, 李大仁, 李說, 李榮春, 李華, 鄭三戒, 鄭三畏, 鄭仁獻, 陳奉扈, 崔興國, 扈民秀
영해(31)	權宜範, 金仁濟, 南慶生, 南士明, 南士文, 南士弼, 南憬, 朴應長, 朴毅長, 朴希顔, 白仁鏡, 白中立, 白見龍, 申德龍, 申元傑, 申元英, 申廷立, 申俊民, 吳受訥, 李藩, 李菣, 李時淸, 李泰運, 李涵, 李亨運, 趙承緒, 趙健, 趙儉, 趙光義, 趙佺, 朱植
풍기(9)	權師聖, 南億命, 朴守緖, 朴承齡, 朴瑠, 朴瓛, 孫起龍, 李植, 韓山斗
예천(26)	金仲態, 金溜, 朴匡虎, 朴守儉, 朴守謙, 朴守約, 朴惟義, 申慶會, 安榮壽, 李介立, 李慶南, 李諾, 李眜道, 李秀坤, 李諾, 李榮門, 李挺坤, 李直道, 李鑌南, 李亨坤, 李亨南, 李好音, 李弘經, 張世禧, 張汝翰, 張汝翩

용궁(9)	朴成烈, 尹潚, 李敦, 李世雄, 李燦, 李炯, 李煥, 張悅, 曺彦邦
안동(68)	權甫, 權師道, 權師閔, 權詢, 權舜民, 權友直, 權詹, 權礎, 權卓然, 權翰, 權暄, 權濬, 琴英奏, 金득厚, 金得礏, 金奉祖, 金是樞, 金泳, 金元, 金渭, 金允思, 金翌, 金濮, 金兌, 金希孟, 南得禮, 南得義, 南得仁, 南鳳翰, 南胤先, 南自薰, 柳德龍, 柳得潛, 柳復起, 柳成龍, 柳襦, 柳友潛, 柳元直, 柳知潛, 朴仲胤, 朴泰回, 朴協, 邊仲一, 卞懷珍, 邊喜一, 孫溥, 孫守己, 孫胤男, 辛剛立, 辛敬立, 安潑, 安遇, 安宗禮, 尹湯民, 李璟, 李遵忠, 李選忠, 李鑰, 李迎忠, 李鈦, 李存性, 李周道, 李珍, 李樞, 李屹, 鄭士誠, 鄭恕, 鄭憲
예안(24)	具贊祚, 琴潔, 琴璟, 金圻, 琴烽, 琴應角, 琴應羽, 琴應壎, 南義殼, 南仁殼, 柳榮門, 柳誼, 孫興悌, 孫興孝, 李光承, 李崒, 李峛, 李芸, 李仁福, 李亨南, 趙得老, 趙穆, 趙錫明, 趙壽明
영주(6)	權大準, 朴椫茂, 朴檜茂, 李徽音, 李希音, 黃璘
한성(33)	簡惟敬, 姜克裕, 權紘, 權文啓, 權綰, 金守實, 金信元, 金洌, 金順生, 金孝誠, 南彦義, 柳斐, 閔澈, 閔沆, 朴義, 朴知述, 朴知遇, 成麟厚, 成琛, 承迪, 申敬一, 申得祿, 安湊, 禹致績, 俞大祺, 俞昔曾, 尹德謙, 李大臨, 李斗望, 李元翼, 李玹, 李馨郁, 蔣珩
현풍(4)	郭再祺, 金應賢, 朴惺, 蔡元祐
고령(6)	金聲振, 金應聖, 金應性, 朴元甲, 俞良左, 崔汝契
금산(1)	呂大老
개령(1)	鄭麟熙
상주(32)	高尙曾, 高仁繼, 郭赳, 權己壽, 權大勳, 權夢周, 權義中, 金經濟, 金經澈, 金鷗齡, 金得龍, 金申年, 金遠聲, 金遠振, 金珽, 朴元凱, 朴元亮, 朴義, 卞緖, 成汝松, 成義, 成浹, 申彦熙, 鄭以惺, 鄭以悟, 趙基遠, 趙榮遠, 蔡得江, 蔡得海, 蔡得湖, 崔大立, 黃廷幹
선산(4)	鄭邦俊, 崔山立, 崔喆, 崔晛
함창(5)	權景浩, 權平, 金復興, 南燦, 崔挺豪
의흥(1)	朴從男
의성(1)	朴夢珉
비안(1)	趙端
김해(1)	宋廷伯
동래(4)	朴希根, 宋宜仁, 梁通漢, 梁鸛
창녕(6)	朴瑜, 成蕓, 成定國, 成卓, 孫義甲, 楊孝立
창원(1)	金應鎰
합천(11)	金弘彦, 柳大生, 文景虎, 文應魯, 文應清, 李東燁, 李東麈, 李東志, 李東香+函, 李春馥, 鄭士恕
초계(4)	全霽, 盧世麒, 李大期, 李胤緒

삼가(12)	金敬, 金遠鳴, 金百鎰, 朴坤甲, 朴思齊, 朴瑞龜, 宋璈, 宋希達, 宋希淳, 宋希哲, 尹鐸, 李春秀
진주(5)	姜斗明, 成紹業, 成汝信, 辛賓, 尹伯彦
함안(6)	朴齊仁, 朴震英, 吳汝撥, 李光後, 李休復, 趙宗道
안음(1)	姜纘
산음(4)	朴羋, 韓珪, 韓弘禮, 韓弘智
단성(2)	李殼, 金景謹
해남(2)	郭天成, 鄭士恕
태안(3)	趙士謙, 趙士誠, 趙士諿
남양(2)	韓孝一, 洪忠傑
순천(1)	成允文
교동(1)	高彦伯
담양(1)	鞠允成
나주(1)	鄭如麟
보성(1)	朴而認
죽산(1)	朴慶祐
충주(1)	孫守慶
청주(2)	李時發, 李時昌
괴산(1)	金時約
백천(1)	邊涷
진해(1)	朱義壽
남원(2)	金敬老, 崔尙重
장흥(1)	全以中
평산(1)	李英
청안(1)	辛景行
고부(1)	李淸
강진(1)	元光斗
중화(1)	蔡守中

위의 명단은 유정柳汀의 『송호일기松壕日記』, 이언춘李彦春의 『동계실기東溪實紀』, 박인국朴仁國의 『정엄실기靖广實紀』, 윤홍명尹弘鳴의 『화암실기花嚴實紀』 등에 수록되어 있다. 위의 문집과 실기에 수록된 명단은 약간의 차이가 있는데 위의 표는 논자가 정리한 것이다.

위의 회맹은 임진년 이후 팔공산에서 회합한 의병장으로는 가장 많은 수이다. 그러나 일부에서는 공산회맹을 인정하지 않으려는 경향이 있다. 그 이유로 서애 유성룡이 도체찰사로서 이러한 회맹을 주관하였다면 당연히 『징비록懲毖錄』에 기록이 되어 있어야 하는데 『징비록』에 팔공산에서 회맹을 하였다는 기록이 없다는 것이다.

논자는 팔공산 회맹을 증거할 수 있는 자료로 사명당四溟堂 유정惟政이 병신년 3월에 공산성에서 유성룡의 방문을 받고 지어 올린 증시贈詩를 찾을 수 있었다. 이 시에 의하면 이 회맹을 행한 병신년 3월(暮春)에 유성룡이 공산산성에 있었다는 것을 확인할 수 있다. 사명당은 을미년(선조 28, 1595) 겨울에 공산산성을 수축하기 위하여 용기성龍起城(성주에 있던 가야산성)으로부터 팔공산에 와 있었다. 이때 산성의 보수 및 축성은 조정의 명에 따라 승병들이 맡아 행하고 있었다. 공산산성은 사명당의 부장이었던 신열이 맡아 추진하고 있었다.

사명이 유성룡에게 지어 올린의 시는 다음과 같다.

邊城顰敲警長昏　변방 성의 잦은 북소리 긴 어둠을 경계시키는데
春雪頻來暗海門　봄눈이 자주 내려 해변의 입구는 어두컴컴할 것입니다.
昨夜山陽烽火急　지난밤에도 산 남쪽에 급히 봉화가 올랐는데
老兵垂潐下黃雲　늙은 병사는 전운이 감도는 것을 느껴 눈물 흘립니다.

위의 시는 초서草書로 되어 있는데 조영록의 『사명당 평전』에 정자로 옮겨 해석하여 놓았다. 그러나 위 시의 해석은 조영록의 번역을 토대로 논자가 다시 번역한 것이다. 이 시의 결구를 『사명당 평전』에서는 '늙은 병사는 누런 보리밭 굽어보고 눈물 흘리네.'라고 번역하였다. 그러나 결구의 '황운黃雲'은 '전쟁이 일어날 조짐을 말하는 용어이다. 그래서 논자는 결구의 해석을 전운이 감도는 것으로 번역을 하였다. 이 시는 사명당의 문집에도 수록되어 있지 않는 유묵으로만 전해오는 시라고 한다.

그리고 이 시의 끝에 '사명송운이 마침 병영에서 시사에 관하여 말하고 있었다. 늙은 병졸은 자신을 가리킨다. 때는 병신년 늦은 봄이다.(四溟松雲, 適在營門, 以時事道之.老兵自持也. 時, 丙申春暮.)'라고 주를 달고 있다. 이것으로 보아 이때 사명은 유성룡을 만나 시사를 논하고 당시의 전황에 대한 소회를 담은 시를 지어 올린 것을 알 수 있다. 위의 시로 볼 때 당시에 동남쪽 즉 해변의 왜적의 동향이 위급함을 알 수 있다.

위의 시에 의하면 유성룡은 병신년 3월에 팔공산에 머물고 있었던 것이 확인된다. 그러므로 공산에서의 제1차 회맹은 영의정으로 도체찰사인 유성룡의 주도로 행하여 진 것을 알 수 있다. 이때 유성룡을 수행하던 관리들도 함께 참여한 것을 알 수 있다.

손기양의 「공산지」에 의하면 이 회맹이 있기 이전인 "병신년(1596) 2월에 체찰사 이덕형李德馨이 방어사 권응수權應銖와 인근의 수령으로 하여금 공산성의 형세를 살펴보게 하였다."고 한다. 그래서 "의흥 현감 이대기李大期와 함께 신녕 현감이었던 자신이 군위의 부계缶溪로부터 공산성에 올라오니 이때 이미 승장僧長인 사명당 유정이 주봉主峰의 아래에서 장막을 얽고 있었다."고 하였다.

이것으로 보아 이미 이때 팔공산을 수호하려는 도체찰사의 의중을 확인할 수 있다. 다시 말하면 왜적이 침입하였던 중로中路에 해당하는 대구와 팔공산 지역의 중요성을 인식하고 있었다는 것을 알 수 있다.

이 회맹에 회맹문이 있었는지 희생을 사용하였는지의 여부는 확인되지 않는다. 그러나 이 회맹이 있고 난 1년 후에 왜적의 재침이 있었고, 이때 이 회맹에 참여하였던 영남지역의 의병장들이 다시 팔공산에 모여 전투를 한 것으로 보아 이 회맹을 주도하였던 유성룡의 혜안을 볼 수 있다.

2) 제2차 공산회맹(병신년 9월, 선조 29, 1596)

병신년 3월 3일 제1차 회맹이 있었던 6개월 후 9월 28일에 팔공산에서 제2차 공산회맹이 있었다. 제2차 회맹은 16개 읍 105명의 의병장이 참여하였는데 이 회맹은 관에서 주도한 것이 아니라 의병장의 자발적인 참여로 이루어진 것으로 보인다. 이 회맹은 오랫동안 알려지지 아니하였는데 200여년이 지난 1798년(정조 22)에 동해상에서 발견된 신협神篋(민간 신앙에서 신을 모시는 상자)에 의하여 세상에 알려지게 되었다. 최흥벽은 「해상신협기海上神篋記」에서 다음과 같이 말하고 있다.

동해의 기장현에 허씨許氏 성을 가진 사람이 있었는데 집이 가난하여 다 흩어져 버리고 혼자 살고 있던 과부가 있었다. 그 집에 오래된 헌 상자가 있어 헛간에 간직해 두고 질병이 나면 사당에 빌듯이 기도하였다. … 할미가 그 상자를 꺼내어 태우려고 그 속을 보니 몇 권의 책이 있었다. 이상하게 여겨 이웃에 사는 선비에게 말하여 곧 상자 속에서 꺼내어 감춰둔 것을 보니 임진왜란 때 「창의록倡義錄」으로 이눌과 김응하, 최동보가 쓴 것이었다. 드디어 세상에 전하니 세상 사람들이 해상신협서海上神篋書라고 하였다. 여러 의사가 그 중에 기록되어 있으나 최씨崔氏 삼충三忠의 사적이 더욱 현저하였다.

이 신협의 발견으로 경주 최씨 삼충에 대한 증직이 이루어졌는데, 이것으로 보아 이 자료는 조정에서도 믿을 수 있는 자료로 인정하였다는 것을 알 수 있다. 이 회맹에 참여한 각 지역 의병장의 명단은 다음과 같다.

지역(인원)	의병장
대구(10)	金大成, 朴忠胤, 徐再謙, 孫處約, 蔡夢硯, 蔡先修, 崔東輔, 崔汝琥, 崔認, 洪翰
청도(3)	朴炯, 李雲龍, 李澈
밀양(3)	金太虛, 孫起陽, 孫纘先
하양(2)	金鏶, 黃慶霖
신령(4)	權應銖, 權應心, 權應銓, 金大寬
영천(7)	盧起宗, 鄭四震, 鄭世雅, 曺瓊, 曺以節, 曺以咸, 曺俊驥
경주(35)	權士諤, 權應生, 金鸞瑞, 金夢男, 金夢良, 金弘燁, 金光福, 金應生, 金應澤, 金應河, 朴大茂, 白勝黃, 徐海宗, 孫魯, 孫時, 孫曄, 吳悅, 李繼秀, 李龜甲, 李訥, 李夢白, 李善祚, 李世浩, 李承級, 李時立, 李龍甲, 李應男, 李應璧, 李宜潛, 李弘魯, 蔣啓賢, 崔繼宗, 崔文炳, 崔海南, 許希萬

울산(4)	金洽, 尹弘鳴, 李奎韓, 李逢春,
연일(5)	金宇淨, 金天穆, 金淸穆, 金見(현)龍, 沈希淸
청송(2)	趙東道, 沈淸
흥해(6)	朴夢瑞, 安成節, 李華, 鄭三畏, 鄭仁獻, 扈民秀
영해(3)	白仁鏡, 朴應長, 李菽
양산(2)	李夢鸞, 李秀弼
안동(13)	權友直, 權瀹, 琴英奏, 金繼先, 金泳, 金渭, 朴安胤, 朴泰回, 邊仲一, 孫胤男, 柳得潛, 柳復起, 柳元直
경기(4)	姜克裕, 申敬一, 柳裴, 李大臨
음성(2)	潘仁後, 潘運翼

위 회맹의 명단은 채선수蔡先修의『달서재집達西齋集』, 최동보崔東輔의
『우락재실기憂樂齋實紀』, 최인崔認의『명동세고明洞世稿』, 서재겸徐再謙의
『죽계일고竹溪逸稿』, 이눌李訥의『낙의재집樂義齋集』에 수록된 것을 논자
가 정리한 것이다. 제2차 공산회맹에는 관리 등의 참여가 없는 것으로
보아 의병장들이 자발적으로 행한 것으로 보인다. 이 회맹에서 서재겸
(字는 和益)은 주요한 역할을 하였는데, 그는 회맹문을 지어 낭독하였
을 뿐만이 아니라 회맹시를 지었다. 이 회맹시에 대하여 이때 참석한
의병장들은 화답시次韻詩를 지었다. 이 회맹에는 희생을 사용하였으며
그래서 삽혈회맹歃血會盟이라고 한다. 서재겸이 지은 회맹문은 다음과
같다.

사람[人情]들이 함께 통곡하는 것은 원수로 인한 것이니, 사람들이 함
께 설원雪冤하고자 하는 것은 치욕이다. 오직 모든 사람들의 원수인 까
닭으로 설원하지 않을 수 없고, 원수를 갚지 아니하면 자식이 자식이

될 수 없고, 신하는 신하가 될 수 없고, 치욕을 설원하지 못하면 나라가 나라가 될 수 없고, 사람이 사람이 되지 못한다. (그렇다면) 슬프게도 너희들은 패망하리니 끝내(기어이) 이 말을 골수에 새기리라.

서재겸이 지은 원운시原韻詩와 최인, 채선수의 차운次韻을 살펴보면 다음과 같다.

(서재겸의 원운)

世難君憂豈保身　세상의 난리에 임금께서 근심에 빠졌는데 어찌 한 몸을 보존하리오.
猶甘一死島夷塵　오히려 한 번 죽어 왜적 물리치는 것을 달게 여기리.
須將壯士倚天劍　모름지기 장사가 천검天劍에 의지하여
深笑庸儒渡灞津　크게 웃으며 용렬한 선비 파진灞津을 건넜네.
百行餘風忠可尙　백행百行(孝)의 좋은 풍습이 남아 충을 가히 숭상하니
三韓故國命維新　삼한의 옛 강토에 천명이 새롭네.
嶠南自此多生色　영남 땅이 이로부터 많은 생색生色 날 것이니
不獨高名遺後人　다만 고명한 이름 후세에 남길 뿐만이 아니라네.

(최인의 차운)

丈夫當作死君身　장부는 마땅히 나라를 위하여 죽어야 하는데
釋褐衣戎樂赴塵　베옷을 벗고 갑옷을 입고 즐거이 의병진으로 달려갔네.
手鐵寧容機下鼠　손수 창검을 들고 어찌 왜적(鼠)을 용납하랴?
血釪將洗渡頭津　왜적을 물리치고 장차 피 묻은 칼을 나루에서 씻으리.
期戡區域島夷醜　기필코 이곳의 왜적을 소탕하여
庶見山河物色新　산하의 물색物色이 새로워지는 것 보기 바라노라.
義士應知盟血意　의사들이 응당히 맹세의 피 의미를 알지니
同勤矢石濟斯人　함께 부지런히 싸워 이 사람(百姓)들을 구하세.

(채선수의 차운)

此世知多死義身　이 세상에 의를 위해 목숨 바친 사람 많음을 아는데
共將矢石掃狂塵　여러 의병장과 함께 활과 돌로 미친 왜적 쓸어버리리라.
擧杯公岳軍休日　팔공산에서 군대가 쉬는 날 술잔을 들고
洗釼琴湖霽後津　금호강 비 개인 나루에서 칼을 씻으리.
除去妖腰須欲速　사악한 무리 모름지기 속히 제거하고자
畜來銳氣更如新　힘찬 기운을 다시 새롭게 축적하네.
盟盤歃血男兒事　맹세의 피를 마시는 것은 남아의 일이요
聖代菁莪養此人　성대의 많은 인재 이 백성들을 길렀구려.

　그 외에 위 회맹시의 차운으로는 우락재 최동보와 병족당幷足堂 최여
호崔汝琥 부자, 오매정 손처약, 송암 홍한, 박충윤, 낙의재 이눌, 인심재
忍心齋 김응하金應河, 박대무朴大茂, 박연정博淵亭 김태허金太虛, 면와勉窩
황경림黃慶霖, 소암蘇菴 김대성金大成, 칠송당七松堂 이응벽李應璧 등의 시
가 있다.

3) 팔공산 상암회맹上庵會盟

아래 연구聯句는 팔공산 상암上庵에서 32명의 의병장들이 모여 자신의 자字를 가지고 연구시(八公山上庵留時諸益各呼字戲聯)를 지은 것이다.

성 명	字	생년	당시연령	戲 聯
	號	본관	세 거 지	
朴匪虎 (박비호)	渭老	1546(명종 1)	50세	渭老遇聖主: 위노 (渭老)가 훌륭한 임금을 만났고,
	北溪	咸陽	醴泉 諸谷	
鄭大方 (정대방)	道修	1565(명종 20)	31세	斯文景道修: 사문 (斯文)이 도수(道 修)를 우러러 보도 다.
	東溪	慶州	晋州	
鄭邦俊 (정방준)	君弼	1557(명종 12)	39세	君弼賞良臣: 임금 을 보필[君弼]하면 어진 신하에게 상 을 내리고,
	三松	草溪	善山 草谷	
徐仁忠 (서인충)	邦輔	1554(명종 9)	42세	邦輔翊聖朝: 나라 의 재상[邦輔]은 성 군이 다스리는 조 정을 돕도다.
	望湖堂	達城	蔚山 南玉	
黃廷幹 (황정간)	公直	1558(명종 13)	38세	忠心推公直: 충성 스러운 마음은 공 평하며 정직[公直] 한 사람을 추천하 고,
	道川	長水	尙州	
朴毅長 (박의장)	士剛	1555(명종 10)	41세	壯略得士剛: 장한 지략은 사강(士剛) 을 얻었도다.
	淸愼齋	務安	寧海 陶谷	
朴楡 (박유)	伯獻	1576(선조 10)	20세	琢玉思伯獻: 옥돌 을 캐는 데는 백헌 (伯獻)을 생각하 고,
		務安	朴毅長의 長子	
趙東道 (조동도)	景望	1578(선조 9)	18세	修道倚景望: 돌을 닦는 데는 경망(景 望)에게 의지하네.
	芝嶽	咸安	靑松 薪城	
李宜潛 (이의잠)	炳然	1576(선조 9)	20세	炳然傾丹悃: 병연 (炳然)은 성실하고 간절한 마음을 기 울이고,
	守拙堂	驪江	慶州 良洞	

崔山立 (최산립)	立之	1550(명종 5)	46세	立之屹東嶽: 입지 (立之)는 동악(東 嶽)에 우뚝하네.
	愚庵	全州	善山 海平	
鄭世雅 (정세아)	和叔	1535(명종 30)	61세	堯庭命和叔: 요임 금 조정은 화숙(和 叔)에게 일을 시키 고,
	湖叟	烏川	永川 大田	
孫曄 (손 엽)	文伯	1554(중종 39)	52세	魯國仕文伯: 노 (魯)나라는 문백 (文伯)에게 벼슬을 시켰네.
	淸虛齋	月城	慶州 良洞	
金見龍 (김현룡)	德普	1550(명종 5)	46세	德普九二占: 덕 보(德普)는 구이 (九二)를 점쳤고,
	水月齋	水原	延日 南面	
呂大老 (여대로)	聖遇	1552(명종 7)	44세	聖遇千一運: 성우 (聖遇)는 천재일우 의 운수로세.
	鑑湖	星州	金山 耆洞	
鄭經世 (정경세)	景任	1563(명종 18)	33세	經國委景任: 나라 를 다스림은 경임 (景任)에 맡기고,
	愚伏	晋陽	尙州 愚山	
權濟 (권 제)	致遠	1538(중종 33)	58세	行道思致遠: 도를 행함에는 그 은택 이 멀리까지 미칠 것(致遠)을 생각하 라.
	源塘	安東	山淸丹山	
金軫 (김 진)	天極	1549(명종 4)	47세	翼翼象天極: 기릴 (翼翼)은 천극(天 極)을 본뜬 것이 고,
	道淵亭		慶山 慈仁	
尹澌 (윤 숙)	士淵	1553(명종 8)	43세	學海注士淵: 쉬지 않고 공부하면 선 비의 세계[士淵]에 들어간다.
		坡平	醴泉 龍宮	
柳復起 (유복기)	聖瑞	1555(명종 10)	41세	慶雲呈聖瑞: 경사 가 생길 조짐이 있 는 구름은 성서(聖 瑞)를 나타내 보이 고,
	岐峯	全州	安東 水谷	
金澋 (김 집)	活源	1558(명종 13)	38세	混泉連活源: 물이 솟는 샘은 장유수 (長流水)의 원천 [活源]에 이어진 다.
	愛景堂	義城	安東 琴堤	

朴惺 (박 성)	德凝	1558(명종 4)	47세	德凝能潤身: 덕이 엉기면[德凝] 몸이 윤택해지고,
	大庵	密陽	玄風 倉洞	
權世春 (권세춘)	景和	1540(중종 35)	56세	景和已殷春: 햇빛이 온화[景和]하면 이미 봄은 무르익네.
	栗軒	安東	山淸 丹山	
曺好益 (조호익)	士友	1545(인종 1)	51세	遠方從士友: 먼 곳의 사우(士友)를 따르니,
	芝山	昌寧	永川 芝日	
李涵 (이 함)	養源	1554(명종 9)	42세	眞工涵養源: 참된 공부는 마음의 본원을 함양[養源]함일세.
	雲嶽	載寧	寧海 仁良	
權士諤 (권사악)	明彦	1556(명종 11)	40세	昌朝選明彦: 창성(昌盛)한 조정은 명석한 선비[明彦]를 가려 뽑고,
	梅窩	安東	慶州 安康	
孫起陽 (손기양)	景徵	1559(명종 14)	37세	聖世多景徵: 성군이 다스리는 세상에는 상서로운 징조[景徵]가 많도다.
	聱漢	密陽	密陽 茶院	
徐思遠 (서사원)	行甫	1550(명종 5)	46세	高遠能行甫: 고상하고 심원(深遠)한 것을 능히 행하고[行甫],
	樂齋	達城	大邱 伊川	
鄭三畏 (정삼외)	德敬	1547(명종 2)	49세	修省貴德敬: 수양과 반성에는 덕과 경[德敬]이 귀하도다.
	望慕堂	迎日	慶州 霞谷	
李汝璉 (이여연)	國寶	1569(선조 2)	27세	金玉非國寶: 금과 옥은 나라의 보배[國寶]가 아니오.
	竹軒		淸道 士洞	
白見龍 (백현룡)	文瑞	1543(중종 38)	53세	龍鳳是文瑞: 용과 봉은 문채의 성서[文瑞]로 움 일세.
	惺軒	大興	寧海 元邱	
南慶薰 (남경훈)	應和	1572(선조 5)	24세	有唱相應和: 부르면 서로 응하여 화답[應和]하니.
	蘭皐	英陽	慶州 普門	
權師聖 (권사성)	時可	1575(선조 8)	21세	時可太平世: 때는 가히[時可] 태평성세로세.
	龍溪	安東	豊基 臥龍	

4. 결론

지금까지 임진왜란 때 팔공산에서 창의한 대구지역의 의병과 영남지역의 의병에 대하여 살펴보고, 팔공산에서 행한 회맹에 대하여 기술하였다. 대구지역의 의병은 서사원이 중심이 되어 부인사에서 결성되었는데, 이때 조직한 의병은 대구의 전 지역을 대상으로 의병을 조직하였다는 점에 큰 의의가 있다. 이것은 임진란 이전에 연경서원에서 강학한 유림들이 있었기에 가능하였는데, 임진란 당시에 많은 지역에서 의병이 일어났으나 한 지역 전체를 대상으로 의병을 결성한 것은 대구지역이 유일하다.

그리고 무엇보다도 팔공산에서 영남을 비롯한 각지의 의병장들이 모여 2차례에 걸쳐 대규모의 회맹을 하였다는 것은 지금까지 알려지지 않았던 것이다. 이것은 팔공산이 우리나라 국난극복의 역사와 더불어 함께 한 산으로 임진왜란 당시에 의병의 성지聖地였다는 것을 확인시켜 주고 있다. 그리고 상암회맹은 당시에 주요 인사들이 모여 회맹을 겸하여 연구시聯句詩를 지었는데, 상암에 모이게 된 과정과 시기에 대한 연구가 더 필요하다고 여겨진다.

임진왜란 시기 의흥 의병장 송강 홍천뢰와 혼암 홍경승

홍원식
(계명대학교)

1. 서론

고니시 유키나가(小西行長, ?~1600)가 앞장선 왜군이 1592년 4월 13일 부산포에 상륙한 뒤 20일 만인 5월 3일 수도인 한양성을 점령하게 되면서 조선의 조정은 황급히 평양으로 피난길에 오르게 되고 7년 동안 거의 대부분의 국토가 전쟁의 참화를 겪게 되었다. 이러한 가운데 관군이 전열을 가다듬고 명나라의 원병援兵이 도착하는 동안 전국 각지에서는 의병이 일어나 적군의 보급로를 끊고 후방을 교란시키는 등 큰 전공을 세우게 된다.

흔히 임진왜란 시기 큰 대첩大捷으로 진주대첩과 행주대첩 및 한산대첩 혹은 명량대첩 등을 드는데, 그에 못지않은 것으로 영천성永川城 복성전투復城戰鬪를 들기도 한다. 영천성 복성전투는 의병과 관군이 연합하여 벌인 대규모 전투이자 왜란 이후 함락된 읍성을 수복한 최초의 전투였다. 특히 영천은 경주에서 상주, 안동에 이르는 경상동로慶尙東路(左路)의 핵심적인 요충지요 중로中路의 대구와도 매우 가까워 본 전투는 무엇보다 일본군의 보급로를 차단하게 됨으로써 전세를 뒤집는 데 결정적인 계기를 마련하였다. 이에 이항복李恒福은 이순신李舜臣의 명량해전鳴梁海戰과 영천성 복성전투가 임진왜란 중 가장 통쾌한 승리였다고 말하였으며,[1] 실록에서는 "박진이 영좌嶺左에서 수복한 공로는 이순신의 공과 다름이 없는 것으로 영좌에 자못 생기가 돌고 있습니다."[2]라고 적고 있다. 또한 도체찰사都體察使를 지냈던 류성룡柳成龍은 영천성 복성전투의 승리를 다음과 같이 평가하였다.

영천성을 수복함으로써 일본군이 경주성으로 도망갔고, 이로 인해 이로부터 신녕, 의흥, 의성, 안동 등의 일본군이 모두 일로一路에 모이게 되고 좌도의 군읍郡邑을 확보할 수 있었다. 이는 모두 영천 일전一戰의 공이다.[3]

영천성 복성전투는 왜군이 부산포에 상륙한 지 100일 여가 지난 7월 24일 성 밖 남쪽 추평楸坪에 진영을 꾸리면서 시작되어 사나흘에 걸친 치열한 전투 끝에 27일 마침내 승전하였다. 당시 영천을 중심으로 경주, 영일, 흥해, 대구, 경산, 자인, 하양, 신녕, 의흥, 의성 등 10여 고을의 의병과 관군이 연합하여 총 병력의 수가 3,500~4,000명 정도 되었으며, 부대 이름은 창의정용군倡義精勇軍, 대장은 권응수權應銖, 좌총左摠은 신해申海, 우총右摠은 정대임鄭大任, 선봉장先鋒將(前鋒將)은 홍천

1) 李恒福, 『白沙別集』 卷4, 「論亂後諸將功蹟」 참조.
2) 『宣祖實錄』 卷30, 25年 9月 辛未條.
3) 柳成龍, 『懲毖錄』 卷1.

뢰洪天賚, 별장別將은 김윤국金潤國, 작전참모격인 찬획종사贊劃從事는 정세아鄭世雅와 정담鄭湛 등이었다.

영천성 복성전투에 대해서는 근년에 몇 편의 연구가 있으며, 인물로는 권응수와 정대임, 정세아, 정담 등에 대한 연구가 약간 있을 뿐 의흥義興 의병장 출신으로 영천성 복성전투에서 선봉장을 맡았던 송강松岡 홍천뢰洪天賚에 대한 연구는 전혀 없는 상황이다. 그는 임진왜란 전 시기에 걸쳐 참전하였으며 참전일기까지 남겼음에도 아직까지 아무도 주목하지 않았으며, 그와 함께 참전한 삼종질三從姪 혼암混庵 홍경승洪慶承 또한 홍천뢰와 권응수 장군의 막하에서 양료관糧料官의 직책을 맡은 뒤 참전기록인 「분의록奮義錄」을 남겼음에도 아무도 주목하지 않았다.

본 연구에서는 아직까지 검토되지 않은 홍천뢰의 참전일기와 홍경승의 「분의록」을 바탕으로 임진왜란 시기 의흥 지역 의병활동과 연합 의병진의 일원으로 참가한 영천성 복성전투, 그리고 이후 그들의 참전 활동들을 살펴보고자 한다.

2. 홍천뢰와 홍경승의 생애와 임진왜란 참전기록

홍천뢰는 본이 부림缶林으로 고려 멸망과 함께 자진순절自盡殉節한 門下舍人 경재敬齋 홍로洪魯의 5세손이며, 자가 응시應時이고 호는 송강松岡이다. 그는 1564년(명종 19년) 3월 23일 경상도 의흥현義興縣 부남면缶南面 율리栗里(현 경북 군위군 부계면 대율리, 한밤마을)에서 출생하였으며, 1614년(광해군 6년) 3월 향년 51세로 고향에서 세상을 떴다.

그는 21세(1584년) 때 별시別試 무과武科에 급제한 뒤 29세 때인 1592년(임진) 4월에 왜란이 일어나자 창의기병倡義起兵하여 의흥 의병장이 되었으며, 이후 인근 신녕新寧의 권응수權應銖 의병진 등과 연합하여 영천성과 경주성 수복전투 등에 참가하면서 큰 전공을 세웠다. 31세(1594년) 때 무과武科 중시重試에 급제한 뒤 어모장군禦侮將軍 행훈련원검정行訓鍊院檢正(32세), 현신교위顯信校尉 수훈련원정守訓鍊院正(34세) 등의 관직을 지내면서 권응수 장군의 막하에서 큰 활약을 하였다. 왜란이 끝난 뒤 그는 정략장군定略將軍에 제수되고 과의교위果毅校尉(36세) 등을 지내다 37세(1600년) 때 병으로 사직하고 귀향하였다. 그는 참전한 공으로 1605년 선무원종공신宣武原從功臣 3등에 올랐으며, 사후 1623년(인조 원년)에 병조참지兵曹參知에 이어 병조참의兵曹參議에 증직되었다.

그는 병으로 사직한 뒤 공명功名에 매달리지 않은 채 한가롭게 살며,[4] 당시 인근 인동仁洞의 대유大儒인 여헌旅軒 장현광張顯光과 각별한 교유를 하였다. 장현광은 그가 살던 율리(한밤마을)를 자주 찾아 함께 팔공산 동산계곡의 막암幕巖에서 노닐곤 하였다. 그가 일찍 세상을 뜨자, 장현광은 애절한 마음을 담아 다음과 같이 그의 삶을 돌아보았다.

오호라! 내가 막암의 진면목을 찾고자 갔을 때, 그 경내에 있는 한

---

4) 그의 시「寓吟郊松」, "爲問前郊特立松, 托根幸不泰山奉, 當時若荷秦皇寵, 後世應羞列爵封."과「感吟」, "壁上空餘三尺琴, 手摩今日感懷淡, 古調最愛無由聽, 物色含悲舊缶林." 등 참조.

밤에 들어가면 먼저 홍장군의 안부를 묻고 찾아가 주인으로 삼았습니다. 장군의 무술과 지략은 뛰어나고 골상은 범인이 아니었으며 충성심과 의리는 열렬하여 명성이 세상에 알려졌으니, 아! 우리 홍장군은 세상의 기둥이 될 인물이었습니다. 임진왜란 때 공의 나이는 29세, 화산 권응수 장군과 함께 충심으로 죽음을 각오하고 스스로 선봉에 서서 영천에 침입한 왜적을 크게 물리치자 왜적도 겁에 질려 말하기를 하늘이 내려 보낸 홍장군이라 했으니, 참으로 위대했습니다. 거의 망하게 된 나라는 공의 공로로 부지되었고, 거의 죽게 된 백성들은 공의 공로로 보전되었으니, 공로가 장군보다 뛰어난 사람이 없었습니다. 그러나 그때에 공께서는 신병이 위중하여 먼저 고향으로 돌아옴에 끝내 원훈元勳으로 표창되지 못하고 전체 공로가 남에게 돌아갔으니, 참으로 안타까운 일이었습니다. 공의 지조와 절개는 남이 알아줌을 구하지 않았기 때문에 인격에 걸 맞는 관직에 나아가지 못하고 별세하니, 사람들이 모두 탄식하고 흠모해 마지않았습니다. 하물며 나와 같이 친애했던 사람이야 말해 무엇하겠습니까? 아! 애통하고도 애통합니다.[5]

그는 일기 형식의 임진왜란 참전기를 남겼는데,[6] 왜란이 일어난 1592년 4월부터 8월 16일 경주성 복성전투 과정까지만 남아 있고 나머지는 소실되었다.[7] 그런데 삼종질인 혼암 홍경승이 그와 함께 참전

---

5) 張顯光,『旅軒集』續集 卷3,「洪天賚將軍誄文」. 홍천뢰의『송강실기』부록에는 본 誄文 앞에다 병으로 장례에 참례치 못한 경위를 덧붙여 놓은 글이「旅軒張先生弔慰文」이란 이름으로 실려 있다.
6) 洪天賚,『松岡先生實紀』卷1,「日記」참조.
7) 후손 韓燮이 홍천뢰 장군의 임진왜란 참전일기 원본 일부가 소실된 상황을 적은 뒤 홍천뢰 장군의 경주성 전투 과정에 대해 약간의 追錄을 하였다.

한 뒤 남긴 「분의록奮義錄」[8]을 보면, 자신의 전투 기록과 함께 족숙族叔인 홍천뢰의 전투 기록이 상세히 나와 있다. 특히 홍천뢰의 경주성 전투 이후 왜란이 끝날 때까지의 전투 기록도 상세히 담겨 있어 다른 자료들과 비교하며 정리해보면, 경주성 전투 이후 홍천뢰의 활약상을 어느 정도 살펴볼 수 있다.

홍경승은 자가 군하君賀이고 호는 혼암混庵이며, 1567년(丁卯, 선조 원년) 삼종숙三從叔인 홍천뢰와 같은 마을에서 출생하였다. 관례를 치른 뒤 한강寒岡 정구鄭逑의 문하에 나아갔으며, 26세 때인 1592년 임진왜란이 일어나자 홍천뢰의 의병진에 참가한 뒤 이후 권응수權應銖의 막하에서 8년 동안 종군하며 주로 군량을 담당하는 양료관糧料官을 지냈다. 전란이 끝난 뒤 그는 고향으로 돌아와 세상의 명리名利를 멀리 한 채 초연하고 유유자적한 삶을 살다 세상을 떴다.[9] 임진왜란에 참전한 공로로 1605년 선무원종공신宣武原從功臣 3등에 올랐다.

그는 「분의록」이란 이름으로 임진왜란 8년 동안의 종군 기록을 남겼다. 「분의록」에는 자신의 자세한 참전 기록과 더불어 전란 중 어느 한 시기가 아닌 8년 간 전 시기를 기록하고 있다는 점과 그 기간 동안 홍천뢰와 권응수 장군의 휘하에서 활동함으로써 그들에 대한 기록 또한 상세히 실려 있다는 점, 그리고 그의 주된 직책이 군량을 담당하는 양료관이었기 때문에 이에 대한 기록이 상세하여 직접적인 전투 상황만이 아니라 전쟁의 다양한 내용을 파악할 수 있게 해준다는 점 등에

---

8) 洪慶承, 『混庵先生實紀』, 「奮義錄」 참조.

9) 그의 졸년은 미상이나 아들이 30세 때 태어났고 그보다 앞서 39세(1636년) 때 세상을 뜬 기록으로 보아 1636년 이후 세상을 뜬 것으로 추정된다.

서 사료적 가치가 높다. 하지만 그의 임진왜란 참전 기록이 자신이 지은『분의록』이외에는 많지 않으므로 자세한 사료 비판이 필요하다고 본다. 참고로「분의록」이외 그의 참전 기록은 홍천뢰의 참전일기와 정담鄭湛의「영천복성기永川復城記」[10), 그리고「영천복성동고록永川復城同苦錄」[11)과 김해金垓의『향병일기鄕兵日記』[12) 등에 실려 있다.

3. 창의기병과 의흥 의병

1592년 4월 13일 고니시 유키나가(小西行長, ?~1600)의 왜군 1번대가 부산포에 상륙하여 이틀 뒤 동래성을 함락한 뒤 기장과 양산을 거쳐 경상중로慶尙中路를 따라 밀양으로 향하고 있을 즈음인 4월 18일 가토 기요마사(加藤淸正, 1562~1611)가 이끄는 왜군 2번대는 부산포에 상륙한 뒤 동로東路(左路)를 따라 진군하면서 언양, 울산을 거쳐 4월 21일 경주성을 함락하고 이틀 뒤인 4월 23일 영천성에 무혈 입성하였다. 구로다 나가마사(黑田長政, 1568~1623)가 이끄는 3번대도 2번대와 같은 날 낙동강 하구 김해에 상륙한 뒤 서로西路(右路)를 따라 함안, 창녕, 합천, 성주, 김천 등을 거쳐 추풍령을 향하였다.

1번대가 밀양(18일)을 거쳐 북상해오자 조정에서는 급히 신립申立을 도순변사都巡邊使로 삼아 적의 침략을 막도록 하였다. 신립의 관군은 4

---

10) 鄭湛,『復齋實紀』,「永川復城記」
11) 최효식,『임진왜란기 영남의병연구』(국학자료원, 2003), 225쪽 참조.
12) 金垓,『鄕兵日記』9월 條. 이곳에서는 홍경승이 安東列邑鄕兵陣 가운데 康忠立, 朴文潤, 李好仁과 함께 의흥정제장으로 나온다. 최효식,『임진왜란기 영남의병연구』(국학자료원, 2003), 241~2쪽 참조.

월 28일 청도, 대구(21일), 인동, 선산(24일), 상주(25일), 함창과 문경 (26일)을 거쳐 조령을 넘어온 왜군과 배수진을 치고서 충주 탄금대에 서 일대 결전을 벌였지만 패전하고 만다. 다음 날 2번대도 영천에서 신 녕, 군위, 비안, 용궁, 문경을 거쳐 죽령 대신 조령을 넘어 충주에 입성 하였다. 관군의 패전 소식이 전해지자 선조는 황급히 평양을 향해 피 난길에 올랐으며, 결국 수도 한양성은 왜군의 침략 20일 만인 5월 3일 에 제대로 싸워보지도 못한 채 함락되고 말았다.

조정에 왜군의 침략이 맨 처음 전해진 것은 전쟁 발발 4일 뒤인 4월 17일 경상좌수사慶尙左水使 박홍朴泓이 올린 장계狀啓에 의해서였다.[13] 당일 조정에서는 이일李鎰을 중로순변사, 성응길成應吉을 좌방어사, 조 경趙儆을 우방어사로 임명하여 경상도로 급히 파견하였다. 이틀 뒤인 4 월 19일 선조는 류성룡柳成龍을 도체찰사都體察使에 임명하여 군사에 관 한 전권을 위임하였으며, 앞에서 본 바와 같이 신립을 도순변사로 삼 고서 전장으로 급히 보냈던 것이다.

조정에 왜군의 침략 소식이 전해지기 전에 이미 경상도 지역 관군의 대응도 나름 신속히 이뤄졌다.[14] 이탁영의 『정만록』에 따르면, 4월 15 일 부산포의 함락 소식이 진주 근처에 머무르고 있던 경상감사 김수에 게 전달되었으며, 즉시 경상도 지역의 군사 동원령이 하달되어 실행에 옮겨졌다. 하지만 현격한 전력의 차이로 패전을 거듭하게 되자 사기가 떨어지고 지휘체계마저 무너지면서 제대로 싸워보지도 못한 채 읍성

---

13) 『宣祖實錄』, 卷26, 25年 4月 丙午條 참조.
14) 노영구, 「임진왜란 초기 양상에 대한 기존 인식의 재검토」(『임진란연구총서』2, 임진란정신문화 선양위원회, 2013)와 김진수, 「임진왜란 초기 경상좌도 조선군의 대응양상에 대한 검토」(위와 같 은 곳) 등 참조.

들을 줄줄이 적에 손에 넘기고 말았다. 16세기 말 당시 조선군의 방어 전략은 제승방략체제制勝方略體制에 따라 대규모 침략이 있을 경우 먼저 각도 별로 휘하 군사들을 집결시켜 감사監司나 병마사兵馬使의 신속한 지휘를 받도록 하고, 이어 중앙에서 파견된 지휘관의 지휘를 받도록 되어 있었다.[15]

왜군은 파죽지세로 북상하는 한편 후방의 안정과 보급로를 확보하기 위해 중요한 지점마다 일정한 군사를 주둔시켰다. 이들은 주둔지 인근의 마을들을 수시로 약탈하고 저항할 경우 죽이고 불태웠으며, 적극적으로 조선인들을 회유하여 앞잡이로 삼거나 왜군에 편입시켰다. 이 기회를 틈 타 불만을 품은 조선인들이 일본인 행세를 하며 약탈에 나서기도 하였다. 이러한 상황 아래 각 지역에서는 충군애국과 지역의 방어를 위해 자발적인 군사조직이 생겨나기 시작하였다. 경상도 의흥지역에서 창의기병한 홍천뢰의 의병진도 그 가운데 하나이다.

의흥현은 남쪽으로는 팔공산을 경계로 대구·달성과, 남동쪽으로는 신녕현과, 북쪽으로는 의성현과, 북서쪽으로는 군위현과, 서쪽으로는 인동현과 접해 있었으며, 영천에서 신녕을 지나온 왜군이 의흥을 거쳐 군위, 문경과 의성, 안동으로 갈 수 있는 경상동로(좌로)의 요충지였다. 의흥은 4월 21일 경주, 4월 22일 좌병영(울산), 4월 23일 영천과 신녕에 이어 4월 24일에 함락되었다. 홍천뢰가 기병한 곳은 의흥현 중에서도 팔공산 북사면 아래 부남면 율리로 현치縣治로부터 멀리 떨어진

---

15) 조선 초 방어체제는 鎭管體制로 경상도에는 김해, 대구, 경주, 상주, 진주, 안동 여섯 곳에 진관을 설치하였는데, 1555년 乙卯倭變을 기점으로 制勝方略體制로 바뀌었다. 柳成龍은 제승방략체제의 폐단을 지적하면서 진관체제로 돌아갈 것을 주장하였으나 받아들여지지 않았다. 『懲毖錄』참조.

곳이어서 왜군의 직접적인 침략을 받지 않은 곳이었다.

홍천뢰는 별시 무과 출신으로 고향에 머물던 중 왜군의 침략 소식을 접하고서 곧장 아우에게 부모님을 잘 보살필 것을 부탁한 뒤 부친의 강력한 권유를 받들어 기병을 하게 된다. 기병 일시는 정확하지 않지만, 대동大洞과 한천漢川 전투에 참전한 내용을 적고 있다. 대동과 한천은 신녕新寧 부근으로, 이 전투에는 신녕의 권응수와 영천의 정대임 등도 참전한 기록을 남기고 있어 이때 이미 연합부대가 형성된 것으로 볼 수 있겠다. 홍천뢰의 일기에 따르면, 권응수의 서찰을 받고 합류하게 되었고 정대임도 이때 합류하였으며, 당시 각지에서 모인 의병 수가 1,300여 명이 되었고 대동전투는 5월 6일, 한천전투는 5월 13일에 있었다.

이렇게 볼 때, 홍천뢰가 기병한 일시는 5월 6일에 있었던 대동전투 이전인 것은 분명하다. 그는 족질 홍경승이 4월 19일 자신의 의병진에 들어왔으며,[16] 당시 그는 단독으로 100여 명의 의병을 이끌고 부계缶溪(薪院, 섶원) 입구에서 왜군을 만나 물리친 뒤 선후 두 부대로 편성했음을 적고 있다. 부계는 신녕에서 군위로 가는 중간 지점에 있는데, 4월 19일에는 아직 일본군이 이곳까지 진격하지 않은 상태여서 며칠간의 차이가 있는 것 같다. 그렇지만 신녕과 의흥이 함락된 4월 23~4일을 전후해 그의 의병진이 꾸려져 향리 인근에서 전투를 치렀으며, 곧장 신녕의 권응수,[17] 영천의 정대임 의병진 등과 연합하여 5월 초 대동

---

16) 홍경승은 「奮義錄」에서 홍천뢰의 의병진에 나아간 일자가 5월 10일이며, 이전에 이미 홍천뢰가 몇 차례 전투를 치른 것으로 적고 있다.

17) 권응수는 경상좌수사 朴泓의 막하에서 禦侮將軍(정3품 堂下官)으로 있다가 박홍이 겁에 질려 달아나자 고향 신녕(花山)으로 돌아온 뒤 동생 應銓, 應平, 應生 및 향리의 李蘊秀 등과 창의기병

전투에 이어 한천전투를 치른 것으로 볼 수 있겠다.

이들 의흥과 신녕, 영천의 연합 의병진은 계속해서 영천의 관노官
奴 출신인 희손希孫이 수백 명의 무리를 지어 토적질을 하자 토벌하였
는데, 홍경승의 「분의록」에는 그 일자가 5월 18일로 되어 있다. 그리고
홍천뢰는 왜군 100여 명이 고향 율리를 침범하자 정병 300여 명을 데
리고 가 친 뒤 본가에는 들리지 않고 아우에게 편지만 남긴 채 5월 26
일 본진으로 귀대한 사실을 일기에 기록해 놓았다.

이런 가운데 연합 의병진의 규모가 점점 더 커져 갔다. 곧 영천의 정
세아鄭世雅와 정담鄭湛, 조성曺誠, 조희익曺希益, 하양의 신해申海, 자인의
최문병崔文炳, 경산의 최대기崔大期 등의 의병진이 합류하게 된 것이다.
그들이 연합하여 치른 대표적인 전투가 바로 7월 14일 벌인 박연朴淵
전투이다. 박연은 신녕 인근으로 의흥과 영천, 하양, 군위 등으로 통하
는 요충지였는데, 일본군 백여 명이 봉고어사封庫御史라 사칭하고서 군
위에서 영천 방면으로 내려오며 노략질을 일삼자 이들 연합 의병진이
공격하여 남쪽 와촌으로 도망가는 왜군은 정세아와 정대임 등의 의병
진이, 그리고 북쪽 군위로 도망가는 왜군은 홍천뢰와 권응수 등의 의
병진이 소계召溪까지 쫓아가 격살하였다.[18]

이렇게 영천을 중심으로 한 경상좌도 중부 지역에서 각지의 의병진
이 연합하여 큰 전공을 세우고 있을 무렵 조정에서는 밀양부사로 있다
가 피신한 적이 있던 젊은 나이의 박진朴晉을 좌병사左兵使(경상좌도 병

하였는데, 그 일자가 4월 20일로 기록되어 있다. 權應銖, 『白雲齋實記』卷1, 年譜와 權應平, 『東巖
實記』卷1, 年譜 壬辰 참조.

18) 최효식, 『임진왜란기 영남의병연구』(국학자료원, 2003), 205~6쪽 참조. 홍천뢰와 홍경승은 그
일자를 7월 22일로 적고 있다.

마사)로 임명하였다. 그는 곧장 안동에 좌병영左兵營을 설치하고, 경상 좌수사左水使 박홍朴泓의 막하에서 어모장군禦侮將軍으로 있다가 고향 신녕으로 돌아와 의병을 일으킨 뒤 혁혁한 전공을 세우고 있던 권응수를 조방장으로 삼고 일대의 의병부대를 총 지휘토록 하였다.[19] 이에 권응수는 홍천뢰 등과 함께 박진의 좌병영에 가서 군사의 기율을 참관하기도 하였지만,[20] 양자 간에는 약간의 불협화음이 있기도 했다.[21] 이렇게 관군 지휘부와 의병들 간의 알력은 당시 흔히 볼 수 있었던 것으로,[22] 6월 영천의 정세아와 정대임, 조희익 등이 진주성에 있던 초유사 招諭使 김성일金誠一에게 지휘체계를 바로잡아 줄 것을 요청한 것도 그 한 사례라고 볼 수 있다.[23] 마침내 김성일은 7월 권응수를 영천지역 의병대장으로 임명하였다. 앞에서 살펴본 박연전투는 김성일에 의해 권응수가 의병대장으로 임명된 뒤에 치러진 첫 전투임을 알 수 있다.

4. 영천성 복성 전투

7월 14일 박연전투에서 승전한 영천 일대 연합 의병진은 그 여세를 몰아 영천성 수복 전투에 나서게 되었다. 이때에 이르면 관군도 지휘체계를 재정립하게 되어 안동에 머물고 있던 경상 좌병사 박진이 권응

19) 『亂中雜錄』, 壬辰 9月 5日條와 李魯, 『龍蛇日記』 등 참조.
20) 洪慶承, 『混庵先生實紀』, 「奮義錄」 6月 참조.
21) 최효식, 『임진왜란기 영남의병연구』(국학자료원, 2003), 204~5쪽 등 참조. 그러나 김진수는 양자의 관계가 나쁘지만 않았으며 박진의 지휘와 지원 아래 권응수의 의병부대가 성공적인 활동을 했다고 보고 있다. 김진수, 「임진왜란 초기 경상좌도 조선군의 대응양상에 대한 검토」, 『임진란연구총서』2, 임진란정신문화선양위원회, 2013, 206쪽 참조
22) 대표적인 경우로 경상 감사 김수와 의병장 郭再祐 간의 알력을 들 수 있다.
23) 鄭世雅, 鄭湛의 『復齋實紀』, 「永川復城記」와 李魯의 『龍蛇日記』 100~1쪽 등 참조.

수의 연합 의병진을 적극적으로 돕고, 경주 판관 박의장朴毅長과 영천 군수 김윤국金潤國, 신녕 현감 한척韓倜, 하양 현감 조윤곤曺胤坤 등 관군 도 합세한 가운데 전투를 벌여 영천성을 수복하게 된 것이다.[24] 이렇게 의병과 관군이 연합하여 대규모 전투를 벌인 것과 더불어 함락된 읍성 을 수복한 것은 본 전투가 왜란 이후 최초의 일이었다.

영천성 복성 전투는 7월 24일 성 밖 남쪽 추평楸坪에 진영을 꾸리면 서 시작되어 사나흘에 걸친 치열한 전투 끝에 27일 마침내 승전하였 다. 당시 홍천뢰를 위시한 전투에 참여했던 의병장들의 기록 내용들이 대체로 일치한다. 그 내용은 서문에서 말했듯이 영천을 중심으로 경 주, 영일, 홍해, 대구, 경산, 자인, 하양, 신녕, 의흥, 의성 등 10여 고을 의 의병과 관군이 연합하여 총 병력 수가 3,500~4,000명 정도 되었으 며, 부대 이름은 창의정용군, 의병대장은 권응수, 좌총은 신해, 우총은 정대임, 선봉장은 홍천뢰, 별장은 김윤국, 작전참모격인 찬획종사는 정세아와 정담이었다. 특히 본 전투에서는 火攻이 큰 성공을 거둔 것 으로 기록하고 있다.

실록에서는 박연에 이은 영천성 전투를 다음과 같이 기록하고 있다.

별장 권응수가 영천의 적을 격파하고 그 성을 회복하였다.

당시 왜적 1천여 명이 영천성에 주둔하여 안동에 주둔한 적과 서로 응하여 일로一路를 형성하고 있었다. 영천의 사민士民이 여러 곳에 주

---

24) 영천성 수복전투에 대해서는 문수홍의「임란 중 경상좌도지방의 의병활동-임진년 영천·경주 성 수복전을 중심으로」(『소헌남도영박사화갑기념 사학논총』, 1984)와 최효식의『임진왜란기 영 남의병연구』(국학자료원, 2003) 제9장 '육전 최초의 승리 영천전투', 이욱의「임진왜란 초기 경상 좌도 의병 활동과 성격」(『임진란연구총서』2, 임진란정신문화선양위원회, 2013) 등 참조.

둔한 의병과 연결하여 공격하기 위해 박진에게 원조를 요청하자, 박진이 별장인 주부 권응수를 보내어 거느리고 진군하여 공격하게 하였다. 권응수가 의병장 정대임, 정세아, 조성, 신해 등의 군사를 거느리고 진군하다가 영천의 박연에서 적병을 만나 격파하고 그들의 병기와 재물을 거두었다.

이에 여러 고을의 군사를 모아 별장 정천뢰鄭天賚 등과 함께 진군하여 영천성에 이르니 적이 성문을 닫고 나오지 않았다. 권응수가 군사를 합쳐 포위하고 성문을 공격하여 깨뜨렸다. 권응수가 큰 도끼를 가지고 먼저 들어가 적을 찍어 넘기니 여러 군사들이 용약하여 북을 울리고 함성을 지르면서 진격하였다. 적병이 패하여 관아로 들어가자 관군이 불을 질러 창고를 태우니 적이 모두 불에 타서 죽었고, 도망쳐 나온 자도 우리 군사에게 차단되어 거의 모두 죽었으며, 탈출한 자는 겨우 수십 명이고 머리를 벤 것이 수백 급級에 이르렀다. 그리하여 마침내 그 성을 수복하여 아군의 위세가 크게 떨쳐졌다. 안동 이하에 주둔한 적이 모두 철수하여 상주로 향하였으므로 경상좌도의 수십 고을이 안전하게 되었다.

권응수는 용맹스러운 장수로 과감히 싸우는 것은 여러 장수들이 따르지 못하였다. 이 일이 알려지자 상으로 통정대부通政大夫에 가자加資되고 방어사防禦使가 되었으며, 정대임은 예천군수醴泉郡守가 되었다. 정세아는 병력이 가장 많았으나 군사들을 권응수에게 붙이고 행진行陣에 있지 않았으므로 상을 받지 못하였으며, 나머지는 차등 있게 상직賞

職이 주어졌다.[25]

위 실록의 기록이 의병장들의 기록과 별 차이가 없음을 알 수 있다. 다만 위 내용 중 "이에 여러 고을의 군사를 모아 별장 정천뢰 등과 함께 진군하여 영천성에 이르니"라고 한 대목에 문제가 있다. 번역문에서 '별장 정천뢰'라고 하였는데, 이대로라면 정천뢰가 바로 별장이 되는데, 위 기사의 제목이 "별장 권응수가 영천의 적을 격파하고 그 성을 회복하였다."라고 한 것을 보면, 권응수가 바로 별장이 되어야 하며, 별장인 권응수가 정천뢰 등과 함께 진군한 것이 되어야 한다. 그런데 더욱 문제가 되는 것은 정천뢰라는 인물이다. 당시 전투에서 정천뢰라는 인물은 어디에도 등장하지 않는다. 이것은 홍천뢰의 오기임이 분명하다. 당시 홍천뢰가 선봉장이어서 내용과 부합하며, 참전 의병장 가운데 정씨들이 많아 생긴 잘못이 아닌가 생각한다.

홍천뢰는 일기에서 자신의 전투 내용을 자세히 기록하고 있다. 7월 24일 추평에 진을 치고 선봉장이 되어 1차로 공격해 100여 명을 목 벤 뒤 해 질 녘 본진으로 돌아왔으며, 이때 화공을 제안하였고, 이틀 후인 26일 다시 2차로 500여 명의 군사를 데리고 성내로 진입하여 적을 크게 무찌르고 돌아오자 사람들이 '하늘이 내린 홍장군'이란 말을 하였으며, 정대임과 신해, 최문병, 이온수 등의 의병장들이 "본래 장군의 용감함을 듣긴 했지만 뛰어난 모습을 직접 보지 못했는데, 오늘에서야 장군이야말로 장군다운 분임을 비로소 알게 되었습니다."란 말을 들었

---

25) 『선조수정실록』 26권, 25년 8월 1일(무자) 10번째 기사 역문.

다고 적었다.[26] 이와 더불어 그는 영천성 복성전투에 있어서 족질 홍경 승의 공적을 다음과 같이 적고 있다.

이번 전투에 족질 경승이 군량미 조달의 책임을 맡아 훌륭하게 처리 함으로 인해 병사들의 식량을 해결할 수 있었다. 이런 일이 있은 뒤부 터 족질은 양료관糧料官이 되어 가는 곳마다 군량미를 수급하며 한 번 도 부족하거나 끊어지지 않게 했으며, 또 전투의 방법과 책략에 대해 서도 협조 기획했다.[27]

여기에 보면 홍경승의 역할 중 특히 군량 조달의 책임을 훌륭하게 수행하였음과 더불어 전략에 대해서도 뛰어난 기량을 발휘하였음을 말하고 있다. 정담도「영천복성비문」에서 "양료관 홍경승이 군량을 공 급하고 방략을 도왔다.[28]"고 적은 것을 보면 신뢰할 만한 기록이라고 본다.

---

26) 홍천뢰의 왜란 참전을 기록한 글들을 그의『松岡先生實紀』권2, 부록에다 節錄하여 실어 놓았 다. 그 출전을 열거해보면 다음과 같다.『輿地勝覽』, 鄭湛의「永川復城記」(略),『名賢錄』, 金誠一 의『壬辰錄』,『龍蛇事蹟』, 訒齋 崔晛의 日記,『亂中聞見錄』,『亂後奏聞錄』, 弘道 申鼎峯의 手錄, 黙 齋 柳澈의『積若錄』. 위 문헌에서는 대부분 영천성 복성전투를 중심으로 그의 참전 내용이 서술 되어 있다. 문집에 실린 위 출전 이외에도 같이 의병활동을 벌인 권응수의『白雲齋實紀』, 정세아 의『湖叟先生實紀』, 정대임의『昌臺日記』등에도 영천성 복성전투를 중심으로 그의 참전 내용이 실려 있다.
27) 洪天賚,『松岡先生實紀』卷1,「日記」7月 27日.
28) 鄭湛,「永川復城碑文」.

5. 경주성 복성전투와 기타 전투

영천성 수복으로 크게 고무된 경상 좌병사 박진은 경주성 수복에 나서게 된다. 그는 좌병영을 경주 북쪽 안강으로 옮긴 뒤 경주 판관 박의장을 선봉으로 삼고 경주 의병장 최진립과 영천 의병장 정세아 등을 주축으로 삼은 뒤 권응수 등 영천 복성전투에 참전한 의병진들도 대거 참전토록 하여 그 병력의 수가 37,000명에 이르렀다. 대규모 병력에다 영천성 복성전투에서 승전하였던 터라 사기가 매우 높았다. 하지만 8월 21일 제1차 전투에서 많은 희생을 치른 채 패전하고 만다. 이때 정세아와 함께 참전한 그의 아들 정의번鄭宜藩이 전사하게 된다.[29] 보름 가까이 지나 제2차 복성전을 벌인 뒤 9월 8일 마침내 경주성도 수복하게 된다. 이 전투에서는 박의장의 활약이 돋보였으며, 새롭게 개발해 사용한 비격진천뢰飛擊震天雷가 큰 위용을 발휘하였다.

홍천뢰는 일기에서 경주성 복성 전투 참전 기록을 다음과 같이 남기고 있다.

당시 경주에 주둔하고 있던 왜적이 아직 강력하여 영천에 있던 왜적과 다름이 없으므로 여러 장수들이 함께 모여 병사들과 서약, 토벌할 계획을 세웠다. 이에 권응수 대장은 박의장과 힘을 합쳐 계연鷄淵에서 전투를 하고, 나는 정대임, 이온수와 함께 자인, 양산 등지에 흩어져 있는 왜적들을 공격하여 전멸시킨 다음 본진으로 돌아가니, 권대장이 아

---

29) 鄭世雅, 『湖叟先生實紀』 卷5, 「事實」 참조.

직 계연에서 승리를 거두지 못하고 있었다. 나는 다시 합세 진격하여 사살한 왜적이 매우 많았다. 권대장은 기쁘게 "홍선봉장의 용기가 아니었다면 오늘의 사태는 위험할 뻔 했다."라고 말하였다. 이날이 바로 8월 16일이었다.

일자상 약간의 오류가 있는 듯하지만, 경주성 복성전투의 개황과 더불어 그 자신이 포함된 의병장들의 활약상을 어느 정도는 파악해 볼 수 있게 해준다. 족질 홍경승이 영천성을 수복한 후 8월 13일까지 5,600여 군사가 그곳에 주둔하였으며 16일에 경주 계연에서 전투가 있어 참전하였다고 기록한 것을 보면, 영천성 수복 후 대부분의 군사들은 영천성에 머물면서 성을 지키며 휴식을 취한 뒤 경주성 복성전투에 대거 투입된 것으로 보인다. 그런데 홍천뢰의 왜란 참전일기는 1592년 8월 17일까지만 남아 있고 이후 부분은 소실되고 말아 남아 있지 않다. 다른 기록들에도 홍천뢰의 경주성 복성전투 이후의 기록들은 거의 찾아볼 수 없다.[30] 다만 족질인 홍경승이 「분의록」 속에 자신의 참전 기록을 적는 가운데 경주성 복성전투 이후 홍천뢰의 참전 내용들을 군데군데 남기고 있다. 사료 비판의 필요성을 전제하면서 참고를 위해 간단하게나마 정리해보면 다음과 같다.

1593년 4월 27일, 권응수와 함께 안동에서 전투[31]

---

30) 洪天賚, 『松岡實紀』卷2, 附錄 「亂中聞見錄」에 보면, 홍천뢰가 1597년(정유) 9월 16일 성주 목사 李守一과 함께 성주 馬赤山에서 전투한 기록이 하나 실려 있다. 그의 「行狀」과 「墓碣銘」에는 영천성 수복전투 이외의 경주성이나 唐橋 전투 등의 참전 내용도 실려 있다.

31) 홍천뢰의 연보를 보면 1593년 2월에 진중에서 발병하여 귀향한 뒤 7월에 복귀한 것으로 되어 있

1594년 7월, 권응수, 정대임 등과 함께 창암 시은진에서 전투

1594년 8월 18일, 언양에서 권응수와 참전한 뒤 그의 목숨을 구함

1595년 4월 25일, 권응수와 함께 형산강에서 전투

1597년 9월 9일, 정유재란이 일어나 다시 군대를 이끌고 권응수 부대와 합류

1597년 9월 12일, 이용순이 대장, 권응수가 부장, 자신은 전봉(선봉)장, 김응서는 별장이 되어 달서에서 전투. 현풍의 곽재겸이 용맹스러움에 감탄함

1597년 12월, 울산 반구정에서 권응심, 권응택 등과 함께 전투

위에서 본 바와 같이 홍천뢰는 별시 무과(1584년) 출신으로 1592년 4월 왜란이 일어나자 고향인 의흥현 부남 율리에서 곧장 창의기병하여 의흥 의병장이 되었으며, 이후 권응수 등의 의병장들과 연합하여 영천성과 경주성 복성전투 등에서 큰 전공을 세운 뒤 31세 때인 1594년 정월에 무과 중시에 급제하여 여러 군직을 지냈다. 이와 같이 처음에는 의병으로 시작했다 군공이나 무과 등을 통해 관군 혹은 준군관準官軍으로 편입된 경우가 흔하게 발견되는데, 이것은 당시 국가정책이기도 했다. 곧 당시 조정에서는 의병과 관군 이원체제가 군사 지휘상 효과적이지 않으며, 의병이라는 이름만 내건 채 실은 도적질을 하거나 심지어 관군에 대적하는 경우도 있어 1592년 말경부터 적극적으로 의병을

___

다. 일자상 불일치가 있지만, 그가 병으로 귀가한 것은 사실이며, 그가 귀가할 때 홍경승이 지은 詩句가 남아 있다.

관군에 포함시키거나 준관군화하는 데 힘을 쏟았던 것이다.[32]

홍경승은 「분의록」에서 영천성과 경주성 복성전투 이후의 전투에 대해서도 꽤 상세히 기록하고 있다. 그가 권응수와 홍천뢰의 막하에서 활동하였으므로, 이 기록은 자신뿐만 아니라 두 사람의 참전활동 및 영남지역 전체 전투상황을 파악하는 데에도 도움이 된다. 그가 참가한 의병진은 영남 전 지역에서 전투를 벌였으며, 그 기간 또한 왜란 전 시기에 걸쳐 있다. 그리고 대부분 다른 의병진 혹은 관군과 연합한 형태를 띠고 있다.

대표적인 것을 보면, 영천성과 경주성 복성전투에 이어 그는 1593년 2월 26일에는 산양 탑전에서, 4월 27일에는 북부지역 안동 일대에서, 7월 23일에는 진양 응천에서 왜적을 맞아 전투를 벌였으며, 1594년 4월에는 언양 황룡사에서, 7월에는 창암 시은진에서, 8월에는 다시 언양에서, 1595년 4월에는 형산강에서 전투를 벌여 승전하였다. 그리고 1596년 4월에는 권응수 장군을 따라 창녕으로 가서 방어사로 있던 곽재우를 만나기도 하였다. 1596년 5월 16일 그는 신녕花山 본진으로 돌아온 뒤 정세가 좀 잠잠해지자 허락을 받아 고향으로 돌아왔다.

그러나 이듬해인 1597년 9월 왜군이 다시 크게 침략해오자 그는 양료관에 임명되어 권응수와 홍천뢰의 막하에서 참전하였다. 당시 왜군은 그의 의병진이 포진하고 있던 인근 공산성公山城(팔공산)을 함락하고 대구 일대를 유린하였다. 이에 맞서 일대의 여러 의병진들이 공산회맹

---

32) 『선조실록』과 『선조수정실록』을 보면 1592년 말경부터 1593년에 걸쳐 이에 관한 논의가 활발하게 일어났다. 이에 관한 연구로 노영구, 「임진왜란 초기 양상에 대한 기존 인식의 재검토」(『임진란연구총서』2, 임진란정신문화선양위원회, 2013)와 김강식, 「임진왜란 시기 경상우도의 의병운동」(위와 같은 곳) 등 참조.

公山會盟 등을 통해 연합하고 관군이 합세하여 전투를 벌였다. 그는 이해 9월 9일과 12일 전투 기록을 다음과 같이 남겼다.

적군이 공산성을 무너뜨리자 내가 달성에 도착했을 때 관찰사 이용순이 거느리고 있는 병사 7,800명과 권장군이 거느린 4,070명, 그리고 첨정족숙이 정병 200명을 거느리고 왔으며, 김응서도 보병 320명을 거느리고 오니 병사는 모두 12,390명이었으며, 말은 460필이었다. 나는 먼저 수성 창고에 있는 곡식 3,200섬을 가져오고 또 달성 안에 있던 곡식 6,000섬을 가져와 병사들을 먹이고, 콩 90섬과 메밀 30섬을 구하여 말을 먹였다.

적장이 달성까지 달려옴에 그때 이용순이 대장, 권장군은 부장, 첨정 족숙(홍천뢰)은 전봉장, 김응서는 별장이 되어 달서에서 대전을 벌렸다. 이용순의 말은 넘어져 일어나지 못하고 병사도 거의 패배하자 첨정 족숙이 적진에 달려 들어가 이용순을 일으키고 왜장을 사살하자 왜졸들이 도망을 침에 추격하여 3,000명을 사살하고 460명을 생포했으며 말 48필을 탈취했다. 빼앗은 병기는 헤아릴 수가 없었다. 그 때 아군의 죽은 사람은 144명, 부상자 97명이었다.

현풍의 곽재겸이 첨정 족숙의 적진 돌격 상황을 보고 손에 땀을 쥐며 탄식하기를 "오늘의 승리는 홍전봉장의 공로가 가장 크다. 저 조자룡의 용기를 다시 보는 것 같다."라고 하였다.

그는 이후에도 1597년 12월 울산 반구정 부근에서, 이듬해 1598년

11월에는 사천에서 퇴각하는 왜군을 추격하여 궤멸시켰다. 그의 「분의록」은 "1599년 봄, 왜구들이 크게 두려워하여 흩어져 도망친 졸병들을 수습하여 바다를 건너갔다."는 말과 더불어 "나는 평민의 선비로서 여러 장군들의 뒤에서 군량미를 조달하여 비록 전투의 공로는 없었으나 왜구들의 시종과 여러 장군들의 방법과 책략을 다 목격한 바인지라 그 전말을 간략하게 기록하노라."로 끝을 맺고 있다.

여기에서 밝히고 있듯이 그의 주된 참전활동은 군량 담당인 양료관이었는데 이와 관계된 주요 내용을 보면 다음과 같다. 1592년 7월 27일 기록에 영천성 수복 이후 경주성 복성전투를 벌이는 8월 13일까지 영천성에 주둔할 당시 군졸 수가 5,600여 명, 군량이 8,230섬이었는데 그 중 6,200섬은 나라의 창고에서, 나머지는 들판의 먼저 익은 나락에서 공급하였다. 앞에서 인용한 정유재란 당시 1597년 9월 9일의 달성 수성전투의 기록에도 軍馬의 수와 군량의 양, 공급처 등을 상세히 볼 수 있었다.

6. 결론

1592년 4월 13일 왜군이 부산포에 상륙한 지 20일만에 수도 한양성이 함락된 채 조정은 황급히 평양으로 옮겨진 상황에서 전쟁발발 100여일 만에 처음으로 영천성으로부터 승전보가 전해졌다. 영천성 복성전투는 전열을 가다듬은 관군과 영천 일대 10여 의병진이 연합하여 벌인 전투로 전세를 뒤집는 데 결정적인 역할을 하였다. 당시 전투에서 선봉장을 맡았던 인물이 바로 의흥 의병장 출신인 송강 홍천뢰였다. 본 전투에는 그와 더불어 삼종질인 혼암 홍경승도 함께 참전하였으며, 두 사람은 각각 참전기록을 남겼다. 그럼에도 아직까지 학계에서는 두 인물과 그들이 남긴 자료를 주목하지 않았는데, 본 연구에서는 그들의 참전기록 분석을 통해 다음과 같은 몇 가지 결과를 얻을 수 있었다.

첫째, 홍천뢰와 홍경승의 임진왜란 참전기록은 당시 여타 참전기록과 공통적인 문제점이기도 하지만 부정확한 점이나 과장된 점, 후대의 가필 등의 문제점이 없지 않으나 서로 비교를 거치면 충분히 사료로서 가치가 있다고 본다. 특히 그 기록이 임진왜란 전 시기, 영남 전 지역에 걸쳐 있다는 점과 의병장 중심의 전투상황만이 아니라 막하 양료관으로서 군량 보급 등에 대해 상세히 적고 있다는 점이 특징적이다.

둘째, 의흥 지역에서의 창의기병과 활동 및 인근 여러 의병진과 연합해가는 과정을 비교적 상세히 파악할 수 있었다.

셋째, 임진왜란의 첫 전승이자 전세를 뒤집는 데 중요한 역할을 한 영천성 복성전투와 그에 뒤이은 경주성 복성전투의 전투 과정과 내용을 보다 상세히 알 수 있었다. 특히 여기에서 관군과 의병이 연합하는 양상을 잘 파악할 수 있었다.

넷째, 홍천뢰의 경우를 통해 전쟁 중 의병이 군공이나 무과를 거쳐 관군 혹은 준관군으로 편입해 들어가는 상황을 잘 볼 수 있었다.

다섯째, 정유재란 시기 팔공산을 중심으로 한 여러 전투상황을 파악하는 데 도움이 되었다.

참고문헌

『宣祖實錄』
『宣祖修正實錄』
柳成龍,『懲毖錄』
鄭世雅,『湖叟先生實紀』
李恒福,『白沙別集』
鄭大任,『昌臺日記』
張顯光,『旅軒集』
鄭湛,『復齋實紀』
權應銖,『白雲齋實記』
權應平,『東岩實記』
金垓,『鄕兵日記』
洪天賚,『松岡先生實紀』
洪慶承,『混庵先生實紀』
李魯,『龍蛇日記』

김강식,「임진왜란 시기 경상우도의 의병운동」,『임진란연구총서』2,
        임진란정신문화선양회, 2013
김진수,「임진왜란 초기 경상좌도 조선군의 대응양상에 대한 검토」,
        『임진란연구총서』2, 임진란정신문화선양위원회, 2013
노영구,「임진왜란 초기 양상에 대한 기존 인식의 재검토」,
        『임진란연구총서』2, 임진란정신문화선양위원회, 2013
문수홍,「임란 중 경상좌도지방의 의병활동-임진년 영천·경주성 수복전을
        중심으로」,『소헌남도영박사화갑기념 사학논총』, 1984
이욱,「임진왜란 초기 경상좌도 의병 활동과 성격」,『임진란연구총서』2,
        임진란정신문화선양위원회, 2013
최효식,『임진왜란기 영남의병연구』, 국학자료원, 2003

낙애 정광천의 '팔공산 유람 10수'

구본욱 옮김

팔공산으로 가는 도중에 [1]
(道中 次朱上舍韻)

석양에 부친을 모시고 지팡이로 오르니

골짜기에는 어슴푸레한 저녁노을 서려있네.

새벽에 출발하여 비로소 산을 오르니[2]

호기豪氣가 일어 정상에 먼저 날아오를 것 같네.

斜陽扶得老人節하고 洞壑迷茫暮靄封이라.

曉來始理登山屐하니 豪興先飛第一峰이라.

---

1) 원제목에는 '주상사의 운을 따라 짓다'라는 말이 덧붙여져 있으나, 이것은 원운(原韻)에 따라 차운(次韻)을 짓는 한시의 독특한 형식이므로 생략하였다. 주상사(朱上舍)는 진사 주신언(朱愼言)이다.

2) 새벽에 하빈의 집에서 걸어서 출발하여 중간에 주신언 등 일행을 만나 저녁 때가 되어 파계사가 있는 팔공산으로 올라가는 것을 말함.

파계사에 묵으면서
(宿把溪寺)

대지팡이 짚고 구름을 뚫고 지름길로 오르니

가파른 봉우리 푸른 하늘에 솟아있네.

인간 세상에는 이미 여름에 접어들었는데

높은 산에는 오히려 봄기운이 남아있네.

비 개인 붉은 꽃엔 물기가 촉촉하고

바람이 가벼이 부니 연녹색 잎이 신선하네.

솔바람은 속객俗客을 놀라게 하고

때로 사람들을 깨우치게 하는구나.

竹杖穿雲徑하니 危峰聳碧旻이라.

人間曾入夏한대 山頂尙留春이라.

雨歇殘紅濕하고 風輕軟綠新이라.

松風驚俗客하고 時復喚醒人이라.

파계사 뒷 봉우리를 오르며 [3]
(登把溪後峰 次徐蓮亭韻)

티끌 묻은 적삼 잠시 털고 석벽을 기어올라

헤진 짚신 고쳐 신고 구름 낀 언덕 넘었네.

오늘에야 비로소 우주가 큰 것을 알 것 같은데

원근의 산하가 모두 한 눈에 들어오네.

暫拂塵衫攀石壁하고 更穿芒屬度雲坡라.

如今始識乾坤大한대 遠近山河入眼多라.

---

3) 원제목 중 '서연정의 운을 따라 짓다.'라는 말은 위의 예에 의거 생략하였다. 서연정(徐蓮亭)은 서
사원(徐思遠)의 부친인 서형(徐泂)이다. 연정은 서형의 호(號)이다.

작은 정각암에 이르러. 2수
(到靜覺小庵 二首)

날이 저물어 정각암으로 향하니
초연히 이 세상 밖에 있는 것 같네.
속세의 마음 기러기 날아가듯 끊어 버리고
한가로이 발길을 옮기며 원숭이걸음으로 넘어가네.
푸른 골짜기에는 기이한 현상이 보이는데
숲속의 새들은 좋은 소리를 보내네.
산중에도 다소의 일이 있으니
모두 다 한잔 술에 가득 담아 보내도다.

暮向靜庵路하니 超然物外情이라.
塵心隨鴈斷하고 閒脚趁猿行이라.
翠壑呈奇狀한대 幽禽送好聲이라.
山中多少事하니 都付酒盃盈이라.

비로소 인간세상의 티끌 털어버리고
멀리 텅 빈 작은 암자 선경仙境을 찾았네.
부끄럽구나! 내 속된 괴로움에 얽매여 살던 것이
오늘에사 명산의 모습 처음 대하고 알았네.

始擺人間塵土裾하고 遠尋仙境小庵虛라.
愧余苦被多拘攣하니 今日名山識面初라.

삼성암에 묵으며. 2수
(宿三聖庵 二首)

기이한 바위 일만 겹 둘러싸인 한 암자 외로운데
인간세상을 떠나니 세속의 근심 없구나.
아득한 저녁노을 바다까지 이어져 있고
푸르스름한 아름다운 기운 향로봉에 절하는 것 같구나.
흩어져 있는 봉우리 별들이 북두칠성 둘러싸고 있는 것 같고
계곡은 종횡으로 이어져 비단이 둘러싸고 있는 것 같구나.
머리를 돌려 보니 북쪽 궁궐 지척에서 멀어지는데
마음은 멀리 날아 왕도를 감돌고 있구나.

奇巖萬疊一庵孤한데 身世飄飄俗慮無라.
縹緲暮雲連海口하고 蔥蘢佳氣揖香爐라.
亂峰環列如辰拱하고 川瀆縱橫似練紆라.
回首北宸違咫尺한데 寸心飛越繞王都라.

가파른 봉우리 바로 올라오니 엷은 구름 푸른데
빼어난 절경 어찌 대은병大隱屛[4]과 다르리오.
작은 암자에 밤이 드니 산은 고요하고 고요한데
새벽종소리 단잠을 깨우네.

危峯直上薄雲靑하니 絶勝何殊大隱屛이리오.
夜入小庵山寂寂하고 曉鍾聲斷夢初醒이라.

---

4) 주자(朱子)의 무이구곡(武夷九曲)에 나오는 산봉우리 이름.

비를 맞으며 광석대 작은 암자에 이르러
(雨中 到廣石臺小庵)

광석대 앞에서 대지팡이를 던지니
맑고 높은 지경은 허무한 것 같네.
해상에 신선이 사는 섬이 아니라면
이것은 항아리 속의 특별한 한 지역[5]이리라.
푸른 절벽은 높고 높아 천길 같이 장대한데
너와집 암자는 고요하고 몇 개의 기둥 외롭게 서 있구나.
하늘이 또한 기이한 절경을 이 산에 지었으니
비바람에 흩날리니 수묵도水墨圖를 이루었구나.

廣石臺前投竹杖하니 淸高境落入虛無라.
若非海上神仙島요　定是壺中別一區라.
翠壁崔嵬千仞壯하고 板庵蕭灑數椽孤라.
天工又獻山奇絶하니 風雨飜成水墨圖로다.

---

5) 별천지라는 의미임.

염불암에 이르러 [6]

(到念佛庵 徐樂齋韻)

대지팡이를 짚고 짚신 신고 산수 속에서
참을 찾아 세간世間의 심사를 잊었네.
오늘 하산을 하면서 머리를 들어보니
천왕봉 꼭대기엔 흰 구름이 덮여 있네.

竹杖芒靴山水裏에　探眞消遣世間心이라.
今日下山時擧首하니　天王峯上白雲深이라.

---

6) 원제목 중 '서낙재운을 따라 짓다.'라는 말은 위의 예에 의거 생략하였다. 서낙재(徐樂齋)는 서사
원(徐思遠)이다. 낙재는 서사원의 호(號)이다.

동화사 입구에서 여러 어른, 친구와 작별하며
(桐華寺洞口 與諸益叙別)

천봉우리 일만 골짜기 구름 속을 다 오르고
다시 흐르는 물에 임하니 인간세상 시끄러움 씻은 듯하네.
한잔 술로 석양이 비칠 때 작별하니
흰 돌과 맑은 냇물도 헤어짐을 아쉬워하네.

踏盡千峰萬壑雲하고 更臨流水洗塵紛이라.
一杯叙別斜陽裏하니 白石晴川肯許分이라.

이 시는 1575년(선조 8) 낙애洛涯 정광천(鄭光天: 1553~1594)이 23세 때에 부친 임하林下 정사철(鄭師哲: 1530~1593)을 모시고 연정(蓮亭) 서형(徐泂 : 1524~1575. 8. 25)과 낙재樂齋 서사원(徐思遠 : 1550~1615) 부자父子, 송재松齋 주신언(朱愼言: 1539~ ?) 등과 팔공산을 등산하고 지은 시 [遊八公山, 十首]이다. 대구지역의 인사로서 팔공산을 등산하고 남긴 시로는 가장 오래된 시이다. (『낙애집洛涯集』수록)

정광천의 부친 정사철은 임진왜란 때 대구지역의 의병인 공산의진군公山義陣軍의 의병대장에 추대되었고, 그는 하빈현 남면南面 의병장으로 활약하다 부자가 전란 중에 병으로 타계하였다.

팔공산의 향촌공동체를 이끈
백불암 최흥원의 지도력

박규홍

(경일대학교)

1. 서론

18세기, 팔공산 자락에서 향촌공동체를 이끌었던 백불암百弗庵 최흥
원崔興遠(1705~1786)은 매우 특별한 지도력을 발휘한 조선조의 선비였
다. 뛰어난 실천력으로 향촌공동체의 안녕을 꾀했던 백불암과 같은 지
도자는 중산층이 힘을 잃으며 양극화로 치달아가는 이 21세기에도 매
우 필요해 보인다. 그를 주목하게 되는 이유다.

백불암에 대한 연구는 다각도로 이뤄져 지금은 그의 활동상이 상당
부분 밝혀졌다. 최언돈은 선행 연구를 세 단계로 나눠 '(1)부인동동약
을 위주로 다뤘던 1990년 이전 연구, (2) 백불암 고택이 가지는 풍수지
리적 측면에 대한 연구가 주를 이룬 1990년 이후부터 2000년까지의 연
구, (3) 2001년부터 이뤄지는 백불암에 대한 다양한 연구'로 정리한 바
[1] 있다. 본고에서는 이런 선행 연구의 성과를 바탕으로 그의 지도력을

---

1) 崔彦惇,「百弗庵 崔興遠의 夫仁洞 및 漆溪[옻골] 經營 規範 硏究」, 영남대 박사학위논문, 2010, 4쪽.

조명해보고자 한다.

　백불암이 향촌공동체를 이끌었던 정신과 방법론 등을 살피는 가운데 이 시대의 우리가 더불어 살아가는 데 필요한 삶의 지혜를 얻을 수도 있으리라 생각한다.

2. 향촌공동체를 이끈 백불암의 사상

1) 지도자 백불암의 자질과 학문

　백불암은 팔공산의 부인동夫仁洞과 칠계漆溪 즉 옻골을 낙토로 일구었던 매우 실천적인 지도자였다. 백불암이 실천의 학문을 중시했다는 점에서 혹자는 그가 탁상에서 공론을 일삼았던 조선조의 다른 유자儒子들과는 매우 이질적인 사상의 소유자로 짐작할 수도 있겠으나, 실은 충실한 유가사상의 신봉자였다. 김주한은 '백불암이 위기지학爲己之學의 공맹정신孔孟精神을 계승하였으며, 그의 시문詩文 역시 의리학義理學을 강조하는 도학적인 문장의 한 전형'[2]이라고 평가했고, 김영숙도 "백불암은 도학적 세계관을 기본 바탕으로 하여 그 바탕 위에 상대와의 관계를 호전시켜 시적 표현을 하고 있다."[3]고 분석한 바 있다.

　백불암 평생의 공부가 유가사상에 있음은 의심의 여지가 없다. 그런

---

2) 김주한, 「百弗庵 崔興遠의 文學世界」, 『한민족어문학』, 한민족어문학회, 1999.
3) 김영숙, 「百弗庵 崔興遠 詩의 道學文學的 樣相과 特性」, 『韓國의 哲學』제29호, 慶北大 退溪研究所, 2001, 58쪽.

데, 조선조의 많은 유자들 속에서 돋보이는 행보로 "실천 위주의 자기 나름의 건강한 성리세계"[4]를 이룬 인물로 평가를 받는 이유는 무엇인가? 그가 시골의 한 선비로 살면서도 향촌공동체를 이끈 지도자로서 남다른 능력을 발휘할 수 있었던 힘이 어디에서 비롯한 것인지 궁금하지 않을 수 없다. 이런 궁금증에 대한 답을 찾기 위해 우선 백불암이 힘을 쏟았던 평생의 공부와 그의 삶 속에서 드러나는 지도자의 자질을 살펴보기로 한다.

이언돈은 백불암이 퇴계와 정程·주朱의 영향을 받아, '경敬을 그의 성리사상의 핵심으로 평생토록 수행의 제일 기준으로 삼았음'[5]을 언급하고 있다. 백불암이 일생을 통해 무엇보다 무게를 두었던 효제孝悌의 정신도 '경敬'에 밀접하게 닿아 있음을 어렵잖게 확인할 수 있다. 백불암은 "새벽에 일어나서 관건盥巾을 하고 부형父兄에게 나아가 신성晨省을 하는데, 절하고 읍하기를 기쁘고 부드럽게 하여 그 성경誠敬을 다하고, 물러나서는 시좌尸坐하여 정신을 모으고 이에 배운 것을 읽으며 심신心身을 체찰體察한다"[6]고 했다. 그는 두 말할 나위없는 실천궁행實踐躬行의 유자였다.

백불암의 언행록이나 문집을 통해서도 자신의 유교적 신념을 그대로 행동으로 옮기는 실천가로서의 면모를 어렵잖게 찾을 수 있고, 그의 지도력이 이런 실천력에 비롯한 것임을 쉽게 짐작할 수 있다. 백불암은 만년에 문인에게 "내가 15~6세 때에 서당에서 훈장에게 글을 배

---

4) 장윤수, 「百弗庵 崔興遠의 性理學的 삶과 思惟」, 『韓國의 哲學』 제29호, 慶北大 退溪研究所, 2001, 143쪽.
5) 최언돈, 앞의 논문, 58-59쪽.
6) 『국역 백불암선생문집』, 경주최씨 칠계파 종중, 대보사, 2002, 401쪽.

웠으나 가르치는 것이 모두 과거시험을 보는 속된 말뿐이어서 마음 속으로 매양 의심을 품고 있었다. 그런데 『맹자』에 나오는 '어질면서도 그의 어버이를 버리는 사람은 있지 아니하며, 의로우면서도 그의 군주를 뒤로 하는 사람은 있지 아니하다'는 글귀를 읽고서는 비로소 성현들이 후세에 전한 거룩한 교훈은 다만 인仁과 의義만 있음을 알았다. 나의 지업志業이 조금 방향을 안 것이 대개 여기에서 발단되었다."[7]고 했다. 백불암에게 '인'과 '의'가 추상적 개념의 공부로 끝난 것이 아니라, 실천의 지향점이 되었다는 것을 그 자신이 언급하고 있는 것이다.

과거시험에 초점을 맞춘 서당공부에 의구심을 느꼈다는 대목 역시 주목할 만하다. 예나 지금이나 많은 이들이 자신의 영달을 위한 공부에 여념이 없는 것이 일반적인 현상인데, 그것이 백불암에게는 불편하게 여겨졌다는 것이다. 그리고 『맹자』는 주지하다시피 유가사상의 대표적 저서 중의 하나로, 여기에는 나라를 다스리는 지도자의 책무를 중시하는 맹자의 가치관이 고스란히 담겨 있다. 백불암이 『맹자』의 앞부분에서 '의義'와 '리利'의 차이를 설파한 의리지변義利之辨을 만나면서 '성현들이 후세에 전한 거룩한 교훈이 다만 인仁과 의義에 있음'을 알고, 그리하여 자기 '지업志業의 방향'을 감지할 수 있었다는 것이 결코 우연의 결과로 보이지 않는다. 자신의 출세에만 초점을 맞춘 서당공부에 의구심을 느꼈다는 고백이나 『맹자』를 통해 지망하는 사업의 방향을 감지하게 되었다는 이야기는 그의 품성과 자질을 짐작케 하는 단서를 제공하고 있다.

---

7) 『국역 백불암선생언행록』, 경주최씨 칠계파 종중, 대보사, 2002, 5쪽.

백불암이 25세가 되던 해(1729, 영조 5)의 일을 기록한 연보에도 그의 자질이나 마음가짐이 여실히 드러나고 있다.

> 가을에 포산시苞山試에서 돌아와서 어른에게 아뢰고 드디어 과거에 응하지 않았다. 시위試圍에 들어가 있었는데 둘째 동생 초려공草廬公 홍점興漸의 병환이 위독해지자 평소에 알고 지내던 친지들에게 구원을 구했는데, 모두 과문科文을 지어 올리는 일에 골몰해 있어서 급한 일을 구원하는 데 겨를이 없었다. 선생이 돌아와서 말씀하시기를, "명리名利가 있는 곳엔 인정이 없어지기 쉬우니 처지를 바꾸어서 보면 그렇게 되지 않는다고 어찌 아리오?" 하시고 드디어 과거를 폐할 것을 청하니 통덕공이 허락하시다. 전에 고관考官이 관절關節로써 약속코저 하니 선생이 말씀하시기를, "임금을 섬기고자 하면서 먼저 그 정도正道를 그르쳐서야 되겠는가?"라고 하시고 드디어 사양하셨다.[8]

위의 연보에서 '명리名利를 추구하다 보면 인정을 잃어버리게 된다'는 점과 '명리를 추구하는 길이 부패해 있다'는 점이 그가 과거 보기를 단념한 이유였음을 알 수 있다. 국가가 온통 유가사상을 떠들고 있으면서도 진작 명성과 이익을 경계하라는 공맹孔孟의 가르침은 무색해져 있는 조선후기에, 진정한 공맹사상을 생활 속에 구현하고자 했던 백불암의 마음가짐과 가치관을 엿볼 수 있는 대목이다.

백불암이 포산시苞山試의 경험으로 과거를 단념하기 7년 전인 18세 때(1722, 경종 2) 가을에 향시鄕試에 나아가 생원生員 초시初試에 합격

---

8) 『국역 백불암선생언행록』 8쪽.

했다. 그리고 25세 때에 과거에 응시했다. 그도 처음에는 보통의 유자나 마찬가지로 과거를 봐서 벼슬살이의 길로 들어서고자 한 것이다. 그러나 그는 부패한 현실을 직면하고는 바로 출사出仕의 뜻을 접어버린다. 그리고 환로宦路에 연연하지 않는 평생을 보냈다. 자신의 출처出處에 대해 망설임 없이 결정하고, 그 결심을 흔들림 없이 지킨 것이다.

백불암은 퇴계退溪 이황李滉(1501-1570)의 「성학십도聖學十圖(진성학십도차병도進聖學十圖箚并圖)」를 병풍으로 만들어 늘 가까이 했음을 볼 수 있다. 「성학십도」란 것이 무엇인가? 퇴계가 선조 즉위년(1568년)에 '성인의 길로 나아가 백성들을 잘 다스리라'는 뜻을 담아 올린 「성학십도」를 달리 말하자면 조선조 최고 책임자에게 보낸 일종의 지도자용 지침서였다. 백불암이 「성학십도」에 끌림이 있었던 것 역시 우연으로 보기 어렵다. 그가 지닌 지도자로서의 자질이나 정신이 「성학십도」에 감응한 것이라고 봐야 할 것이다.

최언돈은 백불암의 문집과 언행록을 살펴 백불암이 일생 동안 읽었던 책을 세세히 밝혀냈다.[9] 『맹자』·『논어論語』·『상서尚書』·『태극도太極圖』·『서명西銘』·『심경心經』·『근사록近思錄』등등 모두 성리학의 주요 서적들이다. 장재張載의 동약洞約이나 유형원의 『반계수록磻溪隨錄』도 탐독했을 뿐 아니라 천문天文이나 지리地理, 복서卜筮, 역수曆數에도 정통했고 의술醫術까지도 익혔던 것으로 파악된다. 이런 공부가 그의 가치관을 이루는 주요 요소가 되었던 것은 의심의 여지가 없다. 그러나 공부가 상당했던 조선조의 유자가 어디 한둘이던가. 그 많은 유

---

9) 최언돈, 앞의 논문, 32~33쪽.

자 가운데서도 유독 백불암이 향촌공동체의 지도자로서 발군의 활동을 보였다. 배움을 실천으로 옮기는 그 자신의 확고한 신념과 실천력이 있었기에 가능한 일이었다고 해야 할 것이다.

만년의 백불암에게 조정은 수차례의 벼슬을 내렸다. 74세 때 내려진 종9품의 경모궁景慕宮 수봉관守奉官을 시작으로 82세 때 내려진 정3품의 통정대부通政大夫에 이르기까지 7차례나 하사된 벼슬이 있었지만 한 번도 나아가지 않았다. 사후에는 효행 정려가 내려졌고, 승정원좌승지承政院左承旨 겸 경연참찬관經筵參贊官으로 봉해졌다. 백불암이 벼슬을 탐하는 세속적 욕망에 경도되지 않고 향촌공동체를 이끄는 지도자로서 자신의 길을 꿋꿋이 걸어갔던 삶의 가치에 대한 평가가 당대에 이런 방식으로 내려졌던 셈이다.

2) 구성원들과 공유할 공동의 선 추구

백불암은 평생 동안 많은 규범을 제정했다. 그 규범에는 공동체 구성원들이 함께 추구해야 할 공동의 선善이 담겨 있는데, 무엇보다 '효제孝悌'와 '화합和合'의 정신이 그 핵심에 자리하고 있음을 볼 수 있다.

'효제孝悌'는 백불암이 평생 추구했던 바의 가치가 어디에 있는지를 잘 보여주는 지향점이다. 안정복은 백불암의 묘지명에 그의 효성을 다음과 같이 적고 있다.

일찍이 말하기를, "요순堯舜의 도는 효제孝悌일 뿐이고, 『논어論語』에서도 효를 물은 것이 한두 번이 아니었는데 요즘 학자들은 형체 없는 도리道理에 대해서만 많이 말하고 봉양에 대해서는 언급하지 않으니 심히 개탄스럽다."라고 하였다. 더욱 제사에는 신중히 해서 정성과 공경을 힘써 다하였고 물품을 깨끗하게 하고 탁자와 상을 썼으며 뜰과 집을 청소하고 제사에는 반드시 깨끗한 옷을 갖추며 기일에는 참관을 썼으며, 삼칠산치三七散致의 제계齊戒를 예와 같이 하지 않음이 없었으며 제사에 참석하는 모든 집사들과 다불어 한 곳에 모여 자며 말하기를, "조고祖考의 정신은 곧 나의 정신이니 제계하고 정신을 한결같이 하면 곧 신神의 도에 접할 수 있다."라고 하고, 비록 추운 날이라도 목욕하고 씻는 것을 늙음에 이르러도 그치지 않았다.[10]

그는 "요순의 도는 효제일 뿐"이라고 말할 정도로 공동체 구성원들에게 지고至高의 선으로 '효제'를 강조했다. 심지어 의술醫術 공부도 "부모를 섬김에 의술을 몰라서는 안 된다"[11]며 그 이유를 '효孝'에서 찾을 정도였다.

백불암은 「부인동동약공전비夫仁洞洞約公田碑」에도 자신의 5대조 대암臺巖 최동집의 향약을 자신이 계승하여 '옛 규약을 닦고 시의를 참작하여 규약을 세워서 관부官府에 알리고, 해마다 한번씩 모여서 강론하여 사람들이 모두 애친愛親하고 충군忠君하는 마음가짐을 갖도록 한다'[12]고 '충군忠君'과 함께 '애친愛親'에 그 목적이 있음을 밝히고 있다. 그가

---

10) 『국역 백불암선생언행록』 69쪽.
11) 『국역 백불암선생언행록』 77쪽.
12) 『국역 백불암선생문집』, 경주최씨 칠계파 종중, 대보사, 2002, 426-427쪽.

67세가 되던 1771년에 6대조 태동台洞 최계崔誡의 제당祭堂을 짓고 붙인 당호도 '효제孝悌'였다. 그는 효제당에서 가례家禮를 강론하는 한편 춘추정제春秋正祭의 의절儀節을 정하고, 명銘을 지어 다음과 같이 효제孝悌로써 편액扁額한 사유를 밝혔다.

> 하늘에서 생민生民에게 내린 것은 의義와 인仁이로다. 오직 의와 인은 바로 몸을 주재하는 것이다. 인을 어떻게 행하는가? 효도孝道와 공경恭敬일 따름이다. 어찌하여 효제당孝悌堂이라고 명명命名하였는가? 보본報本하고 제사 지냄으로써 이렇게 하셨다. 옛날에 우리 선조께서 아들에게 옳은 법도[의방]로써 가르쳤다. 글을 남겨 교훈을 세우고 토지를 두어 전장田庄을 이름 지었다. 화리貨利를 경계하고 유업儒業에 힘쓰게 하였다. 손수 효제孝悌라고 써서 가법家法을 거듭 지으셨다. (중략) 의례儀禮는 어떻게 해야 하나? 의義를 일으켜 보향報饗을 하는 것이다. 보향은 효를 주장으로 하며 효는 술계述繼를 크게 여긴다. 이에 이 당堂을 세우고 효제孝悌로써 편액扁額하였다.[13]

백불암은 회재晦齋의 「원조오잠元朝五箴」 중 '경신잠敬身箴'에 내용을 추가하여 「원습설願習說」을 지어 어린 자손들에게 내리면서, "부모에게 효도하고, 임금께 충성하고, 몸은 공경하게 행하고, 성인의 글을 부지런히 읽어서 그 학문을 잘 닦아라."고 당부하고 있다. 이것들 모두가 백불암이 평생을 이어온 보본報本의 정신을 드러낸 것들이요, 효제孝悌의 실천이었다.

---

13) 『국역 백불암선생문집』 402쪽.

백불암이 추구했던 효제는 종족과 공동체의 화합과도 밀접하게 연결된다. 그가 친족이나 공동체 구성원들을 위해 제정한 많은 규범의 근저에는 두 말할 나위없이 화합의 정신이 깔려 있다. 잘 알려진 부인동동약(1739) 외에도 조상 제사를 위한 위토답位土畓의 확보와 운영을 위해 설치한 조제고助祭庫(1745), 종족 화합과 신의 교육을 위해 만든 중구회重九會(1753), 가난한 친척을 구제하기 위한 의고義庫(1760) 등은 모두 가족이나 문중·공동체 화합을 추구했던 그의 고심의 소산물이었다.

물론 향약의 기본 취지가 공동체를 결속하고 체제의 안정으로 나아가도록 하는 것인 만큼 어떤 향약이든 화합이 그 기조를 이루는 것은 당연하다. 퇴계나 율곡이 제정한 「예안향약禮安鄕約」(1556)이나 「해주향약海州鄕約」(1577)이 기본 모델로 삼았던 중국 「여씨향약呂氏鄕約」의 강령이 '좋은 일은 서로 권하고[德業相勸], 잘못은 서로 바로잡아주며[過失相規], 예속으로 서로 사귀고[禮俗相交], 어려운 일이 있으면 서로 도와준다[患難相恤]'는 내용인 것을 보더라도 화합을 내세우는 것이 별로 특별한 일로 여겨지지 않을 수도 있다.

그럼에도 부인동동약이 어느 것보다 성공적인 향약으로 오랜 기간 실생활에 적용될 수 있었던 것은 거기에 구성원의 화합을 위한 백불암의 남다른 노력이 있었기 때문이다. 화합을 이끌어가는 지도자의 자질이 일의 성패를 좌우하는 요체라는 것을 백불암 자신이 언급한 바도 있다. 백불암이 56세가 되던 1760년에 가난한 친척들을 구제하기 위해 보본당에 설치한 의고의 운영에 대해 "의계義稧[의고義庫]의 일은 진실로 우리 문중의 제일 아름다운 일"인데 "반드시 사사로운 뜻으로 계탁 計度하는 자가 없어야만 유종有終의 미가 있을 것입니다"[14]라고 일을 주 관하는 사람의 마음가짐의 중요성을 언급하고 있다. 일을 이끌어가는 사람의 중요성에 대한 이런 언급은 곧 지도자의 책임에 대한 백불암의 생각이기도 하다. 달리 말해 그는 이런 책임감으로 향촌공동체를 이끌 어갔던 것이다.

백불암이 공동의 선을 함께 추구하며 향촌공동체를 성공적으로 경 영할 수 있었던 것은 그가 견지했던 지도자관과 함께 남다른 실천력이 있었기 때문이다. 그 실천의 양상을 조금 더 자세히 살필 필요가 있다.

3. 향촌공동체 경영의 실천 방법

1) 각종 규범의 제정

백불암은 유교 이념의 향촌공동체를 이끌어가는 데 필요한 방법론 모색에 많은 힘을 쏟았다. 구성원들의 생활과 교육을 위해 제정한 각 종 규범은 그런 노력의 일환이었다. 백불암은 실제 이행 가능한 규범 을 마련코자 했고, 미흡한 부분은 계속 보완해 나갔다. 부인동과 옻골 이 가장 모범적인 공동체로 지속될 수 있었던 것은 그의 이런 꾸준한 노력 덕분이었다.

백불암이 족대부 최수갑을 도와 처음으로 규범의 하나인 선산분영

---

14) 『국역 백불암선생문집』 262쪽.

록先山墳塋錄을 작성하고 봉선절목병서奉先節目幷序를 만든 것은 1731
년, 그가 27세 되던 해였다. 25세에 벼슬살이의 길을 단념한 상태에서
접한 이런 규범 제정의 경험은 자신과 가족 나아가 공동체 구성원들이
함께 지켜야 할 공동의 선善 추구의 필요성에 대한 큰 깨달음으로 이어
졌을 것으로 짐작된다. 이런 자각은 평생을 통한 규범 제정의 노력으
로 나타난다. 그는 공동체의 구성원들이 지켜야 할 약속의 기준을 성
문화하는 데 힘을 쏟았다. 그리고 실천을 통해 규약의 실효성을 끊임
없이 점검하고 더 나은 방안을 모색하고, 그것을 다시 규약에 반영했
다. 실상은 모른 채 탁상에서 만들어지는 법규들과는 태생의 근본이
달랐다.

백불암이 35세 되던 1739년(영조 15), 예의 그 부인동동약 총 63조를
제정하여 향촌 백성의 구휼救恤과 교화敎化에 나섰다. 연보에는 당시의
정황이 다음과 같이 기록되어 있다.

> 2월에 부인동夫仁洞에 동약洞約을 세우고, 선공先公·휼빈恤貧이라는
> 두 창고를 설치하셨다. 부인동夫仁洞에는 모두 네 개의 마을이 있는데
> 바로 농연籠淵이 있던 곳이다. 선생이 일찍이 그 지역을 왕래하시면서
> 동민들이 생활에 궁핍한 것을 보고 안타깝게 여기서 구제하려는 뜻
> 을 가지시고, 이에 마을 사람들과 약속을 하여 주자朱子의 사창社倉 제
> 도를 본받아 한 계契를 세우고, 풍년과 흉년에는 그 이식利息을 달리하
> 여 상하가 마음을 합하여 행한 지 몇 년이 됨에 저축이 이미 많아지자,
> 드디어 밭과 곡식을 사들여서 해마다 남는 것을 내어 마을 사람들의
> 조세로 바치게 하셨는데 그 창고를 이름하여 '선공先公'이라 하고, 또

마을 사람들 중 빈천하고 밭이 없는 사람을 택하여 밭을 나누어 주어
흉년을 당하면 구휼하기로 하고, 그 창고를 이름하여 '휼빈恤貧'이라 하
였으며, 또 남전향약藍田鄕約으로써 때에 맞게 참작參酌하여 춘추春秋로
강신講信하는 제도를 만드셨다.[15]

위의 연보로 보아 부인동동약을 실행하는 데에 이때 설치한 선공고
先公庫와 휼빈고恤貧庫가 중요한 동력이 되었던 것을 살필 수 있다. 공
전公田을 마련하여 여기에서 나오는 소출로 향약에 참여하고 있는 동
민들의 공세公稅를 납부토록 한 선공고, 땅조차 없는 빈천한 이들을 구
휼하는 휼빈고는 마을을 변화시켰다. 연보에는 위의 내용에 이어서
"마을이 외진 곳에 자리 잡고 있어 백성들의 풍속이 느리고 어리석었
는데, 선생이 예양禮讓으로써 인도하고 상벌賞罰로써 규제하여 행한 지
몇 년만에 교화가 행해지고 풍속이 잘 순화되어 남녀가 길을 달리하
며, 노인들이 짐을 등에 지거나 머리에 이고 다니지 않는 것에 이르렀
다."고 적고 있다.

더욱 중요한 것은 백불암의 이런 노력이 일시적인 데 그치지 않고 평
생 동안 지속되었다는 점이다. 백불암이 49세 되던 1753년, 선공후사
先公後私의 목적과 공전公田 운영규약을 정비한 선공고절목先公庫節目을
제정한 것이나 66세(1770) 때에 휼빈고 운영규약인 휼빈고절목恤貧庫
節目을 정한 것도 시행되는 규정의 적절성을 끊임없이 관찰하고 개선
책을 고심하여 찾은 결과라고 할 수 있다.

백불암은 가난한 이웃을 돕는 한편, 친인척의 광범위한 결속을 위한

---

15) 『국역 백불암선생언행록』 12쪽.

노력도 게을리 하지 않았다. 위로는 조부·증조·고조에 이르고 곁으로는 백숙부모에까지 이르는 제사의 경비를 위한 조제고助祭庫(1745), 49세 때(1753) 세운 보본재報本齋와 구회당九會堂, 흉년이 들었을 때 고통받는 가난한 친척을 구제하기 위해 세운 의고義庫(1760, 56세) 등은 모두 문중의 어려움을 해소하려 했던 그가 고심해서 마련한 결과물이었다.

백불암은 선부후교先富後敎, 즉 먼저 생활의 여유를 갖도록 한 뒤에는 반드시 교육이 있어야 한다고 생각했다. 부인동동약을 제정한 해에 강사절목講舍節目을 지어 강당운영에 대한 조치를 취한 것이나 46세 때(1750)에 북계정사北溪精舍를 지은 것도 그런 생각의 실천이었다. 북계정사가 완공된 해에는 정자程子의 심무출입설心無出入說을 강론하기도 했고, 육와공陸窩公과 함께 『성리대전性理大全』과 『중용中庸』을 강론하기도 했다. 이해 11월 이소산李小山(이광정李光靖, 1714~1789)이 내방하여 정사精舍에 며칠을 머물면서 강의를 하였는데, 문내門內의 자제들을 불러서 그 강의를 듣도록 하기도 했다.[16]

51세 때(1755)에는 농연정聾淵亭을 완공하고, 거기에 세심재洗心齋와 탁청헌濯淸軒을 두어 농연서당聾淵書堂이라 명명했다. 67세 때(1771)에는 학재學齋를 세웠다. 6대조 참판공이 일찍이 자손들의 학업을 위해 지은 사당이 무너진 지가 오래되어 백불암이 종친들과 의논하여 다시 세워 학재라고 하고, 학규學規 8조목을 상세히 정하였다.

백불암이 문내의 자제나 공동체 구성원들의 교육에 각별한 노력을

---

16) 『국역 백불암선생언행록』 22~23쪽.

기울인 것은 6대조 태동苔洞 최계崔誡가 변무위문變武爲文을 결행한 일이 그의 의식 속에서 큰 자극제로 작용하였을 것은 미루어 짐작할 수있다. 최계는 집안의 무풍武風을 이어 무과에 급제하고 임란이 발발하자 의병장으로 크게 활약한 공로로 선무2등공신宣武二等功臣에 채록되어 만경현령萬頃縣令에 임명되었으나 불과 3년만에 교체되어버리고 만다. 이에 최계는 선릉 옆에 학사學舍를 짓고, 딸린 밭과 책과 양식을 확보하고는 자식들에게 거기에서 나오지 못하게 하는 결연한 조치로 문가文家로의 전환을 결행한다. 세 아들은 모두 한강寒岡 정구鄭逑(1543~1620)의 문하에서 공부하여 장남 동률은 생원, 이남 동집과 삼남 동직은 진사에 합격한다.[17]

　무인이었다가 문인으로 뛰어든 집안 이력이 학업에 더욱 박차를 가하게 만든 동기가 되었을 수는 있다. 하지만 그런 여건이라고 하여 누구나 그렇게 실천하는 것은 아니다. 백불암은 많은 규약을 짓고 다듬는 노력을 기울이는 한편 남다른 열정으로 그것을 공동체 구성원들의 삶 속으로 끌어들여 규약과 생활에 어긋남이 없도록 했다. 우리가 주목하지 않을 수 없는 것이 바로 이런 실천력이다.

---

17) 『국역 백불암선생문집』 429-430쪽.

2) 규범의 실생활 적용

규약을 제정하는 것 자체가 하나의 일이다. 그리고 그 규약을 실생활에 적용하는 것은 또다른 실천을 필요로 하는 일이다. 백불암은 이런 실천력이 남달랐다. 부인동동약이 모범적인 공동체 경영의 규범이 될 수 있었던 것은 그의 특별한 실천력이 뒷받침되었기 때문이다.

향약은 조선 후기 계층간의 갈등을 타개하기 위해 지배계층이 강구할 수 있었던 방법론의 하나였다. 특히 임진란 이후에는 흐트러진 민심을 수습하고 백성들을 공동체 속에 잘 결속시킴으로써 체제의 안정을 도모하는 일이 긴요했다. 하지만 우리 향약으로서는 완벽한 것으로 평가되고 있는 율곡 이이의 「해주향약海州鄕約」(1577)이 조선 후기 널리 보급되었다고는 하나, 부인동동약만한 성과를 거둔 곳은 어디에도 없는 것으로 보인다. 이런 것으로 보아 향약 자체보다는 그것을 누가 어떻게 실행에 옮기느냐가 일의 성패를 좌우하는 요체라고 하지 않을 수 없다. 백불암은 그것을 이행하는 데 있어 남다른 능력을 발휘했고, 이런 실천력으로 자신이 몸담고 있는 향촌공동체를 누구보다 모범적으로 이끌어갔다. 이 지도력의 바탕에는 지도자가 갖춰야 할 분명한 책임의식과 '사사로운 욕심에 얽매이지 않는 출처관', 그리고 '배려와 관용의 인품'이 있었다.

백불암이 환로로 나아가기를 쉽게 단념한 것은 조정에서 서인이 득세한 정국이라 남인으로서는 한계가 있을 수밖에 없었던 당시의 상황이 이유가 되었다고 볼 수도 있다. 그러나 같은 조건이라도 모두가 똑 같이 반응하는 것은 아니다. 백불암은 부패한 현실에 직면하자 과거급제에 대한 생각을 미련없이 던져버렸다. 백불암이 만약 벼슬길을 기웃거렸다면 그런 지도력을 발휘할 수가 없었을 것이다. 과거시험에 대한 생각을 접은 이후 조금도 곁눈질을 하지 않고 향촌사회를 위한 일로 종신終身한 것이 그의 삶이었다. 그의 특별한 지도력은 이런 삶의 태도에서 비롯한 것이라고 해도 좋을 것이다.

또 하나 그에게는 남다른 배려심이 있었다. 그의 지극한 효심 속에도 그런 배려의 마음을 읽을 수 있다. 그가 31세 되던 1735년에 부친 통덕공通德公이 별세하자 백불암의 동기同氣들은 홀로 되신 모친 조씨趙氏를 극진히 모셨다. 그와 형제들의 효심을 살필 수 있는『백불암선생 언행록』의 모친에 관한 다음의 일화에서 그의 마음 씀씀이가 어떠했는가를 살필 수 있다.

> 태부인太夫人께서 식사하는 바가 혹 조금 줄면 여러 동생들이 매우 힘써 권하였는데, 선생이 말씀하시기를 "강권强勸하지 말라. 어머니가 늙지 않았을 때 우리들이 청하는 바를 많이 따르지 않으셨는데, 이제 늙으심에 매번 억지로 따르게 한다면 이는 마음을 아프게 하는 것이다. '물리라'고 명하시면 곧 물리고 다른 음식을 갖추었다가 틈을 타서 돌아가며 바꾸어 드리면 된다."라고 하셨다.[18]

위의 일화는 백불암의 형제와 그의 효심이 드러나는 기록인데, 자당을 이해하고 배려하는 그의 깊은 생각이 나타나 있다. 그리고 실제 "태

---

18)『국역 백불암선생언행록』185-186쪽.

부인께서 수박을 좋아하셔서 매번 수박철이 되면 반드시 먼저 가져다 드렸다. 그 뒤 바다의 섬 가운데 겨울이 되도록 먹을 수 있는 특이한 수박 종자가 있다는 말을 듣고, 가져다 심어서 불시不時의 수용需用에 대비"했다.

이런 그의 배려심이 효성은 물론 동기나 인척, 구성원들에까지 고루 나타난다. 그의 지도력이 이런 그의 인품에서 비롯했을 것이라는 점을 곳곳에서 확인할 수 있다. 그의 언행록에 나타나는 몇 가지 예를 더 살펴보도록 한다.

> 언제나 여러 동생들과 더불어 좌우에 둘러앉아 모시고서 기쁜 얼굴 화평한 목소리로 여러 가지 고금古今의 이야기를 하여 어버이의 뜻이 항상 안락한 가운데 있도록 해드리고자 하셨다.[19]

> 일찍이 말씀하시기를 "나는 평생을 병든 어버이를 봉양한 까닭에, 병 처방에 종사하여 경험한 바가 매우 많다. 사람의 자식된 사람으로서 병 처방에 마음을 다하지 않아서는 안 된다.라고 하셨고, 또 말씀하시기를 "의사에게 정성을 쏟지 않고서 그 약을 쓴다면 또한 어버이를 섬기는 도리가 아니다."라고 하셨다.[20]

백불암은 "어버이의 뜻이 항상 안락한 가운데 있도록" 하고자 배려했다. 부모님의 약 처방에도 마음을 다하는 지극한 효성이 그런 배려의 마음에 고스란히 담겨 있다.

---

19)『국역 백불암선생언행록』188쪽.
20)『국역 백불암선생언행록』189쪽.

여성들에 대한 배려도 곳곳에서 볼 수 있다. 백불암은 친영親迎하던 날, 부인에게 "사람이 부부를 귀하게 여기는 것은 함께 부모를 섬기기 때문입니다. 어찌 서로 더불어 힘쓰지 않겠습니까?"[21]라고 하였다. 후일 부인이 사별死別하기에 이르렀을 때 백불암은 "함께 해로偕老하지 못함은 운명입니다. 부부의 도리는 천지와 같이 일정하니, 다시 장가 드는 예가 있는 것은 다만 집안을 이어 제사를 받들기 위해서 그런 것입니다. 나는 다행이 아들 딸이 있으니, 마땅히 처음 뜻을 저버리지 않겠습니다."[22]하고 태부인에게 요청하여 끝내 재혼도 않고 첩을 얻지도 않았다. 시집가는 딸에게는 『소학언해』 등의 책을 적어주었고, 여동생 류유인柳孺人이 멀리 시집가서 집안이 가난하자, 때때로 안부를 묻고 물건을 보내주며 잠시도 잊지 않았다고 한다.[23] 백불암은 부인동동약의 '덕업상권'에 '妻妾에게 예로써 待遇'한다는 내용도 삽입했다.

종족이나 남녀 종들에 대한 배려도 남달랐다. 집안 동생인 최흥호崔興浩의 아들 최정진崔鼎鎭은 백불암에 대해 "효도하고 우애 있고 인척姻戚 간에 화목함과 곤궁한 이를 구제하고 우환 있는 이를 구휼함이 인륜의 바름과 의리의 마땅함에 합치되지 않는 것이 없었으니, 가히 신명神明에 물어서 金石에 통할 수 있겠다"[24]고 했다. 부인동과 옻골이 실증하고 있기에 '곤궁한 이를 구제하고' '우환 있는 이를 구휼함'이 단순한 공치사가 아님을 알 수 있다. 집안 동생인 최흥동崔興東은 남녀 비복들을 거느리는 백불암의 태도에 대해 다음과 같이 언급하고 있다.

---

21)『국역 백불암선생언행록』197쪽
22)『국역 백불암선생언행록』198쪽.
23)『국역 백불암선생언행록』198-201쪽.
24)『국역 백불암선생언행록』204쪽.

대중들을 대하심에 너그러움으로써 하셨다. 시골 사람들이 죄가 있어서 마땅히 처벌해야 하면, 그들을 뜰 가운데 엎드리게 하여 위협과 노여움은 가하지 않고 다만 스스로 새 사람이 되는 길을 열어주니, 저들이 곧 무거운 처벌을 받겠다고 청하면 선생이 천천히 말씀하시기를 "네가 이미 잘못을 알았으니, 고치는 것이 귀한 것이다. 어찌 처벌하겠느냐?"라고 하셨으니, 그 성내지 않고서도 위엄이 있고 처벌하지 않고서도 교화함이 대개 이와 같았다.[25]

　노복을 꾸짖을 때는 이런 너그러움을 보였고, 잘 한 일에 대한 격려도 잊지 않았다. 특히 부모님의 병 수발에 동원된 남녀 종들 중 부지런히 일한 이들에게는 반드시 술과 음식을 베풀어서 위로하였다.[26] 백불암의 손서요 문하생이었던 김천진金川進은 "평생 손에 돈과 물건을 가지지 않으셨고, 벽 뒤 작은 창고를 또한 일찍이 친히 들여다 본 적이 없었으며, 출납出納을 일체 시자侍者에게 맡겼다. 그러나 사람들이 저절로 마음으로 기뻐하고 진실로 복종해서 한 터럭만큼도 기만하려는 마음이 없었다."[27]는 언급으로, 사람들이 '진실로 복종'하게 한 백불암의 지도력을 피력하였다. 결국 그의 지도력은 인품에서 비롯한 지도력이었다.

　백불암은 뛰어난 지도력으로 많은 규약을 실생활에 적용했고, 공동체를 낙토로 만드는 데 성공했다. 백불암의 배려와 관용의 지도력이 없었더라면, 그가 만든 훈·잠·명·가훈·절목 등의 많은 규범은 공

---

25) 『국역 백불암선생언행록』 205쪽.
26) 『국역 백불암선생언행록』 205쪽.
27) 『국역 백불암선생언행록』 206쪽.

허한 구호에 그쳤을 것이다. 백불암은 환갑이 지나서 각종 규범의 보완 작업에 더욱 심혈을 기울였다. 그 자신이 공동체 속에 머물면서 끊임없이 향약의 실행 여부와 미흡한 점이 무엇인지 살폈기에 가능했던 일이었다.

친족이나 이웃에 실질적인 도움을 주어 근심을 없애고, 배려와 관용으로 화합을 이루었던 백불암의 지도력은 현대사회에서도 절실히 필요로 하는 것이다. 세계통합주의(globalism)이든 지역중심주의(localism)이든 양자를 결합한 글로컬리즘(glocalism)이든 그 개념의 요체를 실생활에 적용하고 이행할 수 있도록 이끌어가는 지도자가 무엇보다 중요하다.

4. 결론

최흥원 선생은 팔공산의 부인동과 옻골을 낙토로 일구어 유교적 이념이 백성들의 삶 속에서 어떤 모양으로 구현되는 것이 가장 바람직한지를 보여준 조선의 선비다. 선생은 백불암百弗庵이라 자호自號했다. '백불능百弗能 백부지百弗知' 즉 '백 가지 능한 것도 없고, 백 가지 아는 것도 없다'고 겸허하게 표현한 것이다. 이 겸손한 마음속에는 지도자로서의 굳은 신념이 온축되어 있었고, 그는 그 신념으로 향촌공동체를 꾸리는 데 독보적인 역량을 발휘했다. 본고에서는 백불암의 향촌공동체를 이끌었던 정신과 방법론을 주로 살펴, 이 시대의 우리에게 시사하는 바가 무엇인지 살피고자 했다.

백불암은 평생을 유가사상의 충실한 신봉자로 살았다. 그는 유가사상이 추상적 개념에 머무르는 것이 아니라 실천철학이라는 것을 평생의 활동으로 입증했다. 그런 점에서 그는 뛰어난 실천가요 향촌공동체를 이끈 탁월한 지도자였다. 그는 『맹자』의 의리지변義利之辨을 접하고 자신의 지업志業을 깨닫게 되었다고 했다. 과거시험의 경험을 통해 '명리를 추구하다 보면 인정을 잃어버리게 된다'는 점과 '명리를 추구하는 길이 부패해 있다'는 것을 확인한 뒤 출사의 뜻을 단호히 접고 환로에 곁눈질하지 않는 평생을 보냈다.

백불암은 공동체가 추구하는 일의 성패는 일을 주관하는 사람에게 크게 좌우된다는 생각을 표명하기도 했다. 지도자의 책임이 중요하다데에 생각이 깊이 닿아있었던 것이다. 그는 경敬에 이어지는 '효제'와 '화합' 등 공동체가 추구해야 할 공동의 선을 제시하고 그것을 통해 구성원들을 이끌어나가고자 했다. 이런 생각은 각종 규범의 제정으로 실행되었다.

백불암은 부인동동약 외에도 많은 규범을 제정했다. 유교 이념의 향촌공동체를 이끌어가는 데 필요한 방법론을 고심한 결과가 각종 규범의 제정으로 나타난 것이다. 물론 선공고, 휼빈고, 의고 등 규범을 이행하는 데 필요한 현실적인 장치들을 마련했다. 그는 먼저 생활의 여유를 가진 뒤에는 반드시 교육이 있어야 한다고 생각하여 북계정사·농연서당·학재등의 시설을 만들고 학규學規를 세웠다. 조선조에 완성도 높은 다른 향약이 없지 않았지만 부인동동약이 가장 두드러지게 구현된 것은 백불암의 이런 노력에 힘입은 덕분이었다. 안정복이 "말학末學들은 천박하여 다만 입과 귀만 숭상하는데, 공은 근본을 돌이켜서 오로지 실천에 힘을 쏟았다."고 한 것도 그의 실천력에 대한 높은 평가였다.

백불암이 민생을 구제하고 향촌공동체를 성공적으로 이끌었던 과정을 보면 지도자로서 남다른 역량이 있었던 것이 분명하다. 그는 뚜렷한 출처관으로 결단했고, 향촌공동체에서 자신의 유교 이념을 구현하는 데 뛰어난 지도력을 발휘했다. 그리고 지도력 근저에는 깊은 '배려와 관용'의 정신이 있었던 것을 확인했다. 현대를 살아가는 지금의 지도자들도 주목해야 할 대목이다.

이 시대에 언급되고 있는 세계통합주의(globalism)이든 지역중심주의(localism)이든 양자를 결합한 글로컬리즘(glocalism)이든 그 개념의 요체를 실생활에 적용하고 이행할 수 있도록 이끌어가는 지도자가 지금 우리에게는 매우 필요하다. 백불암을 살피는 이런 노력이 훌륭한 지도력이나 지도자 출현에 조금이나마 기여할 수 있기를 바란다.